Malek Chebel

Islam für Anfänger

Malek Chebel

Islam für Anfänger

Aus dem Französischen
übersetzt von
Alexandra Maria Linder M.A.

Titel der französischen Originalausgabe:
L'Islam Expliqué par Malek Chebel
© Perrin, 2007/2009

Die Deutsche Nationalbibliothek verzeichnet diese Publikation
in der Deutschen Nationalbibliografie;
detaillierte bibliografische Daten sind im Internet über
http://dnb.d-nb.de abrufbar.

Die Herausgabe des Werkes wurde durch
die Vereinsmitglieder der WBG ermöglicht.
Satz: Janß GmbH, Pfungstadt
Einbandabbildung: Die Kaaba in Mekka während des Haddsch 2011
© picture alliance/dpa
Einbandgestaltung: Peter Lohse, Heppenheim
Lektorat: Publicus Verlagsbüro – Dr. Bettina Kratz-Ritter
Gedruckt auf säurefreiem und alterungsbeständigem Papier
Printed in Germany

Besuchen Sie uns im Internet: www.wbg-wissenverbindet.de

ISBN 978-3-534-24415-7

Die Buchhandelsausgabe erscheint beim Primus Verlag
Einbandgestaltung: Christian Hahn, Frankfurt a. M.

www.primusverlag.de

ISBN 978-3-86312-344-4

Elektronisch sind folgende Ausgaben erhältlich:
eBook (PDF): 978-3-534-72355-3 (für Mitglieder der WBG)
eBook (epub): 978-3-534-72356-0 (für Mitglieder der WBG)
eBook (PDF): 978-3-86312-844-9 (Buchhandel)
eBook (epub): 978-3-86312-845-6 (Buchhandel)

Inhalt

Erläuterungen zur Umschrift arabischer Eigennamen und Begriffe

Arabische Wörter (in Einzelfällen auch persische und türkische) sollen in diesem Buch – soweit wie möglich – in einer Schreibweise wiedergegeben werden, die im Deutschen üblich ist. Auf wissenschaftliche Sonderzeichen und deren phonetische Differenzierungen wird deshalb weitgehend verzichtet. Die leichte Lesbarkeit des Textes verlangt in dieser Hinsicht jedoch Kompromisse.

Mit ʾ und ʿ werden arabische Stimmeinsätze angezeigt, wie sie das Deutsche in schwacher Form bei beʿachten, beʾinhalten, verʾewigen kennt. Bei der Umschrift von Eigennamen werden diese Zeichen nur im Wortinneren und -ende benutzt (oder unterbleiben ganz, falls die Namen auch bei uns geläufig geworden sind).

Lange und kurze Vokale sind nur bei Zitaten und bei Begriffen, die nicht auch im Deutschen verbreitet sind, unterschieden. Bei ihnen soll die fremde Lautgestalt wenigstens in dieser Hinsicht erkennbar werden. Die vokalischen Längen werden dabei mit Zirkumflex (â, î, û) angezeigt. Im Übrigen steht, durchgängig vor allem bei Eigennamen, nicht ʿÂlî sondern Ali, nicht ʿUthmân, sondern Uthman, nicht Medîna, sondern Medina usw.

Bei drei Konsonanten kann dennoch nicht auf die, vor allem im Angelsächsischen übliche, Umschrift verzichtet werden:

z steht für stimmhaftes s,
th für den stimmlosen Laut des Englischen,
dh für den entsprechenden stimmhaften,
gh für einen dem deutschen Gaumen-r nahen Laut.

Vorwort

Der Islam, das unbekannte Wesen.

Ein Wesen, das Angst macht! Man hat alles Mögliche versucht, um ihn zu erklären, um ihn zu relativieren, um über ihn zu diskutieren; er ist von völliger Undurchsichtigkeit umgeben. Nur wenigen gelingt es, die großen Gemeinschaften des Islam, seine Doktrin oder seine historische Entwicklung zu erfassen.

Seit Johannes von Damaskus (650–749), der die Geburt und Ausbreitung des Islam im Vorderen Orient praktisch erlebt hat, unterliegt diese „Lehre des falschen Propheten", wie er sich ausdrückte, beharrlichen Vorurteilen und wird vielfältig verquickt. Der Prophet des Islam galt als Mann ohne Treu und Glauben, seine Botschaft wurde von vielen für nicht mehr als ein „falsches Wunder" gehalten.

Abt Theophanes (751–818), der die byzantinische Krise im Zuge des Bildersturms miterlebte, charakterisierte Mohammed als „betrügerisch, barbarisch, Feind Gottes, dämonisch, atheistisch, zügellos, räuberisch, blutrünstig, blasphemisch, dumm, bestialisch und arrogant". Seitdem hat die pejorative Sichtweise des Islam nicht mehr aufgehört, sich stetig zu steigern, so dass auch Dante den Propheten in seiner *Divina Commedia* in der Hölle platzierte. Diese Sicht wird genährt durch den Hass und den Argwohn jener, die fürchten, von den Soldaten Allahs überfallen oder verfolgt zu werden, auch wenn dies nur Phantasievorstellungen sind, im Orient selbst gepflegt von den Verfechtern einer auf Konflikt und Rentabilität gegründeten Ordnung. Jenseits dessen lässt sich ein abgekartetes Spiel zwischen den aktuellen autokratischen Regimes erkennen, die auf islamischem Boden regieren, und den Fundamentalisten, die ihnen ihre Macht streitig machen.

Der Islam ist pluralistisch. Die Gesellschaften, die ihn bilden, die Völker, die sich auf ihn berufen, die unterschiedlichen Lehren, die ihn durchziehen, gestalten ihn kompliziert. Muss man als Muslim geboren sein, um ihn zu verstehen? Ich glaube nicht. Tatsache ist aber, dass die Informationen über den Islam eine bisher nicht da gewesene Ebene erreicht haben, von einer Unmenge an Büchern über Fernsehdokumentationen bis hin zu intellektuellen Debatten. Doch wie lässt sich die Spreu vom Weizen trennen? Manche Werke sind reine Propaganda, Objekte der Verkündigung, in proselytischer Absicht geschrieben, andere bauen auf persönlicher Überzeugung auf und predigen einen idealen Islam, der ohne Sprünge und in sich geschlossen ist. Es ergeben sich Fragen: Ist der Koran vor der Geburt Mohammeds geschrieben worden? Ist er ein himmlisches Diktat oder eine langsame, geduldige Erfindung des Propheten und seiner Berater? Wurde er aus nestorianischen, jüdischen oder äthiopischen Texten abgeleitet, wie es manche christliche und jüdische Autoren behaupten? Solche Fragen zu stellen, bedeutet an sich schon eine Schmähung des durch Mohammed offenbarten Wortes, einen heute von mehr als einer Milliarde Gläubigen verehrten Mann. Das Problem liegt darin, dass die religiösen Autoritäten sich einer solchen Fragestellung verweigern. Wer also könnte eine solche Unmöglichkeit besser beweisen als die Archäologen? Gott bewahre! Die Archäologie genießt als Wissenschaft nur schlechtes Ansehen, seitdem sie versucht, eine Kohärenz zum vorislamischen Heidentum zu finden, das laut Dogma als bestechlich und unrein angesehen wird. Die Wissenschaft wird Thema des letzten Kapitels sein, da sich die Integration des Islam in das breite Spektrum der aktuellen Glaubensanschauungen nicht von selbst zu verstehen scheint.

Genau das ist das Bestreben dieses Buches: in knapper, aber peinlich genauer Form den Islam zu präsentieren, ohne dabei seine Widersprüche und Schattenseiten zu verbergen. Paradoxerweise ist diese Präzision immer fraglicher, je zahlreicher die Werke über den Islam sind, sie wird beinahe künstlich, so als ob der Wettbewerb unter den Autoren einen Teil der Kenntnisse verbergen müsse, um auf der Höhe der Zeit zu sein. Die Kapitel, die das Gerüst dieses Buches bilden, sind so angeordnet, dass sie den Fortschritt der Lektüre begleiten und die Neugierde des Lesers nähren, von der Geburt des Propheten bis in unsere

Tage. Ich werde auch ganz aktuelle Fragen behandeln: Was ist ein *Ayatollah,* was ist seine Funktion? Was steckt hinter einer *Fatwa*? Warum versteht der Islam die Laizität nicht? Was bedeutet das Wort *Harem*? Gibt es im Islam Sekten? Existieren die Jungfrauen des Paradieses wirklich? Wie ist die Stellung der Frau im Islam heute? Wie werden die neuesten Entwicklungen in der Bioethik gesehen, zum Beispiel das menschliche Klonen, genmanipulierte Organismen, wie geht man mit der Krankheit Aids um? Kurz gesagt: Es geht um den Islam und die Frage der Moderne. Und falls der Islam mit der Moderne kompatibel ist: Wie hat sich die Moderne konkret eingebracht und wie äußert sie sich in der Realität, im täglichen Leben eines Muslims?

Kapitel 1

Wer ist Mohammed?

Arabien vor dem Islam

Vor der Geburt des Islam war Arabien geprägt vom Lebensstil der Nomaden und Hirten. Die Clans Arabiens und des Jemen, durch Blutsbande liiert, rivalisierten untereinander, innerhalb ihres Universums, das von zwei Dingen geprägt war: dem Adel der Herkunft und den Handelsaktivitäten. Der Adel war keine Form von Angeberei. Er beruht auf der Vorstellung, dass Macht mit dem Namen und der Herkunft verbunden ist und eine wirtschaftliche Macht impliziert, den wichtigsten Sockel der politischen Macht. Diese doppelte Anforderung wurde sehr praktisch umgesetzt: Die Sicherheit der Karawanen war nur gewährleistet, wenn das große Prestige der Familie mit abschreckender Feuerkraft verbunden war.

Im Gedächtnis der Ahnen aber galt die arabische Wüste immer als die feindlichste der ganzen Welt. Alle Stämme dieser Region beachteten die Ahnenrituale, respektierten die Hausgötter und beteten eine beträchtliche Anzahl von Götzen an. Die Götzenanbetung ist im Übrigen das Phänomen, mit dem man diese Stämme am besten charakterisieren kann. Der Koran war ununterbrochen damit beschäftigt, den Pantheon von Mekka niederzumachen, ihn herabzusetzen und in den Augen seiner Anhänger zu entweihen. An deren Stelle setzte er die Ankunft Allahs, des alleinigen, einzigen Gottes. Die *Dschinn* spukten in verborgenen Falten der Erde und in Höhlen. Als Herren der feuchten Orte hatten sie eine Vorliebe für stehende und übel riechende Gewässer. Wenn ein tapferer Soldat sich verirrt hatte, wollte es die Legende, dass er sofort von ihnen „besessen" war und ihnen dienstbar sein musste, bevor er in die Welt der Menschen zurückgeschickt wurde. Die

Furcht vor diesem Schicksal quälte die jungen Rekruten derart, dass sie niemals die gekennzeichneten Wege verlassen hätten.

Jeder Stamm hatte seinen *Weisen* (*hakîm*), seinen *Wahrsager* (*ᶜârif*) und seinen *Zauberer* (*kâhin*). Poesie (*schiᶜr*) und Deklamation waren vorrangige Beschäftigungen der wohlhabenden Klassen. Auch liebten die Beduinen das Spiel, lange Diskussionen unter dem Zeltdach sowie prachtvolle Feste und Hochzeiten, die mit großem Pomp gefeiert wurden. Hier spielte sich ein Teil ihrer Darstellung der Welt ab, ihre Auffassung von Größe und Großzügigkeit. Solche Feiern dauerten manchmal Wochen.

Arabien war eine Art Zwischenreich, ein Kreuzungspunkt zwischen verschiedenen Zivilisationen: den Byzantinern im Norden, den Sassaniden im Osten; im Westen, lediglich durch die stürmische Fahrrinne des Roten Meeres getrennt, befand sich ein weiteres christliches und jüdisch-christliches Land, im Süden der Halbinsel äthiopisch, im Norden koptisch und pharaonisch. Außer den *Schriftbesitzern* (*ahl al-kitâb*, wörtlich *Anhänger der Religionen des Buches*, d. h. des Monotheismus), womit Juden und Christen gemeint waren – ein Ausdruck, der sich im Koran häufig findet – gab es in Arabien und an seinen Rändern Heiden, Verrückte und Abenteurer, die ihr Glück suchten. Zahlreiche ruchlose Wegelagerer trieben in der Region ihr Unwesen und brachten Reichtümer in Gefahr, zu dieser Zeit symbolisiert von Karawanenprozessionen, die die Halbinsel durchzogen und zwei Welten miteinander verbanden: die Welt des Indischen Ozeans im Süden mit der Welt des Mittelmeeres im Norden.

In diesem polytheistischen Kontext wurde Mohammed, der zukünftige Prophet des Islam, in Arabien geboren. Um ihn herum gab es alle Arten von Volksstämmen und ganz erstaunliche Glaubensüberzeugungen: Mazdaisten oder Zarathustra-Anhänger, Feueranbeter, monophysitische Christen in Nadschran, die Juden der Banu Qainuqaᶜ und Banu Quraiza in Yathrib (Medina). Unter den Arabern gab es Händler, ekstatische Magier, Seher, Mystiker und Gottlose, schließlich Ritter, Dichter, wahre Edelleute. Im Okzident Mahomet genannt, hieß der Prophet mit vollständigem Namen Mohammed ibn Abdallah (sein Vater) ibn Abd al-Muttalib (sein Großvater) ibn Haschim (sein Urgroßvater). Er soll im August 570 in Mekka geboren worden sein (im Koran

Bakka und Makka genannt), innerhalb des Stammes der Quraisch, im Clan der Banu Haschim, aus der Verbindung zwischen seinem Vater Abdallah und seiner Mutter Amina bint Wahb.

Sein Temperament wurde durch die Erfahrung mit dem Hedschas, der rauhen zentralarabischen Ebene, geformt: Mohammed (wörtlich *Der, der des Lobes würdig ist*; *der Gepriesene*) war gleichzeitig klug und asketisch, aber auch ein Mann der Überzeugung und des Engagements. Aus seiner Jugend ist uns wenig bekannt, außer dem einen oder anderen Detail, das durch die Tradition überliefert ist, allerdings nicht ohne von ihr immer wieder neu verfasst worden zu sein. So wird zum Beispiel berichtet, dass er, als er sich bei seiner Amme Halima im Stamm der Banu Saʿd aufhielt (wörtlich *Die Glückseligen*) – tatsächlich verlangte es der beduinische Brauch, dass bestimmte Kinder, vor allem auf dem Land, zu einer Amme kamen – dort Besuch von zwei Engeln bekam, die ihm das Herz öffneten, um ihm einen Klumpen schwarzen Blutes zu entnehmen, das Symbol der Unreinheit. Korankenner glauben diese Geschichte in folgendem Vers zu finden:

> *Haben wir nicht deine Brust geweitet, dir deine Last abgenommen, die dir schwer auf dem Rücken lag?* (Sure 94, 1–3)

Seitdem, so sagt man, war Mohammed geschützt vor dem Bösen und jeder Versuchung. Diese Anekdoten, von denen es im Koran ebenso wimmelt wie in der Tradition, müssen im übertragenen Sinne gelesen werden.

Mohammeds Vater Abdallah starb einige Zeit vor seiner Geburt, und seine Mutter, Amina bint Wahb, wurde gleichfalls bald von einer Krankheit niedergestreckt. Sie starb bei der Rückkehr aus Yathrib, der großen arabischen Handelsstadt, die heute Medina heißt. Mohammed war zu diesem Zeitpunkt 6 oder 7 Jahre alt. Er wurde von seinem Großvater Abd al-Muttalib aufgenommen, der ebenfalls bald verstarb. Nun war sein Onkel, Abu Talib, an der Reihe, ihm die Tür seines Hauses zu öffnen. In der beduinischen Kultur war es Tradition, dass ein Waise niemals dazu verdammt sein sollte, allein umherzuirren. So wurde der Unglückliche von seinen Verwandten verhätschelt und erhielt dieselbe Ausbildung wie die Jugendlichen, die in diesem privilegierten Milieu geboren wurden. Der Wohlstand des Quraisch-Stamms beruhte auf dem Karawanenhandel, dem Warentauschhandel und vor allem auf den auf Wasser erhobenen Steuern, einem in dieser Region raren Nahrungsmittel. Zwar entstammte Mohammed diesem Volk, jedoch war er ein mittelloser Erbe, da er aus einem armen Familienzweig kam.

In der Lebensgeschichte des Propheten (Sîra), von Ibn Hischam im 9. Jahrhundert zusammengestellt, lernt man Mohammed als schüchternen Charakter mit rotblonden Haaren kennen, der sich der Meditation und Spiritualität widmet. Um die Wahrheit zu sagen, sind uns seine Kindheit und Jugend wenig bekannt, ungeachtet dessen, was die islamischen Historiker angeben. Im Jahr 610 oder 611 – zu diesem Zeitpunkt ist er 40 Jahre alt – wird Mohammed zum von Gott Auserwählten und überbringt in Erfüllung dieser Aufgabe dessen Botschaft; von nun an führt er ein extrem dichtes öffentliches Leben, das die Historiker praktisch Tag für Tag beschreiben.

Mit dem Beinamen Al-Amin versehen (*zuverlässiger* oder *vertrauenswürdiger Mann*), ist Mohammed von diesem Zeitpunkt an die Inkarnation des aufrechten Gläubigen, der sich unaufhörlich verbessert, gemäß einer alten Überzeugung, nach der Propheten für diese Mission vorbestimmt sind (*fitra*). Schon in seinen Handelsaktivitäten war dies festzustellen. Mohammed hatte bereits vor seinem 20. Lebensjahr damit begonnen, zweifellos mit etwa 17 oder 18 Jahren, und führte bis mindestens zu seinem 40. Lebensjahr Karawanen durch das Land.

Mit 40 Jahren ist Mohammed Prophet

Mit 40 Jahren ist er, der die Frauen, das Gebet und das Parfum liebt, ein reicher Mann, dank einer erfolgreichen Verbindung, die er mit seiner ersten Ehefrau Chadidscha eingegangen ist. Umhüllt von ihrer Zuneigung, genießt er einen beneidenswerten gesellschaftlichen Status und kann sich schließlich seinen spirituellen Rückzügen widmen, einer Beschäftigung, die er über alles liebt. Wenn er an die 40 Jahre seines bisherigen Lebens denkt, sieht Mohammed ausschließlich seinen Eifer, hart zu arbeiten und sich stetig zu verbessern. Er musste unzählige Male unter freiem Himmel schlafen, der Kälte und dem Hunger ausgesetzt. Er kannte Entbehrung und Einsamkeit, doch beides machte ihm keine Angst mehr. Wenn er Chadidschas Karawanen bis nach Syrien führte, war seine einzige Sorge, in die Hände von Wegelagerern zu fallen, die ihn seiner Gewinne berauben würden. Unverrichteter Dinge nach Mekka zurückzukehren – was für eine unheilvolle Aussicht! Und schließlich galt es, auf die Gesundheit der Tiere zu achten, darauf, dass sie nicht überanstrengt und damit unbrauchbar wurden. Neben dieser Verantwortung war es die stetige Wachsamkeit, die ihn am meisten forderte und erschöpfte. Um mit dem Dünkel der materiellen Welt zu brechen, hatte Mohammed die Gewohnheit angenommen, in einer Grotte namens Hira zu meditieren, die einige Kabellängen von Mekka entfernt lag. Dieses große Bedürfnis nach Einsamkeit war eine Art Suche nach dem Absoluten, nach einem Ort der religiösen Einkehr.

Während eines dieser spirituellen Rückzüge (*chilwa*), um die Monate der Hundstage herum, erhielt Mohammed zum ersten Mal Besuch von einem Engel. Es handelt sich um den Erzengel Gabriel, der von ihm verlangte zu lesen. „Aber was soll ich lesen?“, fragte Mohammed, der als Kameltreiber weder lesen noch schreiben konnte. Er hatte nichts gelernt, was über das gängige Wissen seiner Zeit hinausging, das ihn die Hauslehrer und Lehrherren in seinem Stamm gelehrt hatten. Dieses Wissen war von mündlicher Überlieferung geprägt und hatte die großen Familien und die Mächtigen zum Inhalt. Überdies stammte Mohammed aus einem eher bescheidenen Clan, trotz des prestigeträchtigen Namens des Stammes der Quraisch, dem er angehörte.

Der Erzengel forderte ihn erneut auf:

> Trag vor im Namen deines Herrn, der erschaffen hat, den Menschen aus einem Embryo erschaffen hat.
>
> Trag vor! Dein Herr ist edelmütig wie niemand auf der Welt, der den Gebrauch des Schreibrohrs gelehrt hat, den Menschen gelehrt hat, was er nicht wusste (Sure 96, 1–5).

Dies war der erste der Koranverse, die ihm im Verlauf der kommenden 22 Jahre offenbart wurden, zwischen 610 und 632: Hier nahm die Verkündigung ihren Anfang.

Bei seiner Rückkehr nach Mekka konnte Mohammed die Last dieser

Erfahrung nicht allein tragen – eine solch einzigartige, flammende Offenbarung konnte er nicht verschweigen. Also öffnete er sich gegenüber seiner Frau, die, wie es heißt, ihm sofort glaubte und damit zur ersten Muslimin der Geschichte wurde. Die Transformation Mohammeds begann. Mit der Zeit stellte sich die Mission als schwierig heraus, denn Mohammed eröffnete einen neuen Horizont, der der beduinischen Mentalität fundamental widersprach, die aus Aberglaube und Magie bestand und durch die *Dschinn* genährt wurde. Einer Mentalität, die in diesem Teil der Erde seit Anbeginn der Zeiten verbreitet war. Welch ein Schock!

Bald nach Chadidscha glaubten zwei wichtige Persönlichkeiten an ihn: Ali, sein Cousin, und Abu Bakr, der Vater seiner zukünftigen Frau Aischa. Diesem ersten Kreis schlossen sich bald die engste Familie und Schwiegerfamilie an, weitere Cousins, entfernte Verwandte. Die Gruppe der ersten Konvertiten erweiterte sich in beachtlicher Weise. Jeden Tag kamen Verstoßene aus allen Ecken Mekkas und seiner Umgebung hinzu, manchmal Einzelne, die aus der Klassengesellschaft ausgeschlossen worden waren, z. B. befreite Sklaven, wie es bei Bilal, dem ersten Muezzin, der Fall ist, oder bei Zaid, der Mohammeds Sekretär wurde. Aber auch nach ein paar Monaten lag die Zahl der ersten Glaubensanhänger bei nicht mehr als 100.

Mohammed preist den Islam. Er sagt zu seinen Anhängern: „Hört meine Botschaft, es ist die des einzigen Gottes.“ Er sagt weiter: „Mein Gott ist ein Gott des Friedens und der Toleranz. Er hat für Euch die Erde und den Himmel bereitet. Er lädt Euch ein, an Ihn zu glauben. Denn im Jenseits richtet Ihr Euch entweder zum Paradies oder zur Hölle. Eine schreckliche Strafe erwartet die Ungläubigen.“ Auch beim Begriff des Islam ist er unerschöpflich. Mohammed entdeckt darin drei Sinnrichtungen: *salam* (*sei gegrüßt!*), *islam* (*Unterwerfung unter Gott mit Inbrunst und Überzeugung*) und *aslama* (*die Waffen niederlegen*). Man dürfe sich nicht ohne Wissen unterwerfen, sagt er schließlich zu ihnen, noch viel weniger ohne Glauben. Muslim zu sein erfordere echte Zustimmung des Gläubigen, kein heuchlerisches Gehabe. Man müsse in allen Dingen aufrichtig sein und mit einer Absichtserklärung (*niya*) beginnen, die der Grundstein jedes Glaubens sei.

Der Islam
erstarkt gegenüber allem und kämpft gegen alles

Mittlerweile sind die in ihrer Macht bedrohten Oligarchen von Mekka beunruhigt. Die egalitäre Botschaft dieses jungen Mohammed und vor allem seine antiaristokratische Respektlosigkeit sind geeignet, das Fundament ihrer von Hierarchie und Ungleichheit geprägten Welt zu untergraben. Zunächst versuchen sie, seinen Ruf zu ruinieren, indem sie ihn als Verrückten, als Zauberkünstler, als Lügner hinstellen. Doch der Koran kommt ihm zu Hilfe:

> *Euer Landsmann (d. h. Mohammed) ist nicht fehlgeleitet und befindet sich nicht im Irrtum. Und er spricht auch nicht aus (persönlicher) Neigung. Es ist nichts anderes als eine inspirierte Offenbarung.* (Sure 53, 1–4)

Doch die Unruhe ist da: Man muss wachsam sein, um das Wesentliche zu bewahren. Daher entscheidet der Prophet, eine erste Gruppe von Schülern aus Mekka wegzuschicken, um sie eventuellen Angriffen von Gegnern zu entziehen. Die Tradition des Islam, vor allem durch Ibn Hischam niedergeschrieben (gestorben 833), der wiederum in großen Zügen die Biografie von Ibn Ishaq übernahm (gestorben 768) – die beiden ersten Biografen des Islam – berichtet von einer Begebenheit, in der es um eine Gruppe Muslime geht, die beim Negus, dem christlichen König, Zuflucht gefunden hatte, um den Verfolgungen durch die Feinde des Islam zu entkommen. Als – wir befinden uns zu Beginn des 7. Jahrhunderts – Dschaʿfar Ibn Abi Talib, der mutmaßliche Leiter dieser muslimischen Delegation, die ersten Artikel des vom Islam geforderten strikten und einheitlichen Monotheismus und den Respekt vor einem allwissenden Gott erläuterte, soll der Negus in Tränen ausgebrochen sein und gesagt haben: „Das ist die Botschaft Jesu […]".

Die in Mekka verbliebenen Muslime sind höchst beunruhigt. Die Oligarchen wollen sie offensichtlich beschmutzen, sie verfolgen sie, wo sie nur können, und verbreiten schlimmste Gerüchte über sie. Ihr Ziel ist ganz eindeutig: einen Weg zu suchen, um diesen sog. falschen Propheten zum Schweigen zu bringen. Die Spannung in Mekka ist spürbar, man macht sich über die Verkündigung Mohammeds lustig und meint verächtlich, das sei doch nichts Neues. Die Feindseligkeit gegenüber dem Propheten ist auf dem Höhepunkt, man zeigt mit dem Finger auf ihn, beleidigt und misshandelt ihn.

Wie kann denn ein Mann ohne männliche Nachkommen – ein *abtar*: die größte Beleidigung in einem natalistischen und patriarchalischen Milieu, das ausschließlich nach Vermehrung der Ehefrauen und Nachkommenschaft urteilt – eine neue Religion erfinden, direkt mit Gott sprechen! Diese Kränkung ist sehr grob, hatte der Prophet doch keinen Sohn, der allein die Nachkommenschaft hätte sichern können.

Mohammed durchläuft eine Zeit größter Einsamkeit; Chadidscha stirbt im Jahr 619 in hohem Alter. Die Wirtschaftsaktivitäten sind auf ein Minimum geschrumpft. Das Klima wird immer angespannter, Informanten verbreiten Gerüchte. Nach einigen Monaten wird die Abreise Mohammeds dringlich. Er beschließt, Mekka zu verlassen, aus dem Wespennest zu fliehen, in dem er immer im Visier der Quraisch ist. Seine physische Sicherheit wie auch die seiner Angehörigen ist nicht mehr gewährleistet.

Eines Abends, während des letzten Gebets, wird die Entscheidung getroffen, Mekka zu verlassen. Das ist die *Hedschra*, aus dem arabischen Wort *hidschra*, das Exil, Flucht, Emigration bedeutet. Am selben Abend wird der Entschluss in die Tat umgesetzt. Mohammed und sein nächster Gefährte Abu Bakr müssen die Stadt verlassen. Sie nutzen die Dämmerung, um sich lautlos davonzustehlen. Mohammed geht als Erster, dann folgt ihm sein Schüler auf den Berg Thaur, wohin sich Mohammed geflüchtet hat. Sie bleiben einige Stunden dort, vielleicht auch Tage, denn man hat Verfolger ausgesandt, die ihnen auf den Fersen sind. Nach einiger Zeit verlassen die beiden Flüchtlinge ihr Refugium und gehen in Richtung Yathrib, der im Norden von Mekka gelegenen Oase. Um den Propheten zu ehren, wird der kleine Marktflecken Yathrib, der die neue Religion übernimmt, seinen Namen in Medina ändern (*Madînat an-Nabî*, wörtlich *Die Stadt des Propheten*), und zwar von dem Moment an, in dem er dort den Boden betritt. Dieser Tag, der 16. Juli 622, wird von den Historikern als Beginn der *Hedschra* angesehen, sozusagen als das Jahr Null im muslimischen Kalender.

11 Jahre als Prediger haben aus Mohammed einen Propheten mit allen entsprechenden Attributen gemacht. Die Botschaft des Korans wird unermüdlich wiederholt, die Schriftgelehrten, die sie auswendig lernen, rezitieren sie in den Moscheen und bei jedem Gebet. Die spirituellen Themen nehmen dabei den größten Raum ein: Glaube an einen einzigen Gott, Unterwerfung unter diesen Gott und Respekt vor den Lehren des Propheten. Die Bilder des Korans entfalten sich mit Hilfe von Wundern, Gleichnissen und Geschichten, die aus der Bibel und der Thora entnommen sind. Das Alte Testament wird fast vollständig wieder ins Gedächtnis gerufen. Der Islam richtet sich ein in der Kontinuität der anderen Religionen, indem er die alten Propheten und ihre Friedensbotschaft wieder aufnimmt.

Der politische Islam aber wird in der Begegnung des Propheten mit Medina geboren, der Oasenstadt, dem Stadtstaat, der ihn aufnimmt. Hier ist Mohammed der unbestrittene Inspirator, Monarch, Verbreiter und Künstler. Parallel entwickelt sich seit 622, dem Endpunkt der ersten Verkündigung in Mekka, eine neue Solidarität, die durch die Teilnehmer am Exodus, die *Muhâdschirûn*, und durch die Gläubigen, die die Ankunft des Propheten in Medina organisieren, die *Ansar*, gebildet wird.

Die 10 in Medina verbrachten Jahre sind der Organisation der muslimischen Gemeinschaft, *Umma*, gewidmet. Mit den Stämmen des Hedschas und des Rub^{c} al-Chali werden Verhandlungen über mögliche Massenkonversionen geführt. Diesen Verhandlungen gehen Strafexpeditionen voraus, die die Neuankömmlinge gegen die widerspenstigen Beduinenstämme führen. Langsam konstituiert sich die muslimische Armee. Insgesamt aber gehen die Konversionen friedlich vonstatten, mit Ausnahme der Juden und Christen. Von Hunderten Götzenanbetern wird ein vollständiger Treueid verlangt, worauf sie von nun an der neuen Religion folgen. Viele Schlachten gegen Quraisch-Armeen erzwingen deren Entscheidung für den Propheten und zementieren sein persönliches Charisma. Hier ist auf jeden Fall Badr zu nennen, die erste Schlacht der Muslime, die ein außerordentliches Szenario bietet. Meteorologische Umstände sollen es sein, die den Erfolg erklären, der umso eklatanter ist, als nur einige Dutzend Muslime mehreren hundert Quraisch gegenüberstehen. Diese meteorologischen Umstände bestehen aus einer großen Wolke, die, so berichtet die Tradition, sich über der Armee des Propheten bildete und ihr so einen großen Vorteil gegenüber den Feinden bot. Auf der anderen Seite verwandelte sich das Wasser in die Form eines Gefäßes, was den Aufmarsch der Quraisch-Armee verlangsamte.

Bald tief verwurzelt in Arabien, schloss der Islam Allianzen mit verschiedenen Clan-Chefs, aber auch mit Juden und Christen. Diese anderen Monotheisten konnten ihren Glauben tatsächlich ohne jegliche Diskriminierung praktizieren, sie durften ihren Handel ausbauen, reisen, tauschen, kaufen und verkaufen. Später wird man sie *dhimmis* nennen (*ahl adh-dhimma*), *die Geschützten*. Kurz vor seinem Tod gelang dem Propheten das Wagnis, als Triumphator nach Mekka zurückzukehren. Dieses Ziel zu erreichen, kostete ihn viel Diplomatie und ebensoviel Selbstbeherrschung, Weisheit und Geduld. Doch halfen ihm auch die Einwohner selbst, denn sobald sie merkten, dass sich der Wind drehte, hatten die meisten von ihnen keine andere Wahl, als den Islam anzunehmen. So vereinigten sie sich mit den Bewohnern Medinas, die sechs Jahre vorher konvertiert waren. Deren Geschäfte dynamisierten sich dadurch, bereits vorhandene Reichtümer fuhren große Gewinne ein. Die *Pax islamica* funktionierte in Medina perfekt, bevor sie sich ohne Zögern zunächst nach Mekka ausweitete und dann auf das ganze im Aufbau befindliche Reich. Man kann das schnelle Fortschreiten des Islam im gesamten antiken Bogen, in Arabien, im Maghreb, in Asien und Anatolien, nicht begreifen, wenn man sich nicht die damaligen Umstände vergegenwärtigt, die auch charakterisiert sind durch überall herrschende Unsicherheit. Auch das Mekka von damals, mächtig, ikonoklastisch und stolz auf seinen Clan-Nationalismus, ist nicht das uns heute bekannte Mekka. In unseren Tagen empfängt die Stadt jedes Jahr mehrere Millionen Pilger, von denen die einen zur großen Pilgerfahrt, dem *Hadsch*, kommen, die anderen zu einem frommen Besuch, genannt *ʿUmra (kleine Pilgerfahrt)*. Und auch wenn das uns durch Fernsehdokumentationen bekannte Mekka dasselbe ist, das den Propheten und seine Begleiter verjagte, so gibt es eine besondere Dimension, die die Beziehung des Muslims zu seiner heiligen Stadt abbildet: die Dichte, vielleicht sollte ich Masse sagen, im wissenschaftlichen Sinn des Begriffs. Denn tatsächlich ist es so, dass, wenn ein Gläubiger in Mekka ankommt, er von einer solch großen Zahl von Anhängern Mohammeds umgeben ist, dass ihm gar nichts anderes übrig bleibt, als sich angesichts dieser Größe des Islam zu besinnen. Diese Wirkung hallt im Herzen jedes Besuchers wider und bleibt sein geheimes Band zur Göttlichkeit der Koranbotschaft.

Um 630 herum sind die Ambitionen des Propheten auf ihrem Höhepunkt. Er kann über die Orte triumphieren, wo er geboren ist, er, der es versteht, die Oligarchie Mekkas mit den Färbungen des Islam zu verbinden. Auch kann Mohammed seine humanistischen Zielsetzungen verbreiten, indem er die Befreiung der Sklaven verkündet. Eine solche Entscheidung hat zwei wesentliche Konsequenzen: Zum einen etabliert sie Gleichheit zwischen den gesellschaftlichen Klassen. Zum anderen gibt sie dem Islam ein freundliches Gesicht und prägt einen Humanismus, der sich scharf abhebt von der egoistischen Haltung der Quraisch, ihrer Überheblichkeit und Anmaßung.

Die Geburt eines Stadtstaates: Medina

Auf diese Weise vermischt sich die Geschichte Mohammeds mit der des Islam, was mit Beginn des Exodus nach Medina noch offenkundiger wird. Denn indem er sich in diese Stadt flüchtete, führte der Prophet das islamische oder *Hedschra*-Zeitalter ein, dessen Kalender erst im September 622 beginnt. Zu Beginn wandten sich die Gläubigen mit ihren Gebeten und Anrufungen nach Jerusalem hin. Ab 622 war diese antike Hauptstadt Palästinas für zwei Jahre die erste *qibla* (das Wort *qibla* bedeutet *Orientierung*), weshalb sie von allen Muslimen nach dem Vorbild der Juden und Christen verehrt wird. Sie erhielt den Namen *Al-Quds asch-scharîf, die heilige Stadt*. Nach Änderung der Lage wurde Mekka im Februar 624 zum Zentrum der muslimischen Weltkarte. Doch bewahrte man stets die besondere Beziehung zu Jerusalem, der Stadt, die den Felsendom beherbergt, in den Augen aller ein Symbol vorrangiger Heiligkeit. Die Pilgerfahrt aber richtete sich von da an zur Kaaba, dem Heiligtum, das im Herzen des islamischen Geozentrismus liegt. Genau zu diesem Brennpunkt nämlich führte

Mohammed kurz vor seinem Tod etwa 2000 Pilger, auf einer Reise, die gleichzeitig einen Anfangs- und einen Endpunkt bildet. Tatsächlich wurde während dieser Pilgerfahrt (*hadsch*) die Vollendungsrede der Verkündigung gehalten, die man *Abschied* nennt:

> *Heute habe ich euch eure Religion vervollständigt und meine Gnade an euch vollendet, und ich bin damit zufrieden, dass ihr den Islam als Religion habt* (Sure 5, 3).

Einige Tage danach wurde der Prophet, von plötzlichem Fieber befallen, bettlägerig. Er starb in seinem Haus in Medina im Juni 632, nach Quellenlage am 6. oder 8. Juni, was Montag, dem 13. *rabî*^{c} *al-awwal* des Jahres 11 der *Hedschra* entspricht. Zum Zeitpunkt seines Todes war das Fasten ebenso kodifiziert wie die definitive Ausrichtung zur Kaaba hin, dem Heiligtum im Herzen der großen Moschee von Mekka. Zu ihr hin richten sich sämtliche muslimischen Gebete auf der ganzen Welt, aus vier Himmelsrichtungen, die zu diesem Brennpunkt leiten; dorthin muss sich der Gläubige zur Ausübung des Ritus positionieren. Gemäß diesem geozentrischen System stehen sich im Moment des Gebets der Iraner und der Sudanese gegenüber, ebenso der Istanbuler und der Jemenit, der Libyer und der Omani.

Zu Beginn hatte das Gebäude, das aus ganz gewöhnlichen Materialien wie Stampferde, Ziegeln und Stroh errichtet wurde, asymmetrische Ausmaße: 15 Meter hoch, auf zwei Seiten 12 Meter und auf den beiden anderen Seiten 10 Meter lang. Man müsste eigentlich wiedererrichtet sagen, denn nach der Legende hatten Abraham und sein Sohn Ismael das Gebäude ersonnen, das eine uralte, präislamische Gebetsstätte werden sollte. Der Koran nimmt darauf Bezug: Stätte Abrahams (Sure 5, 95 und 97). In Form eines Kubus gebaut (was exakt der Etymologie des Wortes *Kaaba* entspricht), ist sie von einem schwarzen Tuch bedeckt (*kiswa*), das man jedes Jahr austauscht. Im obersten Drittel sind um die gesamte Kaaba herum kalligraphische Koranverse auf das Tuch genäht. Seit Baibars (1223–1277) war diese langwierige Arbeit das Vorrecht der Mamelucken-Dynastie in Ägypten gewesen, die alljährlich die neue *kiswa* nach Mekka sandte. Im Zuge schwerwiegender Zwischenfälle mit den Wahhabiten, die ab Ende des 19. Jahrhunderts die Region beherrschten, wurde das ägyptische Geleit unterbrochen.

Seit 1926, als man den ägyptischen *Mahmal* zurückwies (die Sänfte, die die *kiswa* auf einem Kamelrücken nach Mekka transportierte), hat sich Saudi-Arabien das alleinige Privileg zugestanden, alljährlich die Kaaba zu bekleiden. Auf einer Seite schließlich ist ein Schwarzer Stein (*al-hadschar al-aswad*) vulkanischen Ursprungs in das Heiligtum eingefasst, der, wie es die Tradition berichtet, schwarz geworden ist aufgrund der Sünden der Menschen. Die Kaaba und der Schwarze Stein bilden gemeinsam mit der großen Moschee, in der sie liegen, das Herz des *haram*, des Raumes, der allein der Verehrung Allahs geweiht und als solcher für Nicht-Muslime verboten ist. Die große Moschee von Mekka nennt man übrigens *Al-masdschid al-haram, die heilige Moschee.* Später wird der Begriff des *haram* die Gebiete von Mekka und Medina ebenso mit einschließen wie die Moscheen, Wege, Gebetsstätten, Gedenkstelen und Gräber der ersten Muslime, darunter natürlich auch das des Propheten.

Von da an wurde die gesamte arabische Halbinsel islamisiert, jedenfalls beinahe. Gleichzeitig wurden die 360 mittlerweile durch Historiker identifizierten Götzen bekämpft. Das Heiligtum der Kaaba füllte sich jetzt allein mit dem Namen Allahs, besungen und gepriesen auf tausend verschiedene Weisen. Das Dogma der neuen Religion war festgelegt, bestimmte Aspekte darin, wie die Pilgerfahrt zur Kaaba, sind aber tatsächlich nichts anderes als die Fortführung alter Praktiken, die vom Koran übernommen wurden. Auch die Speiseverbote sind die des Alten Testamentes, denen das Verbot des Weins hinzugefügt wurde.

Nun musste die Botschaft des Propheten (*risala*) nur noch in alle vier Ecken der Welt getragen werden. Dies ist der Beginn der islamischen Expansion (628). Sie manifestiert sich in Syrien durch Muʿawiya (605–680), und in Ägypten durch General Amr ibn al-As (gestorben 663). Doch entscheidender waren die Siege in Persien und im Maghreb, die den Islam in dem gewaltigen Herrschaftsbereich verankerten, den er heute sein Eigen nennt.

Kapitel 2

Was ist das Dogma des Islam?

Das vorrangigste Kriterium des Islam ist die Anbetung des Schöpfers in einem Geist der Brüderlichkeit und Toleranz, was im Glaubensbekenntnis (*Schahada*) – im ersten Artikel des Dogmas – zusammengefasst wird: *Ich bezeuge, dass es keinen Gott gibt außer Allah, und ich bezeuge, dass Mohammed sein Gesandter ist.* Nach Ansicht verschiedener Theologen enthält dieses Bekenntnis die gesamte Religion, ihre „metaphysische Schlankheit", wie Louis Massignon es ausdrückt, ein französischer Islamwissenschaftler des 20. Jahrhunderts, der sein Leben dem Studium dieses absoluten, fast besessen eindringlichen Islam widmete, einer Religion, die so vielen unterschiedlichen Lesarten eine offene Flanke bietet.

Das gesamte Gebäude gründet sich auf ein Buch namens Koran, aus dem arabischen *qur'ân*, was *Lektüre* oder *Rezitation* bedeutet. Es besteht aus 114 Kapiteln und 6219 Versen. Der Name Allah wird dort bei vielen hundert Gelegenheiten genannt. Für die Muslime symbolisiert der Koran das Wort Gottes und bildet die unverletzliche Verfassung des täglichen Lebens für mehrere hundert Millionen Menschen.

Von ebenso zentraler Bedeutung ist ein anderes Kriterium, nämlich das einer Religion, die im Zentrum wirkt (*dîn al-wasat*), das Kriterium einer gemäßigten Religion, was zahlreiche Verse stets eindeutig wiederholen. In dieser Hinsicht gibt es keinen falschen Schein und keine eitle Prahlerei. Denn wenn der Gläubige keine innere Flamme verspürt für das Gebet oder für das Fasten, erinnert Gott ihn daran: „Gott weiß, was die Herzen verschließt", liest man häufig in den Kapiteln oder Suren. Der Islam gibt die freiwillige Annahme etablierter Regeln vor, auf der einen Seite Teilhabe und Gemeinschaft, auf der anderen Seite bewusste Zustimmung und bewusstes Auf-Sich-Nehmen. Mohammed ist der Prophet, der Dirigent; der Muslim als Individuum muss nach seinem Gewissen handeln. Er ist vor dem Gesetz Gottes verantwortlich, wie es im heiligen Buch formuliert wird.

Um den Islam zu verstehen, muss man die Mentalität erfassen, die bei dessen Geburt vorherrschend war, unter Berücksichtigung der unzähligen Strömungen, die ihn über mehr als 14 Jahrhunderte beschäftigt haben. Der Islam, der in Arabien, genauer in Mekka, geboren wurde, ist eine monotheistische Religion, die die Verehrung eines einzigen Gottes namens Allah predigt, durch die Vermittlung eines heiligen Buches, des Koran.

Allah ist *der Vielgenannte* im Koran. Unter verschiedenen Attributen mehrere tausend Male erwähnt, ist Gott, Allah, derjenige, der nicht zeugt und nicht gezeugt ist (*lam yalid wa lam yûlad*). Groß, gewaltig und undurchdringlich, kristallisieren sich in ihm alle Projektionen, die die Muslime im Schoß des Islam kultivieren, seien es menschliche Qualitäten psychologischer, physischer oder anderer Art, seien es übermenschliche Eigenschaften. Die traditionelle Liste der Namen Allahs (*al-asmâʾ al-husnâ* genannt: die *schönen Namen*) beinhaltet neunundneunzig Namen; der hundertste ist dem gewöhnlichen Gläubigen verborgen, kann sich aber dem Eingeweihten enthüllen, dem Sufi, der seinen Reifegrad erreicht hat (*qutb, Pol*), und natürlich dem Propheten. Die fünf ersten Namen Gottes im Islam sind folgende: *Allah, Ar-Rahman (der Gnädige), Ar-Rahîm (der Gnadenreiche), Al-Malik (der Herrscher/König), Al-Kuddûs (der Heilige)*. Der 14. Name Allahs ist *Al-Musawwir*, das bedeutet *der Gestalter*, während *sûra Bild, Form* oder *Gestaltung* bedeutet. Diese Namen sind Attribute, das heißt Eigenschaften oder Vorrechte, die ihm zu Eigen sind und die niemand teilen kann, nicht einmal sein Prophet.

Zwei Gruppen von Attributen sind auf Anhieb erkennbar. Solche, die Gott unendliche Macht zuschreiben, wie *Mâlik al-Mulk, Herrscher der Herrschaft* oder *Inhaber der Herrschaft*, und deren logische Weiterführungen *Allmächtiger Bezwinger (Al-Qahhâr), Beständiger (As-Sabûr)* und *Friede (As-Salâm)*; und solche, die seine Eigenschaften als *Wohlwollender (Al-Mûhaymin), Gütiger (Al-Wahhâb)* und *Nachsichtiger (Al-Halîm)* veranschaulichen. Zu dieser zweiten Gruppe gehören weitere Beinahmen wie *Wiederbeleber, Gewährer von Reichtümern*,

Freigiebiger oder *Überreichlicher*. Das vorherrschende Gefühl in Bezug auf Gott im Islam ist das der Gerechtigkeit, Einheit und Liebe. Daher ist das Konzept der *Mahabba* (*göttliche Liebe*) tief im Herzen der muslimischen Mystik verankert, was auch für die *göttliche Einheit* (*tawhîd*) und die *Reumütigkeit* (*rudschû*^{c}, *tawba*) gilt.

In den Augen der Muslime wurde der Koran, der nicht das Werk eines Menschen ist, dem Propheten Mohammed zwischen 610 / 611 und 632, dem Datum seines Todes in Medina, offenbart. Für den Muslim enthüllt und erhebt dieses Buch die unermessliche Göttlichkeit. Es übersetzt die Macht des Schöpfergottes und sein Mysterium. Bestimmte Mystiker glauben, dass der Koran, den wir in einer Buchhandlung kaufen, nichts anderes ist als die menschliche Transkription einer *tabula sacrata*, *al-lawh al-mahfûz* genannt und im Himmel aufbewahrt wird.

Hadith, *Mitteilungen*, nennt man die Textsammlung, die nach Mohammeds Tod von einer großen Anzahl seiner Gefährten kollationiert wurde. Reden, die der Prophet zu seinen Lebzeiten gehalten haben soll, gestaltet ein wenig nach dem Vorbild der Evangelien, die vom Reden und Wirken Christi berichten.

Im Leben des Propheten ist häufig vom Himmel die Rede, insbesondere bei der Geschichte von der Himmelfahrt, die um 615 oder 616 stattgefunden hat. Es handelt sich um einen von Mohammed berichteten Traum, der seitdem unter dem Namen *mi*^{c}*râdsch*, *Erhebung in den Himmel*, *Himmelfahrt*, bekannt ist. Tatsächlich teilt sich dieser Traum in zwei Teile, *al-Isrâ*$^{\supset}$ und *al-Mi*^{c}*râdsch*. *Al-Isrâ*$^{\supset}$ ist derjenige Teil des Traums, der den Propheten von Mekka nach Jerusalem führt. Der andere Teil, *al-Mi*^{c}*râdsch*, ist derjenige, der ihn von Jerusalem, der dritten heiligen Stadt des Islam, in den Himmel führt. Wie dem auch sei, die seit jener Zeit übertragenen Legenden haben dieses Thema derart ausgeschmückt, dass man vollständige Anthologien mit sämtlichen Versionen finden kann.

Unter den ältesten Schätzen findet sich auch die *Sîra*, die Geschichte des Propheten, die im 10. Jahrhundert durch den später verfolgten Ibn Hishâm niedergeschrieben wurde, der aus der Geschichte ein ziemlich beeindruckendes Sammelwerk macht. Da die Lehrdoktrinen im Islam, die Sekten, Gruppierungen und Bünde vielfältig und manchmal widersprüchlich sind, bietet die *Sîra* dem Juristen wie dem Historiker die Möglichkeit, das Textverständnis des Korans im Rahmen seines Kontextes zu überprüfen.

Koran

Mit seinen 114 Kapiteln unterschiedlicher Länge und seinen 6219 Versen ist der Koran das arabische Buch, das auf der ganzen Welt am meisten gelesen und am häufigsten übersetzt wird, noch vor dem Buch *Tausendundeine Nacht*. Die Muslime nennen es auch *Mushaf* (Buch im physischen Sinne des Begriffs), *Kitâb* (Buch im abstrakten Sinne) und *Qur'ân karîm* (*vornehmer Koran*). Es wurde in Hunderte von Sprachen übersetzt – zur Zeit zählt man etwa 3000 – inklusive Suaheli, Finnisch, Jiddisch, Gälisch und Afrikaans. In Frankreich wurde der Koran zunächst durch Robert von Ketton ins Lateinische übersetzt (1143), auf Bitten von Petrus Venerabilis, dem Abt von Cluny. Die erste Übersetzung ins Französische durch André du Ryer datiert von 1647. Seit 3 Jahrhunderten vervollständigen 20 weitere gültige Übersetzungen ins Französische die Annäherung an den Koran und erweitern dessen Verständnis. Die Muslime glauben, dass die stilistische Schönheit des Korans eines der Wunder dieser Religion ist. Sie nennen das *die Nicht-Imitierbarkeit des Korans* (*i'dschâz al-Qur'ân*). Der Rhythmus und die Musikalität der Betenden sind manchmal geradezu bezaubernd. Wenn man die Gebetsversammlungen in der Moschee hört, kommt es vor, dass manche, besonders verletzliche Personen ein Unbehagen empfinden, Trance und ekstatischer Rausch aber werden von den Glaubenslehrern als Bestandteile des Aberglaubens bekämpft.

Der Koran ist in einer sehr dichten und klassischen, mit Assonanzen versehen Prosa geschrieben, mit manchmal verblüffenden Rhythmen, und das Rezitieren seiner Verse stellt in der Ausbildung zum Imam eine wesentliche Disziplin dar, es umfasst etwa die Hälfte der erworbenen Kenntnisse. Je nach Zeit und Land wurde die eine oder andere kanonische Lesart bevorzugt (insgesamt gibt es sieben verschiedene), auch wenn die Gebete in den Moscheen sich untereinander mischen wie die Stimmen einer Polyphonie. Was die Anordnung der Kapitel

(Suren) im Koran angeht, so wurde sie willkürlich nach der jeweiligen Länge vorgenommen. Mit Ausnahme der Eröffnungssure, die den Anfang bildet, ist es üblich, dass die längste Sure, *Al-Baqara*, unmittelbar danach folgt und die kürzeste am Ende. Um den Koran zu lernen, beginnen die jungen Muslime (arabisch, *tâlib* im Singular, *tullâb* im Plural) – das afghanische Pluralwort *tâlibân* bedeutet eigentlich *Studierende der religiösen Wissenschaften* – am Ende und beenden ihr Studium am Anfang des Buches. Die Vollendung eines Schülers im Erlernen des Korans nennt man *chatma*.

28 Suren des Korans gehen rätselhafte Zeichen voraus, die Anagrammen ähneln und vielleicht schlicht und einfach Initialen sind. Bis heute ist es noch keinem Exegeten gelungen, deren Sinn zu erschließen oder zu verstehen, warum diese Codes sich dort befinden. Der Koran beginnt mit der Öffnung oder *Fâtiha*, einer Art Vaterunser des Islam. Die Sure enthält sieben Verse. Im Folgenden eine Übersetzung aus meiner eigenen Feder (*ursprüngl. auf Französisch*):

Im Namen des gnädigen und barmherzigen Gottes.

1. Lob sei Allah, dem, der im Himmel ist, dem Herrscher der Welten.
2. Dem Gnädigen, dem Barmherzigen.
3. Dem Herrn des Letzten Tages.
4. Du bist es, den wir anbeten, und Dich bitten wir um Hilfe.
5. Führe uns auf dem guten Weg.
6. Dem Weg jener, die Du gesegnet hast.
7. Und nicht jener, die Dich erzürnt haben, nicht den der Irrenden.

Darin liegt die gesamte Doktrin des Muslims, beginnend mit dem Glauben an einen einzigen Gott, der über 1000 Mal im Koran genannt wird. In den Augen vieler Gläubiger rechtfertigt dieses Leitmotiv die Tatsache, dass der Islam sich nach dem Beispiel des Judentums und des Christentums als authentisch monotheistische Religion betrachtet.

Nach der im Bereich des Islam etablierten Tradition wurde der Koran den Menschen durch Vermittlung des Erzengels Gabriel um 610 oder 611 herum offenbart. Dem jungen Mohammed ibn Abdallah (570–632), genannt *Al-Amîn*, der *Vertrauenswürdige, der ehrenvolle Mann*, in arabischer Sprache diktiert, wurde der Koran aber tatsächlich erst mehrere Jahre nach Mohammeds Tod kollationiert, unter

Federführung des dritten Kalifen Uthman (gestorben 656). Die älteste Koranausgabe geht auf das Jahr 776 zurück. Seitdem inspiriert, führt und lenkt er das Leben des Muslims von der Wiege bis zur Bahre, denn der Gläubige kann den Islam traditionsgemäß nicht verlassen, es sei denn aufgrund von Verwirrung oder Wahnsinn. Im Laufe der Zeit hat der Koran eine Bedeutung erlangt, die kein anderes Buch der Welt für seine Anhänger zu haben scheint, indem er von einer Moral zu einem Dogma wurde, eine Tatsache, die normal ist für eine Religion, in diesem Fall aber auch die Gesellschaft, die Erziehung, Handelstransaktionen – Mietverträge, Steuern, Kaufverträge – umfasst ebenso wie die Ehe oder die besondere Beziehung zwischen Ehemann, Ehefrau und Kindern. Jeder vernunftbegabte Mensch muss ihn in der Beziehung zu seinem Nächsten berücksichtigen. Weiterhin gibt der Koran eine Nomenklatur von Propheten, die dem Islam vorausgegangen sind, er führt die beduinischen Bräuche auf der arabischen Halbinsel genauso auf wie die Reibereien zwischen den ersten Muslimen und ihren Gegnern. Diese letzteren werden als Gottlose und Polytheisten (*muschrikûn*) betrachtet.

Die *Vulgata* des Koran wurde von Zaid ibn Thabit erstellt (gestorben um 665), der Sekretär, Kopist und Schreiber des Propheten war, als Uthman, der dritte Kalif, beschloss, den bis dahin mündlich verbreiteten Koran schriftlich zu fixieren. In Medina wie in Mekka waren verschiedene, miteinander konkurrierende Versionen bekannt; dieser Form der Anarchie musste ein Ende gesetzt werden, indem man den Text vereinheitlichte und ihm eine endgültige Form, eine *Vulgata*, gab.

Koran, das bedeutet *Aufruf, Rezitation*. Man verlangt vom Gläubigen die eigenständige Erwählung des *Islam*: der Begriff selbst bedeutet *vertrauensvolle Hingabe an Gott* und nicht *Unterwerfung*, wie häufig zu lesen ist. Dies setzt voraus, dass der Wunsch, Muslim zu sein, unmittelbar aus einem individuellen und intimen Willen heraus geschieht. Von Anfang an lag die Betonung auf der freiwilligen Hingabe des Gläubigen. Insbesondere der asiatische Islam wurde niemals durch Zwang auferlegt, ebenso wenig wie der afrikanische. Durch Aussprechen der Worte: *Es gibt keinen Gott außer Gott und Mohammed ist sein Prophet* erlangen Neumitglieder die augenblickliche Zugehörigkeit zur muslimischen Gemeinschaft. Heute sind die Muslime überall auf dem Planeten verteilt, besonders in den Gebieten von Casablanca im Westen bis zu den Myriaden indonesischer Inseln in Südostasien. In Europa beträgt die Zahl der Muslime unterschiedlicher Glaubensrichtungen zwischen 10 und 12 Millionen. Mit 5 Millionen Bürgern muslimischen Glaubens, Arabern, Türken, Afrikanern und Asiaten, nimmt Frankreich mit großem Abstand den ersten Platz in Europa ein und spielt bei der Reform der muslimischen Praktiken eine tragende Rolle. Die Zahl sämtlicher europäischer Muslime überschreitet bei weitem Staaten wie Libyen, Tunesien oder die Golfstaaten. Die Zahl der Muslime außerhalb islamischer Länder, also jener Muslime, die in Europa, Nord- und Südamerika sowie Australien wohnen, beträgt weniger als 40 Millionen Menschen. Hiervon ausgenommen sind die Türkei, China, die GUS-Staaten und Indien.

Hadith, Fiqh, Scharia

Der Koran ist nicht zu trennen vom *Hadith*, einem Begriff, der im Allgemeinen übersetzt wird als *Mitteilung* des Propheten. Worum geht es? Es handelt sich um einen Kommentar, den der Prophet selbst nachträglich zu dem einen oder anderen Vers abgegeben und der zum Ziel hat, den jeweiligen Vers für die Gläubigen verständlich zu machen. Insgesamt ist es also eine autorisierte Interpretation. Diese *prophetische Unterweisung*, wie eine Art Evangelium, die immer mit Bezug auf die Quelle gegeben wird, unterstreicht die Göttlichkeit, Vitalität und Einfachheit des Korans.

Der *Hadith* ist das Zeugnis der konkreten Erfahrungen Mohammeds, aller seiner Taten und Werke, während der Koran eine Quelle darstellt, die erhaben ist über denjenigen, der sie übermittelt. In den Augen der Sunniten stellt der *Hadith* eine wichtige Quelle für die Gesetzgebung dar. Die Anhänger der *Sunna* (durch den Propheten vorgezeichneter Weg), die man Sunniten nennt, bilden übrigens die Mehrheit im Islam. Auf verschiedene theologische Lehrrichtungen verteilt, machen sie weltweit mindestens 80 % der Muslime aus. Die wesentlichen Grundlagen der Rechtsprechung (*Fiqh*), die in den Jahrhunderten nach der Geburt des Islam entwickelt wurden, sind in weiten Teilen vom *Hadith* inspiriert. Auf diese Weise entstanden die ersten Sammlungen von Gesetzen und Strafbestimmungen. Als der Islam mit der Zeit komplexer wurde, musste man ein universales Regelwerk schaffen, das unabhängig von davon betroffenen Orten oder Personen angewendet werden konnte. Das Ensemble aus Koran, *Hadith* und *Fiqh* ergab das, was wir die *Scharia* nennen, die *Gemeinschaftsregel*, deren Ziel es ist, sowohl kollektive Verhaltensweisen wie auch individuelles Benehmen und Sichtweisen in der Gesellschaft zu kodifizieren. Die *Scharia* wurde nach und nach zur einzigen gesetzlichen Vorschrift, auf die sich die Richter beriefen, um ihr Amt auszuüben. Sie war lange Zeit die mit wichtigen Nuancen versehene Universalregel, die das Muslimische Reich vor dem Sturz des Kalifats verwendete. In Saudi-Arabien erregte es noch vor einigen Jahren keinen Anstoß, wenn man einem Dieb die Hand abschlug und einem Lügner die Zunge herausriss. Mord, Vergewaltigung, Apostasie oder wiederholter Drogenhandel, selbst Homosexualität werden dort geahndet mit Todesstrafe durch Enthauptung. All diese Regeln finden sich in der *Scharia*. Noch heute beruft man sich bei Steinigung und Todesstrafe auf sie. In einigen Theokratien ist es schlicht und einfach unmöglich und für die Rechtsprecher ungebührlich, die Bestimmungen der *Scharia* in Frage zu stellen. In diesen orthodoxen Staaten, nämlich Saudi-Arabien, Sudan, Iran, Afghanistan zu Zeiten der Taliban oder Pakistan wird die Verkommenheit der Sitten ebenso gefürchtet wie die Schändung eines Grabes oder einer Moschee. Vor einigen Jahren erregten sich Menschenrechtler und feministische Bewegungen zu Recht über den Fall der Nigerianerin Amina, die aufgrund eines unehelichen Kindes fast den Kopf verloren hätte, weil eine sehr archaische *Fatwa* sie dazu verurteilt hatte, nach den Regeln des alten Rechts zu sterben. Diese *Fatwa*, erlassen durch einen Imam oder eine anerkannte religiöse Autorität, dient als Gesetz, zumal wenn sie im Namen der *Scharia* verkündet wird.

Ein Wort zur Ethik. Sie gründet sich auf drei Pflichten: den Kampf gegen Polytheismus und Heidenkult, die strikte Beachtung des Friedensideals (*salâm*) und, im Fall eines Konfliktes, den Rückgriff auf den bestmöglichen Schiedsspruch, das heißt auf die goldene Mitte. Schließlich, nach dem Modell des Christentums, führt die Projektion des menschlichen Handelns auf zukünftige Zeiten und dessen Bewertung als Wohltat oder Übeltat die Vorstellung von einem Paradies und einer Hölle ein, die der Koran anerkennt und in über 350 Versen aufgreift.

Fünf Säulen

Aus dem Koran stammt ein bestimmtes Ritual, das der Gläubige gewissenhaft befolgen muss, nämlich die unabänderlichen *Fünf Säulen des Islam*, arabisch *arkân al-islâm*.

Das Glaubensbekenntnis (*schahâda*, wörtlich *Bezeugung*, auch *Beglaubigung*) besteht darin, die Zugehörigkeitsformel zum Islam auszusprechen: *Ich bezeuge (aschhadu), dass es keinen Gott gibt außer Gott (Allah), und ich bezeuge, dass Mohammed sein Gesandter ist.* Diese Formel taucht im Tagesablauf eines Muslims beständig auf; sie ist aus zwei Erklärungen oder Bezeugungen zusammengesetzt, nämlich einer auf Gott und einer auf den Propheten bezogenen. Sie eröffnet jedes Gebet und bereitet die Gemeinschaft des Gläubigen mit seinem Schöpfer vor. Normalerweise muss der Muslim den rechten Zeigefinger heben, um anzuzeigen, dass er an einen einzigen Gott glaubt. Im Koran liest man dazu:

> *Er ist Gott, ein Einziger; Gott, durch und durch. Er hat weder gezeugt, noch ist er gezeugt worden* (Sure 112, 1–3), aber auch: *Gott ist der Schöpfer von allem. Er ist der Eine, der Allgewaltige* (Sure 13, 16); *Er hat sich weder Gefährtin noch ein Kind zugelegt* (Sure 72, 3); *Und keiner ist ihm ebenbürtig* (Sure 112, 4).

Das tägliche Gebet (*salât*) stellt in den Augen des Gläubigen eine wichtige Pflicht dar, vielleicht die offenkundigste. Fünfmal am Tag zu reglementierten Zeiten (bei Tagesanbruch, mittags, gegen 16 Uhr, bei Sonnenuntergang und spät in der Nacht) wird der Muslim durch den Muezzin dazu aufgerufen, bei sich zu Hause oder in der Moschee sich vor Gott niederzuwerfen, vor allem am Freitag, dem Tag der Versammlung der Gemeinschaft an einem gemeinschaftlichen und öffentlichen Ort. Vor dem Gebet ist die Durchführung vollständiger Waschungen obligatorisch, zur Reinigung, aber auch, um das weltliche vom heiligen Universum zu trennen. Danach richtet sich der Muslim zur Kaaba, symbolisiert durch die kanonische Richtung der *qibla*, deren Achse in der Moschee durch eine Nische gekennzeichnet ist. Fünfmal am Tag müssen sich die Gläubigen in allen Moscheen der Welt, zu Hause und selbst unter freiem Himmel hinknien und niederwerfen, wie im Koran präzise dargelegt ist (Sure 9, 112).

Das gesetzmäßige Almosen (*zakât*) ist eine soziale Verpflichtung. Jeder Muslim muss einen winzigen Teil seiner Güter zugunsten der mittellosen Menschen seiner Umgebung abtreten. Dieser Teil der Reinigung kann auch an die Moschee oder an fromme und karitative Werke gehen. Der Koran verweist wiederholt auf die Notwendigkeit, einen kleinen Teil seines Besitzes den Armen zu geben; sonst ist der Weg zur Frömmigkeit versperrt:

> *Die Almosen sind nur für die Armen und Bedürftigen bestimmt, diejenigen, die damit zu tun haben und für diejenigen, die gewonnen werden sollen, für Sklaven, die, die verschuldet sind, für den heiligen Krieg* und den, der unterwegs ist: Dies gilt als Verpflichtung von Seiten Gottes* (Sure 9, 60). (*Anm. d. Übers.: In der von Chebel benutzten Koranübersetzung ist nicht vom „heiligen Krieg" die Rede, sondern – wie im Arabischen – von „Gottes Weg". Nach der für die deutsche Ausgabe verwendeten Übersetzung von R. Poret meint „Gottesweg" hier den ‚heiligen Krieg'.)*

Hier ist eine interessante Tatsache erwähnenswert. Als sich der Islam in den an Arabien grenzenden Gebieten ausbreitete, Mesopotamien, Syrien, Palästina, waren die Völker dieser Zeit noch sehr an die Scholle gebunden. Sie bebauten sie und ernährten sich von ihren Produkten. Im Gegensatz zur *zakât* in Arabien selbst, wo sie sich vor allem auf Vieh, Rinder- und Schafzucht aufbaute (unter Ausschluss anderer Haustiere), gründete sich die *zakât* in den genannten angrenzenden Gebieten auf die 4 Elemente der dortigen Normalernährung, das heißt Weizen, Gerste, Datteln und Rosinen. Hier lässt sich gut nachvollziehen, wie das Ritual durchaus in der Lage war, entsprechend der Region der muslimischen Welt und ebenso entsprechend der jeweiligen Zeitläufe zu variieren.

Das alljährliche Fasten (*sawm* oder *Ramadân*) ist eine im Koran klar formulierte Vorschrift: *Ihr Gläubigen! Euch ist vorgeschrieben zu fasten, so wie es auch denjenigen, die vor euch lebten, vorgeschrieben worden ist* (Sure 2, 183). Als Mondmonat, das heißt mit höchstens 29 oder

30 Tagen, strukturiert der Ramadan, der 9. Monat des Mondkalenders, das gesamte liturgische Jahr der Muslime. Während dieses Monats enthält sich der Gläubige des Trinkens, Essens, Rauchens und der Liebe, und zwar zwischen Sonnenauf- und Sonnenuntergang. In dieser Zeit ist es ihm verboten zu kämpfen, zu fluchen oder seinen Nachbarn zu lästern. Das bedeutet, dass die verkappten Kriege im Schoß des Islam, wie aktuell im Irak, dem Geist des Korans logisch widersprechen. Zu anderen Zeiten hätte die Autorität des Kalifats sie als Häresie behandelt. Beginn und Ende dieses Monats werden heutzutage nicht mehr nur mit Hilfe der bloßen Wahrnehmung des zunehmenden Mondes nach Neumond festgelegt, sondern mit einer gezielten astronomischen Berechnung, die die Beobachtung durch das bloße Auge komplettiert. Die 27. Nacht des heiligen Monats hat eine besondere Bedeutung, denn genau in dieser Nacht ist der Koran auf den Propheten herabgekommen. Sie hat den Wert von *1000 Monaten* (Sure 97, 1–5), bekräftigt das Heilige Buch. Am Ende von 29 oder 30 Tagen feiern die Muslime das *Aid* oder *ʿÎd al-Fitr*, wörtlich *Fest des Fastenbrechens.*

Die Pilgerfahrt (*hadsch*) nach Mekka und an die Heiligen Orte krönt das Leben eines jeden Gläubigen. Die Städte Mekka und Medina, wo sich das Grab des Propheten befindet, werden so zum „magnetischen Pol", wie die Mystiker des Islam sich ausdrücken. Es ist ein gnädiger Augenblick im muslimischen Jahresablauf, wenn der Pilger, der damit den prestigeträchtigen Titel eines *Hâdschi* erhält, auf die gesamte islamische Gemeinschaft trifft, mit ihren verschiedenen Bräuchen, bunten Kulturen und in allen Farbschattierungen. Während dieses ebenfalls durch den Koran vorgeschriebenen Ritus (Sure 3, 91) ist der Muslim dazu aufgerufen, sich das Opfer Abrahams zu vergegenwärtigen und den Weg der Hagar, der Frau Abrahams, und seines Sohnes Ismael nachzugehen. In der muslimischen Mythologie ersetzt Ismael, der älteste Sohn Abrahams, Isaak auf dem Opferstein, bevor er durch den Engel errettet wird, der stattdessen ein Tier zur Opferung mitbringt. Jeder Gläubige ist mit einer vollständig weißen Tunika bekleidet, dem Symbol der Reinigung und Heiligung. Das ist der sogenannte Weihezustand (*ihrâm*). Während seines Durchlaufs muss der Pilger eine Stele steinigen, die symbolisch den Satan, den Versucher, repräsentiert. Daran schließen sich weitere Aufenthaltsorte und Stationen an. Die

Station zum Berg Arafat ist bekannt, der Weg zwischen Safa und Marwa erinnert an Hagar, die Wasser für ihren Sohn suchte. Sie fand es schließlich in Zamzam, der etwas brackigen Wasserquelle, die noch heute fließt, wenn auch unterstützt von einer Förder- und Reinigungseinrichtung. Es gibt noch weitere Orte auf diesem Weg, wie Muzdalifa und Mina; was aber alles übertrifft, ist die Umrundung der Kaaba und die Teilung des nach Opferung des Schafes erhaltenen Fleisches. Traditionell erfolgt die große Pilgerfahrt an bestimmten Daten, die kleine Pilgerfahrt (*ʿumra*) ist fakultativ. Sowohl die eine wie die andere verleiht den Titel eines *Hâdsch* (weiblich *Hâdscha*), die erstere jedoch ist verdienstvoller.

Die fünf Pflichten, die das Fundament des Islam darstellen, werden von allen Gläubigen beachtet, ob Schiiten, Sunniten, Charidschiten oder Ismaeliten, ob asiatische, arabische, afrikanische oder maghrebinische Gläubige, ob Männer oder Frauen. Die Glaubenslehre organisiert das tägliche Leben der Gemeinschaft in ihrer Gesamtheit, unabhängig davon, ob sie in Europa, Amerika, im Indischen Ozean oder in den sieben großen muslimischen Staaten Asiens lebt: Indonesien (223 Millionen), Bangladesch (150 Millionen), Pakistan (142 Millionen), Iran (71 Millionen), Irak (26 Millionen), Malaysia (25 Millionen), Afghanistan (25 Millionen). Allein in diesen Ländern leben 50 % aller Muslime, das heißt über 600 Millionen Seelen. Zwei starke muslimische Minderheiten mit mehreren Dutzend Millionen Menschen gibt es außerdem in Indien und China.

Der *Dschihad* wurde von den Salafisten und Dschihadisten, religiösen Fundamentalisten, eine Zeit lang als Gründungsklausel des Islam betrachtet, was aber nicht den Tatsachen entspricht. Dieser sog. *Heilige Krieg*, im allgemeinen Sinn des Begriffs, ist nichts anderes als ein besonderes Bestreben des Muslims, der sein Werk für Gott verrichtet. Das arabische Verb *dschâhada* bedeutet: über sich selbst hinausgehen, eine bedeutende Anstrengung unternehmen. Daher kommt es nicht selten vor, dass eine verdienstvolle Tat als Werk des *Dschihad* angesehen wird. Umso mehr ist die Tätigkeit, Krieg im Namen Allahs zu führen, eine außerordentlich verdienstvolle Anstrengung. Diese Bedeutung hatte der *Dschihad* zu Beginn des Islam, und dies bildete über das ganze 8. Jahrhundert hinweg die konstanteste ideologische Achse.

Danach wurde die Islamisierung sanft vorgenommen, vor allem in Asien und Afrika. Heute ziehen die normalen Muslime die zweite Bedeutung vor: eine Anstrengung unternehmen, im profanen Sinne des Wortes. Zum Beispiel die Anstrengung, unter schwierigen Umständen zur Arbeit zu gehen, das Bemühen, sich selbst mehr Wissen aneignen zu wollen oder an der Verbreitung einer karitativen Unternehmung mitzuwirken – auch das sind Demonstrationen des *Dschihad* im Islam, und sie sind ebenso verdienstvoll wie jeglicher Proselytismus.

Insgesamt ist der Islam nicht kriegerischer als andere monotheistische Religionen. Allerdings ist er in der Lage, so viele Truppen wie möglich zu mobilisieren, um im Fall eines Angriffs von außen sein Territorium zu verteidigen (*Dâr al-Islâm* oder auch *Dâr as-Salâm*, *Stätte des Friedens*) oder um ein erobertes Gebiet zu befreien. Es ist jedoch untersagt, gegen Buchvölker, also Juden oder Christen, Krieg zu führen, zumindest wenn sie keine Feindseligkeiten gegen Muslime ausgelöst haben. Die sogenannten *Heiligen Kriege*, die von verschiedenen islamistischen Grüppchen im Schoß des einen oder anderen muslimischen Landes geführt werden, können sich die rechtmäßige Verwendung dieses Begriffs nicht anmaßen. Genauer gesagt handelt es sich hier um Machtkriege, eventuell auch um Widerstand, aber sicherlich nicht um *Heilige Kriege*, die im Übrigen seit Langem obsolet und vergangen sind.

Hier gilt es noch zu erwähnen, dass die Märtyrer, die im Kampf für Gottes Wege fallen, *schuhadâ'* genannt werden (von *schahîd*, wörtlich *Zeuge*) und, so sagt es der Koran, von Gott aufgenommen werden. Sie genießen im Paradies ein ewiges Leben, wo sie sich aller möglichen Annehmlichkeiten erfreuen können. Dennoch, jetzt, wo der Islam sich in über mehr als 50 Ländern verbreitet hat, gibt es keinen Krieg mehr, der wirklich im Namen Gottes geführt werden muss. Die Terroristen des 11. September 2001, die Unschuldige getötet haben, diejenigen, die in spanischen Zügen Bomben legten und Zivilisten töteten, werden ebenso wenig in Allahs Paradies gelangen wie Terroristen in London und anderswo oder irgendein anderer Verbrecher. Sie können hier auf Erden als Helden angesehen werden; diese Wertschätzung gilt jedoch lediglich für ihre Teilhaber und Bewunderer. Sie hat keinerlei spirituellen Wert.

Ein Handbuch

Der Koran ist nicht nur ein Buch, in dem es um den Glauben geht, sondern gleichzeitig auch ein Handbuch, das eine große Anzahl gesellschaftlicher Regeln zusammenstellt, von denen manche abstrakt und ziemlich komplex sind. Die wichtigsten Regeln sind solche, die familiäre Beziehungen kodifizieren: Eheregeln, mit der Heirat verbundene Pflichten, Vorschriften für die Verstoßung und die Scheidung sowie Fragen der Erbschaft. Alle diese Fragen verdienen ein eigenes Kapitel (siehe Kapitel 6). Auch schreibt der Koran Speiseverbote vor, die im Wesentlichen denen des Alten Testamentes entsprechen und denen man das Verbot von Wein und jeglichem alkoholischen oder halluzinogenen Produkt hinzufügen muss. Im heiligen Umfeld von Mekka und Medina (und in jeder Moschee) ist es verboten, Wucherzins zu nehmen, das Wort des Propheten zu leugnen (oder das des diensttuenden Imams), auf Magie und Zauberei zuzugreifen, zu stehlen (insbesondere einen Waisen seiner Güter zu berauben), verheiratete Frauen zu verleumden, den Polytheismus zu verherrlichen oder einen Mord zu begehen. Dies sind die sieben wichtigsten Gefährdungen für den Muslim. Mit größter Strenge werden alle Taten mit Bezug auf Pädophilie, Inzest, Vergewaltigung und Ehebruch geahndet. Die Prostitution ist eine Geißel, welche vom Koran, vom *Hadith* und von der Tradition vollkommen verworfen und eindeutig verboten wird. Für alle diese Bereiche wurden zahlreiche, von solchen Taten abratende Texte herausgegeben, die mehr oder weniger anwendbar sind und mehr oder weniger angewendet werden. Sie wurden von religiösen Autoritäten verfasst, die im Falle des Vergehens nicht zögern, den Gesetzesübertreter öffentlich zu verunglimpfen. Im Bereich finanzieller Aktivitäten darf der Muslim sich nicht dem Glücksspiel, dem Pfandspiel oder anderen wucherischen Handlungen hingeben. Auch Spekulieren, Übervorteilen oder ungebührliches Horten von Geld sind Verhaltensweisen, die nicht dem Gebaren eines guten Muslims entsprechen, auch wenn heutzutage die Übertretungen in diesen Bereichen Legion sind. Fremdes Eigentum, ob erworben oder ererbt, ist geschützt durch Gesetz und uralten Brauch.

Der Koran spricht ausdrücklich in Vers 2, Sure 4 davon: *Gebt den Waisen ihr Vermögen*!

Das Tabu des Inzests wird aufgrund einer Promiskuität aufrechterhalten, die in Großfamilien üblich ist. Einer der Gründe dieses Tabus war es, eine Art Zirkulation von Frauen von einer Familie zur anderen anzuregen, denn das System der Polygamie hatte die Tendenz, neue Ehefrauen aus den engsten Familienzweigen zu wählen, um ein Auseinanderbröckeln der Clans zu vermeiden. Auch wurde damit die Absicht verfolgt, die Endogamie zu begrenzen, um sie durch eine Exogamie zu ersetzen, die sich auf die am weitesten entfernte Verwandtschaft erstreckt.

Die Reinigung ist unbedingt notwendig, als einzige Möglichkeit, um das Universum des Glaubens zu integrieren. Eine Anwendung dieser spirituellen Klausel ist zweifellos die Obsession des Muslims für körperliche Hygiene. Nicht nur gehen jedem kanonischen Gebet ausgiebige Waschungen voraus, sondern der ganze Jahreskalender des Gläubigen ist abgesteckt durch Momente, die größeren Waschungen gewidmet sind (*ghusl*), weil sie die Handlungen, die unmittelbare Umgebung und sogar die Beziehung zum Nächsten reinigen.

Ein allgemeines Wort über die gängigen regulierten Bräuche, die der Islam auferlegt. Tatsächlich funktioniert kein geordnetes System ohne Rückgriff auf dieses binäre Gitternetz aus Vorschriften und Verboten. Daher ist den Muslimen das Fasten ebenso vorgeschrieben wie Gebet und Almosen. Es wird von ihnen verlangt, dass sie die Ahnen ehren, für ihre Erzeuger beten und den Nachbarn respektieren. Es ist dem Muslim verboten, Schlechtes über seinen Nächsten zu reden, zu stehlen, zu lügen, das Andenken Verstorbener zu beschmutzen und Gräber zu schänden, was auch für die Gräber von Feinden gilt. Dies alles sind Verhaltensweisen, die man in allen anderen Religionen ebenfalls findet. Was dagegen den Islam besonders ausmacht, ist die innere Solidarität zwischen demjenigen, der dagegen verstößt, und demjenigen, der sich daran hält, zwischen der Bestrafung und der kollektiven Anpassung. Wenn ein Muslim eine der oben genannten oder eine andere Sünde begeht, wie zum Beispiel Fleisch vom Wildschwein oder Schwein zu essen, Wein zu trinken oder eine Moschee ohne vorherige rituell vorgeschriebene Waschung zu betreten, wird er sofort von jedem anderen Muslim, der sich in seiner Nähe befindet, zur Ordnung gerufen. Dies ist eins der Kennzeichen des Islam, die man am allerwenigsten versteht, wenn man von außerhalb des Gemeinschaftsraums dieser Religion stammt, wie es vor allem bei denjenigen Muslimen der Fall ist, die in Europa und in nicht-muslimischen Ländern wohnen. In Frankreich zum Beispiel sind wir an Laizismus gewöhnt, die die Trennung des Weltlichen vom Zeitlosen beinhaltet, und hat folglich Schwierigkeiten, die Motive zu durchschauen, die junge Mädchen dazu bringen, den Schleier zu tragen, oder junge Männer dazu, sich einen wuchernden, oft mit Henna gefärbten Bart wachsen zu lassen. All diese Verhaltensweisen entstammen der Kenntnis von Regeln und Vorschriften, die von Geburt an vermittelt werden und sich in ultraorthodoxen Milieus durch die gesamte Erziehung des jungen Muslims ziehen.

Im Bereich der Nahrung wird, wie oben erwähnt, das mosaische Gesetz auch auf die Muslime angewandt, die in Ermangelung eines *halâl*-Essens auch koscher essen dürfen. Das Fleisch bestimmter Haustiere (Hund, Katze, Esel) kommt auf dem Tisch eines guten Gläubigen nicht vor, denn er verabscheut es, Tiere zu essen, die ihm dienen. Meeresfrüchte und Fische dagegen sind gestattet, auch bestimmte Wildarten, allerdings mit adäquater Heiligung. Das nicht geopferte Tier ist zum Verzehr ungeeignet, wie im Koran ausdrücklich dargelegt (Suren 2, 168; 5, 3; 16, 115); Blut und Eingeweide müssen auf jeden Fall weggeworfen werden. Das Schwein ist verboten (Suren 6, 145; 16, 115). Wenn der Muslim auf Pilgerfahrt nach Mekka ist, darf er sich keinerlei Jagdaktivitäten widmen (Sure 5, 96). Das *Aid*-Schaf muss nach strikten Regeln geopfert werden, weil es sonst unzulässig ist. Schließlich darf niemand mit einer Mahlzeit beginnen, ohne die Basmala gesprochen zu haben, die Segensformel zu Ehren Allahs.

Wichtig zu erwähnen ist auch, dass Waisen, Reisende und Arme bei den Muslimen besonders berücksichtigt werden. Bereits erwähnt habe ich, dass Wein, Alkohol, Bier, halluzinogene Produkte und alle anderen Drogen im Islam verboten sind. Das Verbot des Weins (*khamr*) ist allerdings zwiespältig, denn der Koran macht daraus ein paradiesisches Gut, das nur die guten Gläubigen im Jenseits erhalten. Dies ist eine gewichtige Nuance. Wenn der Wein, wie es schon Omar Chayyam im 11. Jahrhundert gesagt hat, die Belohnung ist, die Allah uns für das Paradies verspricht, warum ist er uns dann im Diesseits verboten? Und der Mystiker Ibn al-Farid (1181–1235) schrieb in seiner *Wein-Ode* (*Al-Chamriyya*): „Wir haben im Gedenken an den geliebten Menschen einen Wein getrunken, der uns vor der Erschaffung der Weinrebe berauscht hat!“ Dies soll als Erklärung dafür dienen, dass das in dieser Region der Welt dem Wein gewidmete Interesse moralische Überlegungen und Verbote deutlich überschreitet. Es entspringt einer Auffassung vom weltlichen Leben, die im Schoß des Islam neben dem Mystizismus existiert, den Umkreis der Moscheen mit eingeschlossen.

Eine weitere Verbotskategorie betrifft die sexuelle Sphäre, die individuelle Moral und den Kontakt zwischen Personen. So gehen der Koran und die gesellschaftlichen Bräuche strengstens gegen Homosexualität vor. Nach dem Vorbild des Schicksals, das ihr im Alten Testament widerfährt, wird die Homosexualität auch im Koran als unmoralische Tat dargelegt (*fûhsha*), speziell in den Versen 15 und 16 der 4. Sure, was bedeutet, dass ein Homosexueller kein Muslim sein kann wie die anderen. Dasselbe gilt für Homosexualität, Sodomie und alle kleinen oder großen sexuellen Perversionen. Dazu ist zu sagen, dass schon die beduinische Gesellschaft diese Dinge aus dem Katalog der tugendhaften Verhaltensweisen ausgestoßen hatte. Der Koitus während der weiblichen Menstruation entspricht ebenfalls dieser alten Abscheu und hat sich im Laufe der Zeit zu einem echten Tabu entwickelt.

Die Bestattungsriten sind im muslimischen Raum extrem einfach gehalten. Aus Tonerde geboren, soll der Mensch genau in dieser Erde ruhen, im selben Schlamm. Sobald er von den Angehörigen gewaschen wurde (stets von demselben Geschlecht wie der Verstorbene) und nach dem über der sterblichen Hülle verrichteten Totengebet wird der Verstorbene in ein weißes Leinentuch gehüllt und in ein im Boden ausgeschachtetes Grab gelegt. Sein Kopf ist nach Mekka hin orientiert. Eine alte Praxis besagt, dass der Tote einige persönliche Habseligkeiten mit sich nimmt, aber dieser Brauch wurde durch die *Doxa* verworfen. Das Grab soll ein Erdhügel ohne besonderen Schmuck sein. Man unterscheidet das Grab eines Mannes von dem einer Frau durch die Grabsteine, die die letzte Ruhestätte begrenzen: der Mann hat zwei Grabsteine, einen an jeder Seite, die Frau hat drei; das Grab von Kindern ist kürzer. Häufig gibt eine Grabinschrift auf dem Stein am Kopfende den Namen, die Abstammung und das Alter des Verstorbenen an. Wenn die Toten wohlhabender waren, gestehen sie sich das Privileg zu, Mausoleen zu bauen, der Islam befürwortet aber keinerlei Prunk.

Gott zeigen, nicht den Propheten

Die Frage der Bilder wird weder im Koran noch im *Hadith* ausdrücklich behandelt, sehr wohl aber in der sunnitischen Tradition. In der Theorie soll man Allah und den Propheten nicht darstellen, wobei bekannt ist, dass das Verbot in Verbindung mit dem Propheten mehr verinnerlicht ist als in Verbindung mit Allah. Wenn dieses Darstellungsverbot überhaupt belegt ist, dann sehr spät, in Folge der Herauskristallisation eines spontanen Tabus, das bisher wenig erforscht ist. Die Theologen haben leichtes Spiel, einen prophetischen *Hadith* aus der Tasche zu ziehen, gemäß dem der *Maler* (*musawwir*) nicht im Paradies empfangen wird, weil er das Werk Gottes nachahmt. Wenn aber der Maler gleich zu Beginn verkündet, dass er in keiner Weise danach strebe, das Werk Gottes zu imitieren oder den Gläubigen von seinem vorrangigen Ziel abzulenken, würde sich dieser Vorbehalt von selbst erledigen. Hier muss man daran erinnern, dass die Tätigkeit des Malens im Wesentlichen aus einer Verhöhnung oder einer Verklärung der Wirklichkeit stammt. Tatsächlich ist diese Hemmung vor allem eine psychologische und kann angesichts der weltweiten Verbreitung von Bildern nicht lange aufrechterhalten werden. Mittlerweile hat die Invasion des Fernsehens in den muslimischen Wohnungen das Bild auf eine Weise alltäglich gemacht, wie es sich fundamentalistische Theologen noch vor 10 Jahren nicht hätten vorstellen können. Außerdem ist solche Voreingenommenheit bei den Schiiten zum großen Teil bereits weggefallen. Denn diese haben sich von dieser Denkweise befreit, indem sie eine mit Symbolen beladene visuelle Vorstellung entwickelt haben. Die alten persischen Miniaturen (*munamnama*), Fotos von Glaubensmärtyrern, die an den Gräbern von für das Vaterland gefallenen Soldaten angebracht sind, riesige Portraits des Imam Chomeini, Portraits verschiedener politischer Parteiführer und das iranische Kino, welches das Filmfestival von Cannes genug beeindruckt, um mit größten Auszeichnungen versehen zu werden, zeigen, dass die Herrschaft des Bildes sich in diesem Teil der muslimischen Welt dauerhaft etabliert hat.

Bleibt der Prophet. Er ist und bleibt eine der heiligsten zentralen Gestalten im Islam, eine Tatsache, die wir nicht genügend bedacht haben, als die sogenannte Karikaturenaffäre ausbrach. Der Westen im Allgemeinen hat die – im Übrigen ziemlich gesteuerte – Reaktion der muslimischen Massen nicht verstanden. Doch in diesem Bereich hält sich die islamische Doktrin in Bezug auf Schändung oder Beleidigung (der Prophet mit einer an seinem Turban befestigten Bombe!) immer noch auf dem Niveau des biblischen Buches Leviticus:

> *Jeder, der seinem Gott flucht, muss die Folgen seiner Sünde tragen. Wer den Namen des Herrn schmäht, wird mit dem Tod bestraft; die ganze Gemeinde soll ihn steinigen. Der Fremde muss ebenso wie der Einheimische getötet werden, wenn er den Gottesnamen schmäht* (Leviticus 24, 15–16; Einheitsübersetzung).

Doch wir leben nicht mehr in dieser Epoche. In der aktuellen Verwirrung weiß niemand, ob das Bild auf radikale oder nur auf relative Art und Weise verboten ist. Folglich bedarf es einer allgemeinen Charta, die nichts anderes beinhalten kann als eine vollkommene Liberalisierung der Darstellung, zumal das Fernsehbild, die offizielle Bildproduktion und das Foto seit langer Zeit Alltag in muslimischen Wohnungen sind. Im Übrigen ist der Prophet bereits etliche Male mit nicht zu überbietendem Realismus auf Bildern dargestellt; auf iranischen oder iranisch-türkischen, pakistanischen, indischen, afghanischen Bildern, in Bangladesch etc. So wurde das Portrait Mohammeds in Frankreich vor den dänischen Karikaturen durch Magazine wie *L'Actualité des religions* (Sonderausgabe 4, *Les fondateurs de religion, Historia* 700, April 2005; oder *Le Point*, Sonderausgabe *Monothéisme*, November 2004) veröffentlicht, ohne einen Skandal hervorzurufen. Die Stammgäste der *Bibliothèque nationale* wissen im Übrigen, dass zahlreiche persische Miniaturen mit Darstellungen Mohammeds, insbesondere in der Himmelfahrtsepisode (*miʿrâdsch*), hochsorgfältig in den Beständen des erlauchten Hauses aufbewahrt werden und mit einem einfachen Klick durchgesehen und sogar kopiert werden können. Im Gegensatz dazu haben die konservativen Muslime immer wieder versucht, nicht nur das radikale Darstellungsverbot in Bezug auf den Propheten aufrechtzuerhalten, sondern auch die einfachsten Vergnügungen des Lebens zu verbieten, wie Musik, Lustbarkeiten, Feiern oder Freude an Luxusgütern wie die Liebe zu Autos oder schöner Kleidung. Das pulsierende Leben der jungen Leute hat es zwar häufig geschafft, solch erbitterte Dekrete zunichte zu machen, aber unter bemerkenswerter Ausnahme derjenigen konservativen Staaten, die von Theokraten regiert werden.

Fatwa

Ist die Glaubenslehre verinnerlicht, so hat der Muslim zwei wichtige Grundbegriffe zu kennen: *Bidᶜa*, das Verbot der Innovation, und *Fatwa*, die autorisierte juristische Ansicht, wobei der zweite Begriff deutlich bekannter ist als der erste.

Als Neuerung (*bidᶜa*) wird jegliche Handlung, Haltung oder Denkweise bezeichnet, die versucht, den ursprünglichen Glauben des Credos, den Geist des Textes, umzustürzen, indem man ihn durch eine neue Tatsache oder Situation ergänzt, die zum Präzedenzfall werden könnte. Jeglicher religiöser Synkretismus ist eine solche Innovation. Dieser Begriff zielt in Wirklichkeit darauf ab, die Sphäre des Sakralen zu begrenzen, indem man das Heilige von jeglicher Profanierung isoliert. Aber Achtung, es gibt zwei Sorten von Innovation: zum Einen die tadelnswerte Innovation, die *bidᶜa* genannt wird, weil sie dem Geist des Islam widerspricht. Hier sind zahlreiche Beispiele zu nennen: der französische zivile Partnerschaftsvertrag (PACS), die Gebetsrichtung für eine Frau, der Tischwein etc. Wenn die *Bidᶜa* sehr schwerwiegend ist, kann sie eine negative *Fatwa* nach sich ziehen, die das Ziel hat, diese Innovation in den Augen der Gemeinschaft zu verurteilen. Wenn allerdings die *Fatwa* nicht ausreicht, um den Streit beizulegen, greift man zur Gewalt. Eines der von Osama bin Laden vorgebrachten Motive, um in seinem Land, Saudi-Arabien, den Heiligen Krieg zu führen, war die Präsenz amerikanischer Truppen auf dem Boden der Heiligen Stätten des Islam, was für ihn eine Beleidigung des Propheten und eine Beleidigung Gottes darstellte. Daher begann er einen Krieg, um die sog. Ungläubigen, die den reinen Boden des Islam beschmutzten, zu verjagen.

Auf der anderen Seite kann eine Innovation positiv und lobenswert sein und wird deshalb gefördert. Das ist dann eine *bidʿa hasana*. Auch hier sind die Beispiele zahlreich: Wenn eine medizinische Entdeckung es erlaubt, den Sinn eines obskuren Koranverses zu ergründen, wenn eine astronomische Berechnung es erlaubt, Anfang und Ende des Fastenmonats genauer zu bestimmen, oder wenn auf der Spitze der Minarette Lautsprecher installiert werden, nimmt die muslimische Gemeinschaft diese Innovationen an, weil sie ihr tägliches Leben verbessern.

Im islamischen Recht (*Scharia*) gibt es zwei Arten von *Fatwas*, die negative und die positive. Eine *Fatwa* wird als negativ bezeichnet, wenn sie darauf abzielt, eine Innovation zu verbieten, welche den Theologen und Imamen, die zur Ausfertigung einer *Fatwa* berechtigt sind, missfällt, insbesondere in den Staaten, in denen die *Scharia* die allgemeingültige gesetzliche Regelung darstellt. Wenn der Inhalt eines Buches für den Islam offensichtlich negativ ist, können die religiösen Autoritäten dieser Staaten (Iran, Saudi-Arabien, Nigeria etc.) darüber befinden, ob sie es für notwendig halten, ein Edikt – eine *Fatwa* – zu erlassen, um das Buch zu verwerfen. Das ist die Form der *Fatwa*, die man hier im Westen kennt, vor allem seit der Rushdie-Affäre. Hier sei noch einmal an die Fakten erinnert: 1988 erließ Imam Chomeini, damals die höchste Autorität im Iran – praktisch ein Halbgott –, eine *Fatwa* mit dem Aufruf zur Tötung gegen Salman Rushdie, einen britischen Schriftsteller indischer Herkunft. Der angegebene Grund: Sein Buch *Die satanischen Verse*, eine Fiktion aus der Umgebung des Propheten Mohammed, wurde als Angriff auf die Würde des Begründers des Islam beurteilt. Nun ist die Blasphemie in der Geschichte des Islam eines der häufigsten Motive für eine *Fatwa*. Sie ist eine aus einer ganzen Reihe von Haltungsweisen und Vergehen, die immer auf den Index gesetzt wurden: Apostasie, Atheismus, das Schlechtmachen des Islam, Obszönitäten gegen die Ikonen der religiösen Tradition, wie die Frauen des Propheten, seine Töchter oder nächsten Gefährten.

Die *Fatwa* ist positiv, wenn sie einen Konflikt zwischen mehreren Personen regeln soll. Die Imame und Muftis (die ermächtigt sind, ordnungsgemäße *Fatwas* zu erlassen) werden auf diese Weise angerufen, sich über Streitigkeiten zu äußern oder schwierige Situationen zu regeln. Eine Frau kann einen Imam wegen ihres Kindes konsultieren, das in der Schule fehlt oder keinerlei Freude zeigt, dorthin zu gehen. Eine andere kann ihn in Anspruch nehmen, um eine eheliche Situation zu regeln. Eine dritte bittet ihn, in einer Angelegenheit in Bezug auf die Schwiegerfamilie für sie einzutreten. Es kann um Erziehung, Erbschaft, Aufteilung im Fall der Scheidung gehen oder auch um Gewerkschaftskonflikte zwischen einem Fabrikbesitzer und seinen Angestellten. Im Allgemeinen verlassen *Fatwas* nicht die Umgebung der Moschee und den Kreis derjenigen, für die sie bestimmt sind, um kleine Abweichungen oder Unvollkommenheiten zu korrigieren.

Wenn die Justiz eines Staates mangelhaft ist, ist es die Moschee, die zur wichtigsten Schnittstelle für die Menschen wird. Daher nehmen die Imame und Muftis manchmal eine von den Bürgern sehr geschätzte Vermittlerrolle ein.

Seit zwei Jahren gibt es in diesem Bereich ein ganz neues Phänomen. Es handelt sich um falsche *Fatwas*, die auf irgendeinem arabischen Satellitenkanal wie Al-Dschasira, Iqra oder Al-Arabiya von einem Tele-Korangelehrten erlassen werden. Diese mediale Ereiferung geschieht sozusagen sehr plötzlich, was man bei der dänischen Karikaturen-Affäre Anfang 2006 sehen konnte. Es wurde niemals eine *Fatwa* ausgesprochen, aber die Übermedialisierung hat diese Frage zu einer politischen Affäre mit phänomenalen Konsequenzen gemacht. Dasselbe gilt für die Rede, die Papst Benedikt XVI. am 12. September 2006 in Regensburg gehalten hat. In normalen Zeiten hätte diese Rede den Bereich der Universität, in der sie gehalten wurde, niemals verlassen. Selbst wenn eine Nichtregierungsorganisation wie die Organisation der islamischen Konferenz – die 51 islamische Staaten umfasst – einen konzertierten Gegenschlag beschlossen hätte, so hätte dieser die Form eines diplomatischen Schreibens in sehr gedämpftem Ton gehabt, das durch einen am Heiligen Stuhl akkreditierten Botschafter in den Vatikan gelangt wäre. Und niemand hätte von den möglichen Folgen eines solchen Schreibens erfahren. Mit der Entwicklung bürgerlicher Praktiken, vor allem in einem Rechtsstaat, können diese Vorgehensweisen nicht mehr angewandt werden. So kann man sich zum Beispiel nicht vorstellen, dass die *Fatwa* oder eine tadelnswerte Innovation mit der Funktionsweise des modernen Rechts kompatibel ist. Seit langer Zeit wird das Recht im Westen, seitdem es rational, kodifiziert und in Verfassungen niedergeschrieben ist, nicht mehr im Namen Gottes, nicht einmal mehr im Namen des Königs gesprochen. In laizistischen Staaten wie Frankreich – Sinnbild dieser Situation – ist die Lage noch eindeutiger. Aufgrund dieser Tatsache hat der Theologe, der Imam, der religiöse Verantwortliche oder der Mufti über die Bürger muslimischer Herkunft keine über deren Einflusssphäre, nämlich die Moschee, hinausgehende Autorität. Und selbst diese Autorität muss streng begrenzt sein auf Koran-Pädagogik und auf Predigten über Toleranz und Bürgertum. In demokratischen Gesetzgebungen wird keinerlei Appell zum heiligen Krieg (*Dschihad*) toleriert. Alle Werte, die die Nation konstituieren, wie Laizität, Gleichheit zwischen den Geschlechtern, Nicht-Diskriminierung von Menschen, Meinungs- und Glaubensfreiheit, müssen respektiert werden. Seitdem schließlich im gesamten Raum der Republik allein die Unterwerfung des Individuums unter das Recht anerkannt ist, ist es jedem Imam verboten, eine andere Rechtsphilosophie zu predigen oder den jungen Franzosen eine Ideologie zu vermitteln, die den Menschenrechten widerspricht, oder ihren Herzen Hass auf den Nächsten einzuträufeln. Im Übrigen müssen sich auch Imam und Mufti außerhalb der Moschee stets den Regeln des Rechtsstaates beugen, weil sie sich andernfalls dem Risiko strafrechtlicher Maßnahmen aussetzen.

Scheinreligion

Gemäß der Tradition des Islam ist jeder Glaube, jede Praktik oder Verehrung, die nicht auf den einen Gott zentriert ist, eine falsche, eine Scheinreligion. Der Koran behandelt die Frage der heidnischen Götter in 110 verschiedenen Versen, was spektakulär ist angesichts der offenkundigen Dürftigkeit bei gewissen anderen Themen. Das Feld der Definitionen indes ist sehr weit, weil der Koran, der keine allgemeine

Theorie über die Häresie entwickelt, den Schwerpunkt auf die Vielzahl möglicher Abweichungen legt. Die alten Theologen nennen in dieser Reihenfolge die Lauheit, das Lavieren, die Heuchelei, die Apostasie, den Unglauben und den Irrglauben (*zandaqa)*, der an 15 verschiedenen Stellen des Heiligen Buches zur Sprache kommt. Jedes Niveau an Gottlosigkeit wird als Beweis von Scheinreligion angesehen. Weitere besondere Formen dieser sog. falschen Religion sind die Astrolatrie (Verehrung der Sterne; Suren 6, 76; 22, 30), der Atheismus (130 Erwähnungen) und der Assoziationismus (*schirk*), der das höchstentwickelte Niveau des Atheismus darstellt. Dem einzigen Gott einen anderen Gott beizugesellen, wird als Absicht aufgefasst, die Vorrangigkeit des einen und einzigen Gottes zu bestreiten, was eine schwerwiegende Beleidigung darstellt und in den Bereich der Götzenverehrung fällt. Auf diese Weise übersetzt der Koran die Angst der ersten Muslime angesichts der Vervielfachung der Glaubensformen und Praktiken und schließlich ihre Angst vor dem Zusammenbruch des Glaubensgebäudes. Zu den vom Unglauben abgeleiteten Formen gehört auch die Liebe zu materiellen Gütern, anders gesagt: die Tatsache, dass die Gläubigen keinerlei Fortschritt darin erzielt haben, über ihr profanes Leben hinauszugehen: *Ihr zehrt vielmehr das Erbe vollständig auf und liebt Hab und Gut über alles*, liest man im Koran (Sure 89, 19–20). Diese Thematik durchzieht die Koran-Ethik in ihrer ganzen Länge in dem Sinne, dass sie vollständig auf Devotion hin ausgerichtet ist. Man findet dies zum Beispiel in der Vorstellung, dass die Schlecht-Gläubigen geneigt sind, ihr hiesiges Leben allzuleicht gegen das jenseitige zu tauschen. Die im Koran hierfür verwendeten Begriffe sind *tauschen, zu minderem Preis verkaufen, mit den Zeichen Allahs Handel treiben*. Auch von Lüge und schlechtem Glauben ist die Rede.

Man muss diesen Abschnitt als Verurteilung ephemerer Genüsse (50 Erwähnungen im Koran) und als Verurteilung des Glücksspiels (*maysîr*) verstehen. Im extremen Fall gehört auch das Pharisäertum bestimmter Muslime von heute logischerweise in diese einhellige Verurteilungskategorie des Glaubensbetrugs; Muslime, die sich ausgiebig der Frömmigkeit und der heuchlerischen Liebe zu abgenutzten Kleidungsformen bedienen und sich bei dieser plakativen Ausdrucksweise auf ihren Glauben berufen:

Die Heuchler möchten Gott betrügen, aber er betrügt sie. Und wenn sie sich zum Gebet aufstellen, tun sie es nachlässig, wobei sie von den Leuten gesehen werden wollen (Sure 4, 142).

„Oft“, so der Theologe Al-Ghazzali (1058–1111), „sieht man einzelne Menschen, die den Koran lesen, die an religiösen Zeremonien teilnehmen, oberflächlich beten und die Religion loben. Wenn man sie fragt, warum sie dies tun, warum sie beten, wenn sie doch glauben, dass die Prophezeiung ein Irrtum ist, antworten sie: Das Gebet ist eine gute Übung, eine Sitte des Landes, ein Weg, ein wohlbehütetes Leben zu führen. Und währenddessen hören sie nicht auf, Wein zu trinken und sich Schandtaten und Gottlosigkeiten aller Art zu widmen.“

Muslimischer Kalender

Der Islam reguliert insgesamt alle Aspekte des gesellschaftlichen Lebens inklusive der Politik, wie man bereits beim heiligen Krieg sehen konnte; hier ist es an der Zeit, die zahlreichen religiösen Feste, die gesellschaftlichen Verhaltensweisen, das innere Leben und die Projektion in der Zeit zu behandeln, vor allem in Bezug auf das Leben im Jenseits.

Prinzipiell gibt es im Islam fünf Feste, wobei ich das Fest des Beginns des muslimischen Jahres (*Raʾs al-ʿâm*) mit einschließe, auch wenn es heutzutage kaum noch begangen wird. Das erste ist das Fest des Fastenbrechens (*ʿÎd al-Fitr* oder *kleines Fest*), das so genannt wird, weil es den Monat Ramadan beschließt, den neunten Monat des muslimischen Kalenders. Das *ʿÎd al-Fitr* ist gekennzeichnet durch ein gemeinsames Gebet in der Moschee und eine symbolische Gabe (*zakât al-ʿid*).

Das zweite Fest nennt man Opferfest (oder *ʿÎd al-Kabîr*, wörtlich *großes Fest*). Es ist eine Hommage an die Tat Abrahams, über die sowohl in der Bibel als auch im Koran berichtet wird. Da er gegenüber Gott gehorsam und vertrauensvoll war, war Ibrâhîm al-Chalîl, Abraham, bereit, seinen Sohn Ismael (im Judentum: Isaak) zu opfern, bevor Gott in den angekündigten Verlauf dieses Schicksals eingriff. Jedes Jahr zur Zeit der Pilgerfahrt nach Mekka opfert die muslimische Gemeinschaft auf der ganzen Welt ein Tier, ein Schaf, Zicklein oder Lamm, um sich symbolisch zur Verfügung zu stellen, ebenso wie es der

Patriarch getan hat. Bei der Betrachtung dieses Ritus wird schnell deutlich, dass es die Geschichte von Abraham, Hagar und Ismael ist, die von den Muslimen jedes Jahr von Neuem erlebt wird. Alle Etappen der Pilgerreise weisen darauf hin: Safa und Marwa war der Weg der Hagar auf der Suche nach Wasser für ihren Sohn, die Quelle von Zamzam entsprang vor ihren Füßen, das Heiligtum der Kaaba wurde durch Ibrâhîm al-Chalîl und seinen Sohn wieder aufgebaut etc.

Das dritte Fest, *Mawlid an-nabawî*, wörtlich *die Geburt des Propheten*, findet am 12. des Monats *rabî*ᶜ *al-awwal* statt. Von den Familien kaum begangen, ist es vor allem für die gläubigen Zirkel und religiösen Bruderschaften eine Gelegenheit, sich der Meditation und dem *dhikr* hinzugeben, einem mystischen Gebet, das von einem großen Meister der Koranlehre inszeniert wird.

Das vierte Fest ist *Aschura*. Dies war zunächst ein Fest der Schiiten, in schmerzvoller Erinnerung an das Martyrium von Hassan und Hussain, den beiden Söhnen Alis, des vierten Kalifen, die im Jahr 680 in Kerbala (im heutigen Irak) umkamen. Dieses Fest hat seinen Namen von der Zahl 10, ᶜ*aschra*, und findet am zehnten Tag des muslimischen Monats *muharram* statt.

Diesen regulären Festen, die man als liturgisch bezeichnen kann, fügen die Muslime viele weitere Zeremonien hinzu: Hochzeiten (*zawâdsch*), die Geburt eines Kindes (ᶜ*aqîqa*), die Beschneidung (*chitân*), den Erfolg der Kinder in der Schule. Die Iraner zum Beispiel feiern zusätzlich am 21. März den *Nowruz* (wörtlich *neues Licht*), das neue sassanidische Jahr, ein Überrest aus vorislamischer Zeit. Schließlich begeht jede Region der muslimischen Welt eine große Anzahl an saisonalen Festen (*mawâsim*; *zerda*), insbesondere solche, die den landwirtschaftlichen Zyklus abstecken.

Der muslimische Kalender ist nach dem Mond ausgerichtet und setzt sich aus zwölf Monaten zusammen:

Muharram (wörtlich *verbotener Monat*). Der erste Tag des *Muharram* entspricht dem muslimischen Neujahr (*Ra*ᵓ*s al-*ᶜ*âm*); der zehnte (ᶜ*âschûrâ*ᵓ) dem Gedenken an das Martyrium von Hussain, Sohn Alis, im Jahr 680.

Safar: wörtlich der *Reisemonat* oder *leere Monat*.

*Rabî*ᶜ *al-awwal*, der erste Frühling. Die *Hedschra* wird auf den ersten

Tag dieses Monats gelegt, die Geburt des Propheten (*Mawlid an-nabî*) auf den zwölften desselben Monats. Im Maghreb nennt man dieses Fest *Moulad* oder *Milâd*.

Rabîʿ ath-thânî: der zweite Frühling.

Dschumâdâ al-awwal: erster Monat der Trockenheit.

Dschumâdâ ath-thânî: zweiter Monat der Trockenheit.

Radschab: der heilige Monat. Die Tradition besagt, dass die Nachtreise des Propheten (*miʿrâdsch*) am 27. dieses Monats stattfand.

Schaʿbân: der Monat der Teilung.

Ramadân: der Fastenmonat. Man liest im Koran:

> *Der Monat Ramadan ist es, in dem der Koran als Rechtleitung für die Menschen herabgesandt worden ist[...] Wer von euch während des Monats anwesend ist, soll in ihm fasten* (Sure 2, 185).

Auch erinnert man daran, dass viele bedeutende Ereignisse aus den Anfangszeiten des Islam in diesem Monat stattfanden: die Schlacht von Badr am 17. des Monats, die Eroberung Mekkas am 20., die Offenbarung des Korans am 27. Diese Nacht (*Lailat al-qadr*) ist eine ganz besondere, weil sie „1000 Nächte zählt“ (Sure 97, 1). Schließlich findet das *ʿÎd* am Ende dieses Monats statt.

Schawwal: der Jagdmonat. Das *ʿÎd al-Fitr (Fest des Fastenbrechens)* wird am ersten dieses Monats abgehalten.

Dhû l-Qaʿda: wörtlich der *Ruhemonat.*

Dhû l-Hidscha: *Pilgermonat* (nach Mekka). Der Zehnte entspricht dem Opferfest (*ʿÎd al-ad-hâ*), in Erinnerung an das Opfer Abrahams.

Vier Monate des muslimischen Jahres sind heilig: *Ramadân, Dhû l-Qaʿda, Dhû l-Hidscha* und *Radschab.* Dies ist ein Überbleibsel aus vorislamischer Zeit. Während dieser heiligen Monate ist Krieg in all seinen Formen verboten. Die Händler nutzen die Atempause gewinnbringend, um ihre Geschäfte zum Blühen zu bringen. Rituelle Tätigkeiten, die Pilgerfahrt oder saisonale Prozessionen werden wieder aktiviert.

Als Mondjahr wird das muslimische Jahr über 354,5 Tage gerechnet, das heißt in 12 Monaten zu je 29 oder 30 Tagen. Diese Abweichung vom Sonnenjahr bewirkt eine Verlegung des Fastenmonats in jedem Jahr um 10–11 Tage, was erklärt, dass der Ramadan im Verlauf von

12 Monaten jeweils 10–12 Tage früher beginnt. Entsprechend dieser Berechnung entspricht der Fastenmonat einmal alle 33 Jahre dem julianischen Kalender. Die Muslime verfügen über eine sehr entwickelte Methode, um die genaue Äquivalenz zwischen dem Verlauf des *Hedschra*-Jahres und dem gregorianischen Jahr festzulegen. Im 18. Jahrhundert erstellte Sulaiman al-Hikmati einen Universalkalender, der es den Gläubigen erlaubt, ihre Daten in Bezug zum gregorianischen Kalender zu ermitteln, und zwar für eine Dauer von 80 Jahren. Die anderen rituellen Feste werden nach diesem Termin festgelegt.

Die Wochentage sind: Sonntag, *yaum al-ahad* (1. Tag); Montag, *yaum al-ithnain* (2. Tag); Dienstag, *yaum ath-thulâthâ*ʾ (3. Tag); Mittwoch, *yaum al-arba*ʿ*â*ʾ (4. Tag); Donnerstag, *yaum al-chamîs* (5. Tag); Freitag, *yaum al-dschumu*ʿ*a* (Tag der Versammlung für das Freitagsgebet), und der Samstag, *yaum as-sabt* (Tag der Ruhe, entsprechend dem jüdischen Sabbat).

Im Islam beginnen die Tage mit Einbruch der Nacht, was dem Tag-Nacht-Rhythmus des Fastentages entspricht.

Die Jahreszeiten heißen *ar-rabî*ʿ (Jahreszeit der Erneuerung), d. h. Frühling; *as-saif* (Jahreszeit des Durstes), Sommer; *al-charîf* (Jahreszeit der Früchte), Herbst, und *asch-schitâ*ʾ (Jahreszeit der Regenfälle), Winter.

Wenn man den Propheten Mohammed nach den Charakteristiken eines guten Islam fragte, antwortete er: *Es ist eine Religion, die auf den fünf Säulen gegründet ist (al-arkan al-khams): das Glaubensbekenntnis, das Gebet, das Almosen, das jährliche Fasten und die Pilgerfahrt.* Seiner Umgebung, die beharrlich weiterfragte: *Wenn wir alle diese Regeln erfüllen, sind wir gute Muslime, werden wir ins Paradies eingehen?*, gab der Prophet folgende Antwort: *Der Glaube besteht darin, Dinge zu tun, die weder die Hand noch die Zunge später bereuen werden.* Das ist schon humanistisch! Und er fügte hinzu: *Niemand ist ein wahrhafter Muslim, wenn er für seinen Nächsten nicht das wünscht, was er für sich selbst wünscht.*

Gemäß der Überlieferung durch den Theologen Al-Buchari (9. Jahrhundert), sind folgende drei Prinzipien für den Islam, der nach Judentum und Christentum dritten offenbarten Religion, ganz wesentlich: Gott aufrichtig lieben, den Kult respektieren, seinen Nächsten lieben.

Dass diese Religion extrem tolerant ist, erschließt sich zunächst in ihrem Verhältnis zu den Bedürftigen. Ein *Hadith* des Propheten erinnert daran, dass der wahrhafte Islam danach strebt, „dem, der Hunger hat, zu essen zu geben, diejenigen, die man kennt, ebenso zu grüßen wie diejenigen, die man nicht kennt" (Al-Buchari).

Die Kraft einer monotheistischen Religion liegt darin, die Einzigartigkeit eines Schöpfers, hier Allahs, zu preisen, was sich im Fall des Islam direkt umsetzt in einen vollständigen Egalitarismus. Tatsächlich wird zwischen muslimischen Gläubigen keinerlei Unterscheidung in Bezug auf Geschlecht, Hautfarbe oder Herkunft getroffen.

Das Ritual zielt darauf ab, für die Gläubigen Gleichheit in Form, Recht und Praxis festzulegen, wobei die arabische Sprache – auch heute noch Träger des islamischen Glaubens – als Bindemittel zwischen allen diesen Völkern dient.

Außer der Pilgerfahrt, die nur von denjenigen gefordert wird, die es sich materiell leisten können, ohne die Lebensumstände ihrer Angehörigen zu gefährden, wird der Zugang zu den Ritualen dem freien Ermessen der Eltern überlassen. Ein junger Muslim soll mit Beginn der Jugendzeit mit dem Fasten anfangen können, während das gesetzliche Almosen (*zakât*) von den eigenen Mitteln abgezogen wird, also später.

Kapitel 3

Welches sind die großen Strömungen des Islam?

Nachdem er im Verlauf seiner ersten Verkündigungsperiode (610–622) als Übermittler der göttlichen Botschaft gewirkt hatte, in einer Reihe mit den Propheten Abraham, Moses und Jesus, wurde Mohammed in der zweiten Verkündigungsperiode (622–632) zum kampfeslustigen Organisator des Stadtstaates von Medina und dann ein Kriegsführer. Bei seinem Tod hatte der Prophet keinen designierten Nachfolger und selbst keinen männlichen Nachkommen, der ihm nach altem Recht hätte nachfolgen können. Dies war ein Augenblick des großen Zögerns, eine risikoreiche Zeit.

Wir haben bereits erwähnt, welches die dem Propheten nächststehenden Personen waren, seine Familie: Chadidscha, seine erste Frau, über die ich in Kapitel 6 ausführlicher sprechen werde, Abu Bakr, sein vertrautester Gefährte, Abu Talib, ein Onkel des Propheten und sein Gönner, Ali, sein Schwiegersohn, Aischa, seine Lieblingsfrau, die Tochter von Abu Bakr.

Bei den anderen Gefährten des Propheten muss man zwischen zwei unterschiedlichen Gruppen unterscheiden. Die erste setzte sich aus Getreuen zusammen, die im Allgemeinen aus Mekka stammten und ihn auf seiner Reise nach Medina begleiteten. Man nennt sie *Al-Muhâdschirûn, die Auswanderer.* Diese Gruppe wird unmittelbar nach Juni 632 eine wichtige Rolle spielen als Beleber und Koordinator der muslimischen Gemeinschaft. Unter diesen Persönlichkeiten sind Omar ibn al-Chattab und Uthman ibn Affan zweifellos die wichtigsten. Sie werden später der zweite beziehungsweise dritte Kalif, zwischen 634 und 655. Zusammen mit Abu Bakr, dem ersten Kalifen (632–634), und Ali ibn Abi Talib, Mohammeds Schwiegersohn und vierter Kalif (656–661), bilden sie das *rechtgeleitete Viererkalifat* (*ar-raschidûn*).

Weiterhin ist da Abbas, ein Onkel des Propheten, dessen Name sich in den Abbasiden erhalten hat, Hamza ibn Abd al-Muttalib, Abu Ubayda, ein mit Trophäen überhäufter Krieger, und später Abu Sufyan, der furchtbare Gegner des Propheten aus Mekka, aus dem später sein Schwiegersohn und größter Beschützer wurde.

Natürlich gehörte Fatima dazu, die Tochter des Propheten, die Ali, den vierten Kalifen, heiraten und mit ihm zwei Söhne haben würde, Hassan und Hussain. Diese letzteren werden im Jahr 680 in der berühmten Schlacht von Kerbala, einer Palmenstadt im Irak, umkommen.

Bilal, der Muezzin und freigelassene Sklave, und Zaid, der Sekretär des Propheten, symbolisieren das Bestreben der ersten Muslime, die Sklaven freizulassen, selbst um den Preis, sie von ihren Eigentümern zurückkaufen zu müssen. Weiterhin erwähnen muss man den Gouverneur von Damaskus, Muᶜawiya, den Sohn von Abu Sufyan, und General Amr ibn al-As, den Eroberer von Ägypten, der im Namen von Muᶜawiya tätig wurde, um den Islam über seine arabischen Grenzen hinaus zu verbreiten.

Das *Leben des Propheten* (*Sîra*) nennt weiterhin die Namen von Talha und seinem Sohn Uthman sowie von Zubair, dem Neffen von Chadidscha und Chalid ibn al-Walid.

In dieser ersten Gruppe findet man auch die Anwärter für das Kalifat, wobei jeder sich entweder auf eine persönliche Beziehung zum Propheten beruft oder auf eine überlieferte Äußerung (*Hadith*) zu seinen Gunsten.

Was die zweite Gruppe angeht, die man *Ansar* nennt, *Anhänger*, so bestand sie aus in Medina ansässigen Muslime, in erster Linie denjenigen, die als Patriarchen, Clanchefs oder aufrechte Muslime den triumphalen Empfang in Yathrib organisierten, das seitdem den Namen Medina trägt. Die *Ansar* spielten in der Verwaltungsorganisation des ursprünglichen Islam und in der Armee eine entscheidende Rolle.

Im vorherigen Kapitel war die Rede davon, wie grundsätzlich wichtig der *Hadith*, die *Äußerung des Propheten*, für die Sunniten war. Obwohl das Gewicht des *Hadith* für denjenigen, der den Islam verstehen will, absolut wesentlich ist, wird diese Bewertung von den Schiiten bestritten. Diese glauben eindeutig an den Koran und halten den Propheten Mohammed in sehr hoher Wertschätzung. Im Gegensatz zu den Sunniten aber glauben sie, dass der historische Islam von ihrem großen Imam Ali angeführt wurde, der ihrer Ansicht nach auf widerrechtliche Weise von den Anhängern des Propheten aus der Nachfolge entfernt wurde.

Diese internen Streitigkeiten haben ein wichtiges Verdienst: Sie klären die Position der verschiedenen Strömungen des Islam, auf rechtlichem und politischem Gebiet – wo tatsächlich Divergenzen vorherrschen – ebenso wie auf theologischem und philosophischem. Zahlreiche Philosophen und Theologen haben über diese Divergenzen ausgiebig debattiert, und jeder konnte seine Überzeugungen im Rahmen einer mittlerweile festgelegten Dualität einbringen: mit den Sunniten auf der einen und den Schiiten auf der anderen Seite, mit Minderheiten-Strömungen wie den Ibaditen oder den Charidschiten, die eine dritte Form der Huldigung gegenüber den wesentlichen Gestalten des Islam praktizieren.

Sunnitentum

Das Sunnitentum bildet das Rückgrat des Islam. Weit mehr als nur eine Schule, handelt es sich in Wahrheit um den wichtigsten Zweig der offenbarten Religion des Islam. Was die Lehre angeht, so beachten die Sunniten gewissenhaft den durch den Propheten und seine ersten Gefährten (*sûhaba*) vorgegebenen Weg, die *Sunna*.

Als Anhänger des *Weges der goldenen Mitte* und des Gleichgewichts gründen die Sunniten ihren Glauben auf drei konzentrische Wahrheiten: den Koran, absolute und unbestrittene Wahrheit, das authentische Wort des Propheten und den Konsens der Gemeinschaft (*idschmâ*ᶜ); ein Begriff, der eine Übereinkunft bezeichnet, die man nach einer Diskussion zwischen den regierenden Eliten trifft.

Im Verlauf des ersten Jahrhunderts der Verbreitung des Islam ist das Sunnitentum lehrmäßig wie menschlich reicher geworden. Die außerordentliche Verschiedenheit der Völker, die im Laufe der Zeit den Islam angenommen haben, hat eine wichtige Perfektion der Texte und ihres Verständnisses mit sich gebracht. Nicht zu vergessen sind die fruchtbaren Kontakte, die die Muslime mit den anderen legitimen Zweigen des Islam, Schiitentum und Charidschitentum, pflegten, aber auch mit esoterischen Richtungen wie dem Zahirismus, dem Zaidismus oder der Bruderschaft des Marabutismus.

Um alle Einflüsse, von denen einige extrem selten sind oder zu einem anderen Bereich gehören, zu umfassen, hat sich die Sunna mit vier theologischen Schulen ausgestattet, die man *madhâhib* nennt. Wenn ihr Credo auch strikt dasselbe ist, so können ihre Interpretationen des Korans und des *Hadith* doch leicht variieren, zumindest, was die Grenzen der Strafen angeht (*hudûd*).

Der Malikismus ist chronologisch die erste kanonische Schule des Sunnitentums. Sie wurde durch einen Theologen aus Medina gegründet: Imam Malik ibn Anas (gestorben 795 oder 796). Seine theoretische Lehre – die in einem einzigen Werk mit dem Titel *Al-Muwatta*ʾ enthalten ist – zielt darauf ab, die Tradition des Propheten und seiner ersten Gefährten fortbestehen zu lassen. Es ist also eine orthodoxe Schule, weil sie ohne größere Umwälzungen zur Tradition des Propheten zurückführt, aber eine Schule, die Debatten und vor allem das persönliche Urteil (*kiyâs*) akzeptiert, die Bemühung, sich zu verbessern (*istislâh*) und den *consensus omnium* (*idschmâ*ʿ) im Rahmen der Tradition. Außer auf der arabischen Halbinsel, wo er von Anfang an langlebig und lebendig war, hat sich der Malikismus im Maghreb und einst auch nach Andalusien und Afrika verbreitet.

Der Hanafismus ist vielleicht die liberalste der vier theologischen Schulen. Er ist das Werk eines Iraners aus Kufa, Abu Hanifa (696–767). Seine Besonderheit liegt darin, den Akzent auf die persönliche Meinung, *ra*ʾ*y*, zu legen, ohne sich jedoch in das Gewirr philosophischer Spekulation zu versenken, und auf den *idschtihâd*, ein besonderes Bemühen, die heiligen Texte bestmöglich zu interpretieren und an neue Realitäten anzupassen. Der Hanafismus ist besonders verbreitet in Zentralasien, Syrien, China, Pakistan, Afghanistan, Indien und vor allem in der Türkei, wo er praktisch als Staatsreligion angesehen wird und die Stelle des eigentlichen Sunnitentums einnimmt. Es heißt, dass es eine enge Verbindung zwischen der liberalen Doktrin von Abu Hanifa und der politischen Modernisierung in der Türkei seit Mustafa Kemal gibt.

Der Schafiismus ist das Werk eines Schülers von Imam Malik namens Muhammad ibn Idris asch-Schafîᶜi (767–820), einem Quraisch aus reinster arabischer Tradition. Diese Schule gilt als die rationalste und dialektischste. Die Öffnung dieser Richtung zur Welt und ihre Bereitschaft, neue Ideen aufzunehmen, nähern sie in einzigartiger Weise dem Schiitentum an. Im Schafiismus wird die Frage des *idschtihâd* am meisten verteidigt, ebenso wie der Rückgriff auf die Urteilskraft, ohne jedoch dieses Bemühen bis zur Muᶜtaziliten-Philosophie auszudehnen. Der Schafiismus ist sehr populär in Bahrain, Malaysia, Indonesien und Ägypten.

Der Hanbalismus stammt aus der Zeit der Festlegung des Rechts (*Fiqh*) und der *Scharia* im 9. Jahrhundert. Es war der Imam Ahmed ibn Hanbal (780–855), ein Schüler von asch-Schafiᶜi, der eine strenge Doktrin einführte, welche weder eine Variante akzeptiert noch in irgendeiner Weise etwas hinzufügt. Es ist die offizielle Lehre des Wahhabismus in Saudi-Arabien, die aus dem 18. Jahrhundert stammt und aus der sittenstrengen Modifizierung durch Muhammad ibn Abd al-Wahhab (1703–1792) entstand; damit war und ist der Hanbalismus die orthodoxeste Richtung des Sunnitentums. Die Diskriminierung bei den Geschlechtern wird absolutistisch verfolgt, mit dem Effekt, dass sogar eine volljährige Frau ohne die Bürgschaft eines männlichen Elementes nichts eigenständig tun kann, selbst wenn dieses ein Kind ist. Selbstverständlich ist die Erbschaft zwischen Brüdern und Schwestern ungleich aufgeteilt und letztere erhalten zweimal weniger als erstere. Für die Töchter ist der Zugang zu beruflicher Tätigkeit begrenzt, während die Polygamie ohne ernsthafte Infragestellung aufrechterhalten wird. Dasselbe gilt für körperliche Züchtigung bei Diebstahl oder Ehebruch, die noch immer in ihrer ursprünglichen Form angewandt wird. Außer in Saudi-Arabien verbreitet sich der Hanbalismus aktuell in Schwarzafrika, besonders im Sudan und in Nigeria. Hier sollte daran erinnert werden, dass der fundamentalistische Theologe Ibn Taimiyya (1263–1328) eine Theorie über die absolute Rückkehr zum Grundtext verfasst hat, was den Menschen dem göttlichen Willen unterwirft, so, wie es im Koran formuliert ist.

Seitdem diese vier Lehrschulen eingerichtet wurden, wurde der persönliche *idschtihâd* auf drastische Art und Weise verquert, was für den

Bereich der Rechtsprechung, Philosophie und sogar den der Theologie gilt. Der Geist der Imitation (*taqlîd*) hat die Oberhand über die Interpretation (*idschtihad*), die Erneuerung und die Veränderung gewonnen.

Schiitentum

Das Schiitentum ist die Bezeichnung der Doktrin, der die Anhänger des vierten *rechtgeleiteten Kalifen* folgen, Ali ibn Abi Talib (gestorben 661), heute etwas weniger als 12 % der Muslime weltweit, was 110 Millionen Menschen entspricht.

Ali war der Cousin und Schwiegersohn Mohammeds. Als Ehemann von Fatima, der Tochter des Propheten, die ihren Namen später der Dynastie der Fatimiden verlieh, hatte er mit ihr zusammen zwei Söhne, Hassan und Hussain, die als zweiter und dritter Imam des Schiitentums betrachtet werden.

Hassan starb 670 in Medina, Hussain wurde in Kerbala im heutigen Irak am 10. Oktober 680 getötet. Seines Martyriums wird jedes Jahr am 10. des Monats *muharram* gedacht, im Iran in Form eines großen Festes. Bei dieser Gelegenheit gehen die Gläubigen in einer Prozession durch die Straßen der großen iranischen Städte, wobei manche sich als Flagellanten mit Leder-, manchmal auch Eisenriemen auf Rücken und Körper schlagen.

Fatima, die Tochter des Propheten und Ehefrau von Ali, wird von den Schiiten als eine der vollkommensten Frauen angesehen. In dieser Eigenschaft wird sie wie eine Heilige verehrt, besonders, wenn des Todes ihrer Söhne Hassan und Hussain gedacht wird. Drei weitere Frauen genießen dasselbe Ansehen einer Heiligen. In chronologischer Reihenfolge sind dies Asia, die Frau des Pharao, Maria, die Mutter Jesu, und Chadidscha, die erste Frau Mohammeds und Mutter Fatimas. Gemäß der Tradition des Islam haben diese Frauen einen vorrangigen Platz im Paradies. Doch hat eine solche Sakralisierung im diesseitigen Leben keinerlei Wirkung, außer bei den Gelehrten des Islam und im Unterbewusstsein des Volkes.

Der größte Theologe des Schiitentums ist zweifellos der orthodoxe Imam Dschaʿfar as-Sadiq (gestorben 765). Er ist der sechste Imam in der Reihenfolge des Imamats, der grundlegenden Struktur des *Zwölfer-Schiitentums* (*ithnâ ʿaschariyya*), so genannt aufgrund der Abfolge von zwölf Imamen, im Gegensatz zum *Siebener-Schiitentum*, einer Schiitengruppierung, die nur sieben historische Imame verehrt. Als Persönlichkeit mit großem Weitblick hat Imam Dschaʿfar as-Sadiq die schiitische Vorstellungswelt tief beeinflusst. Noch heute ist es nicht selten, dass die schönsten in diesem Universum geäußerten Worte ihm zugesprochen werden – sozusagen von Rechts wegen.

Die Schiiten beachten dieselben dogmatischen Regeln wie die Sunniten. Sie glauben an die Göttlichkeit Allahs und an die Botschaft Mohammeds, sie beachten das Gebet und das Fasten, geben einen Teil ihrer Güter ab und gehen zum selben Zeitpunkt auf Pilgerfahrt nach Mekka wie alle anderen Muslime. Große Unterschiede aber charakterisieren ihr Recht, besonders die Verbindung zwischen Theologie und Politik. Für die Schiiten ersetzt das Imamat das Kalifat, zumal der Imam aus der Familie des Propheten oder aus seinen entfernten Nachkommen ernannt wird. Im Schiitentum, das auf eine Reihe großer Imame gegründet wurde, je nach Glaubensrichtung sieben (Siebener-Schiiten) oder zwölf (Zwölfer-Schiiten), haben die Gläubigen die Neigung, diese Hierarchie auf die politische Welt zu übertragen. Deshalb hat eine große Anzahl derjenigen, die diesem Glauben folgen, besondere Betonung auf die klerikale Organisation des Schiitentums gelegt, um damit zu sagen, dass die Religion mehr vom Religiösen als vom positiven Recht abhängt. Wie auch immer, aufgrund des Fehlens einer männlichen Nachkommenschaft kann es keinen direkten Erben des Propheten geben. Lediglich die Fatimiden könnten dies eventuell beanspruchen, wenn auch die Verbindung zu Fatima, der Tochter des Propheten und Ehefrau Alis, mit Hilfe von strengen Stammbäumen belegt werden muss. Was die vermeintlichen Abkömmlinge des Propheten angeht, die sich ansonsten zu Sunniten erklären, so legen sie sehr spitzfindige und nicht nachprüfbare Stammbäume vor.

Mehrere Stufen führen den Schüler zum Gipfel: *Talib*, *Mullah* und schließlich *Ayatollah* (wörtlich *Âyat Allâh, Zeichen Gottes*). Dieser einflussreiche Titel, der einem großen schiitischen Imam verliehen wird, wurde vor allem bekannt durch *Ayatollah* Chomeini (gestorben 1989). Noch heute bekleidet der *Ayatollah* das höchste klerikale Amt des

Schiitentums. Es wird besetzt durch die gelehrteste und erfahrenste Persönlichkeit (*mardscha*ᶜ *at-taqlîd, Quelle der Nachahmung*), die gleichzeitig die besonnenste und weiseste Persönlichkeit ist. Im Iran, wie übrigens aufgrund einer vorhandenen schiitischen Komponente auch im Irak, symbolisiert der *Ayatollah* die äußerste Macht, vergleichbar mit einem Präsidenten oder König. Es kommt ihm insbesondere zu, der politischen Mannschaft an der Macht, geleitet vom Premierminister, Orientierung zu geben, Warnungen zu möglichen Folgen dieser oder jener Politik zu äußern und der Regierungsbildung seine Blankounterschrift zu geben. Schließlich ist er derjenige, der sich jeder Innovation widersetzt, die als Gegensatz zum Korangesetz (*Scharia*) oder zur gemeinsamen Moral der Nation empfunden wird. Als Bezugspol und weltliche Inkarnation des Schiitentums stellt *Ayatollah* nicht im eigentlichen Sinne ein Amt in der Gemeinschaft oder eine politische Aufgabe dar. Er ist die Synthese der jeweiligen Nation in einem bestimmten geschichtlichen Augenblick, eine perfekte Ikone, eine unübergehbare moralische Autorität, außer wenn sie sich offensichtlich selbst diskreditiert. Sollte der Islam sich eines Tages einen Klerus zulegen, so würde er ohne Schwierigkeiten diese Organisation des Imamats übernehmen, an dessen Spitze das Äquivalent des Papstes stünde: der *Ayatollah*.

Die größte Anzahl Schiiten findet sich im Wesentlichen im Iran und Irak, insbesondere in Nadschaf, einem für die Schiiten heiligen Ort. Eine wichtige Diaspora gibt es in Bahrain, im Sultanat Oman, im Jemen, im Libanon und im Rest der Welt. Die Macht der Schiiten aber ist nicht ihrer Zahl geschuldet, die sich auf 110–115 Millionen Menschen beläuft. Sie verdankt sich vor allem ihrer besonderen Beziehung zum Korangesetz und zum heiligen Text. Die schiitische Philosophie, der Wirtschaftsliberalismus und die Fähigkeit mancher Theologen, über das reine Wort hinaus- und in die Metaphysik hineinzugehen (die muslimische Mystik), haben den Schiiten ihr Adelsprädikat verliehen.

Eine der gewagtesten Thesen des Schiitentums ist zweifellos sein Glaube an die Rückkehr des zwölften Imams, des sogenannten verborgenen Imams, der *Mahdi* genannt wird. Wörtlich meint *mahdi von Gott geleitet*, also einen *rechtgeleiteten* Mann. Zwei Kalifen trugen diesen Namen. Einer davon, Ubaid Allah al-Mahdi (gestorben 934), hat die Grundlage der Fatimiden-Dynastie gelegt. Gemäß der Theorie, die ein wenig eschatologisch ist, wird der *Mahdi* auf die Erde zurückkehren, um die Gemeinschaft zu leiten und aus den Irrungen herauszuführen. Die Zwölferschiiten glauben, dass dieses Ereignis den Lebenszyklus beschließen wird. Für die Siebener-Schiiten wie für die Ismailiten hat sich dagegen die Inkarnation des *Mahdis* bereits im 9. Jahrhundert durch den Gründer der Fatimiden-Dynastie, Ubaid Allah, vollzogen.

Die These eines verborgenen Imams war Thema zahlreicher Kontroversen und Gegenpositionen, die so weit gingen, dass die Schiiten häufig von orthodoxeren Muslimen verfolgt wurden. Als logische Folge daraus haben diese eine Haltung der Verstellung entwickelt, die *kitmân* heißt, *geheime Taktik*, oder *taqiyya*, *Vorsicht, Diskretion*, mit dem Ziel, ihre Absichten zu verbergen, um solchen Verfolgungen zu entgehen. Bestimmte Historiker bezeichnen die *taqiyya* auch als Grundlage der Wissenschaft des Arkanen und infolgedessen der gesamten mittelalterlichen Alchemie.

Das Schiitentum weist darüber hinaus strukturierte und extrem langlebige Abspaltungen auf. Hier zu nennen sind die bedeutendsten Gruppierungen, darunter die Ismailiten, die Aleviten, die Drusen, Yeziden und Zaiditen.

Im Gegensatz zu den Zwölfer-Schiiten gehören die Ismailiten zu den Siebener-Schiiten (*sabʿiyya*), die an eine Reihe von lediglich sieben Imamen glauben und daran, dass ihr *Mahdi* im 9. Jahrhundert wiedererschienen ist. Die Ismailiten leiten sich von Ismail ab (gestorben 765), einem Sohn von Dschaʿfar as-Sadiq, der wenige Monate vor seinem Vater starb. Sie sind Schiiten, bilden zahlenmäßig die größte Minderheit (um die 20 Millionen) und sind geprägt durch die Robustheit ihrer Philosophie. Da sie größere Affinitäten zu Theosophie und Dualismus haben, wurden die Ismailiten häufig von den Schiiten abgelehnt, mit denen sie jedoch eine lange gemeinsame, politische wie religiöse, Geschichte verbindet.

Charidschiten

Die Charidschiten, wörtlich *die Ausziehenden*, sind sozusagen die *Refuseniks* der frühesten islamischen Zeit und werden demgemäß von vielen Muslimen als Sekte betrachtet. Als kleine Minderheit (etwa 1 % der muslimischen Gemeinschaft) sind die Charidschiten (auch Ibaditen genannt, aus arabisch *ʿIbâdiyya* oder *ʿIbâdiyyûn*, abgeleitet vom Namen ihres Gründers, Abdallah al-Ibadi (7. Jahrhundert)) gleichzeitig sehr puritanisch, sehr aufrichtige Gläubige und auf politischem Niveau sehr versöhnlich. Im Jahr 761 wurden die Ibaditen durch die Abbasiden, deren Machtergreifung soeben in Badgad vollzogen worden war, verfolgt, ins Exil getrieben und gejagt. Die Tradition überliefert, dass es ein Charidschit war, der Ali ermordete, als er eines Tages aus der Moschee kam. Diese historische Tatsache erklärt, warum die Charidschiten, nachdem sie zunächst Anhänger Alis und der Schiiten waren, im Bereich der Lehre zu deren Gegnern und in gewisser Weise ihre unbeugsamsten Feinde wurden.

Heute leben die meisten von ihnen im Sultanat Oman, in Algerien (rund um die Pentapolis von Mzab, deren Errichtung auf das 11. Jahrhundert zurückgeht), auf Djerba in Tunesien, im Djebel Nefusa in Tripolitanien und auf Sansibar. Die Existenz von Ibaditen auf Sansibar erklärt sich durch die extreme Handelsdichte im gesamten Indischen Ozean im 18. und 19. Jahrhundert, die vor allem das Sultanat Oman mit der afrikanischen Ostküste verband.

Diese doppelte Erfahrung, eine Minderheit zu sein und im Exil zu leben, hat die Charidschiten dazu gebracht, eine Art verhandelten Regierungstypus zu entwickeln, bei dem die Macht nicht automatisch vom Sohn geerbt wird, der sie wiederum an seinen Sohn weitergibt. Als menschliche und nicht sakrale Funktion kommt die Macht dem verdienstvollsten Mann zu, der sich manchmal einem Auswahlbeweis unterziehen muss. Diese Eigenarten führen dazu, dass die Charidschiten bei normalen Muslimen, die ihnen unter anderem einen geheimen Kult vorwerfen, ein schlechtes Image haben. Manchmal ist ihr Ruf derart geschädigt, dass sich Rechtsgelehrte finden, die das muslimische Gebet über dem Leichnam eines Charidschiten verbieten. Dieser wird dann ohne Begräbniszeremonie in die Erde gebracht, wie ein Ungläubiger oder Apostat.

Bewegungen, Sekten und Lehren

Dass ich bisher nur die großen Unterteilungen des Islam genannt habe, liegt daran, dass diese fast die Gesamtheit der Gläubigen umfassen. Die muslimische Galaxie ist jedoch von einer Vielzahl an Sekten, von spirituellen Bewegungen – wie dem Sufismus, der in Kapitel 7 ausführlich behandelt wird – und von mehr oder weniger orthodoxen Lehren durchzogen. Darunter sind einige, die sich als Häresie entpuppen (*zandaqa*).

Die erste dieser Lehrfamilien setzt sich aus Philosophen und Freidenkern zusammen, die gemeinsam eine Denker-Bewegung oder religiöse Lehre mit rationalistischer Neigung formen. Die bekanntesten Vertreter sind eindeutig die Mu^c^taziliten, die sich von den Aschariten abgespalten haben, einer Gruppe, die sich zu Ehren des herausragenden Juristen Al-Asch^c^ari (873–935), einem berühmten Theologen aus Basra, so genannt hat. Die Mu^c^taziliten legen großen Wert auf individuelle Verantwortung, den freien Willen und Reflexion.

Was die Bedeutung der Texte für diese Gruppierungen angeht, insbesondere die des Korans, aber auch der *Sîra* und der *Hadith*, den bemerkenswerten Taten, Gesten oder Worten, die der Prophet bei dieser oder jener Gelegenheit vollzogen oder geäußert hat, so gibt es hier in Bezug auf die Interpretation unendlich viele Nuancen.

Dem Autor des *Kitâb al-milal* (wörtlich *Das Buch der Sekten*), Asch-Schahrastani (1076–1153), verdanken wir die Identifikation und Klassifizierung der meisten philosophischen und esoterischen Bewegungen, die es in den ersten drei Jahrhunderten des Islam im Orient gegeben hat. Sein Werk beschreibt über 80 Sekten, darunter seltsamerweise auch die Schiiten und die Charidschiten. Ein entscheidender Punkt in Schahrastanis Buch ist die Definition von Religion: Was ist eine Religion? Was ist eine Sekte? Genau das ist eine Frage, die in erster Linie diejenigen Muslime interessiert, die sich weigern, Religion von Politik zu trennen, und die das Weltliche um jeden Preis in das Sakrale mit einschließen wollen.

Zu den bekanntesten – und daher am meisten respektierten – Sekten gehören die Aleviten (oder Alaviten, Nosairier), die den schiitischen Aliden (Anhänger Alis) sehr nahe sind, sich jedoch nicht mit ihnen vermischen. Deren historischer Boden ist Syrien, wo sie in der Bevölkerung Latakias eine starke Minderheit bilden, man findet sie aber auch in Antiochien, in der Türkei und im Libanon. Die Kurden leben vor allem in der Türkei, wo sie häufig mit den Aleviten gemeinsame Sache machen, außerdem im Irak, in Syrien und in Kurdistan.

Zaid, der Sohn von Ali Zain al-Abidîn (8. Jahrhundert), hat seinen Namen einer schiitischen Abspaltungsbewegung namens Zaiditen (oder Zaidismus) gegeben, der zweifellos bedeutendsten Bewegung im Schiitentum. Da sie gemäßigter sind als andere Sekten, haben ihre Anhänger viel Verfolgung erlebt und sind im gesamten Orient verstreut. Nachdem sie sich der Macht der Omaijaden verweigert hatten, gründeten die Zaiditen 893 ein Minikalifat in der Gebirgsregion des Kaspischen Meeres, im heutigen Tabaristan. Ein anderer Zweig des Zaidismus hat bis 1962 im Jemen regiert. Muslime, die in dieses Land reisen, können noch heute in der Hauptstadt Sanaa in einer zaiditischen Moschee beten. Die Zaiditen werden auf 8 Millionen Anhänger geschätzt, die heute überwiegend im Jemen leben.

Die Karmaten werden historisch als gewalttätige Sekte betrachtet, die zunächst im Irak aktiv war, bevor sie sich nach Syrien und in den Jemen ausbreitete. Sie hat ihren Namen von ihrem Gründer, Hamdân Karmat, dem *Betrüger*, der um 899 starb und ein beispielloser Propagandist war, ein *dâʿî*. In einem Gewaltstreich besetzte die Sekte im Jahre 930 Mekka, meißelte den Schwarzen Stein (*al-hadschar al-aswad*) heraus und brachte ihn für einige Zeit nach Bahrain, bevor er 950 wieder an Ort und Stelle eingesetzt wurde.

Die heute im Dschebel Drus, im Libanon, in Syrien und Jordanien ansässigen Drusen sind Anhänger der *taqiyya* oder des *kitmân*, was aber nur im Fall einer Krise oder eines Konfliktes gilt. Sind sie Schiiten oder Sunniten? Dies ist eine Frage, die man sich stellen kann, wenn man diese Sekte erklären soll, deren Zahl zwischen 100 000 und 200 000 liegt. Ihre Religion ist zum großen Teil esoterisch. Die Drusen glauben an Seelenwanderung und haben diverse Initiationsriten. Während sie der Ansicht sind, dass ihr Glaube initiatorisch ist und sie Anhänger des Unitarismus (*muwahhidûn*) sind, halten ihre Gegner – die sich unter Schiiten ebenso wie unter Sunniten finden – sie für häretisch und schismatisch. Auch heute noch ist ihre geheime und eigentümliche Frömmigkeit rätselhaft. Ihr Apostel ist der sechste Kalif Al-Hakim (gestorben 1021), ihr ursprünglicher Eponym ein Perser namens Hamza, der Namenspatron ein Türke namens Darazi, der Begründer der Lehre aber war Baha-Eddin Moktana.

Das extrem dichte Gewebe von Sekten, die aus dem Schiitentum entstanden sind, ihre Inspiration daraus entnommen haben oder damit verwandt sind, ist kaum zu entwirren. Andere Autoren haben diesem Thema ganze Anthologien gewidmet. Dennoch ist es angebracht, einige bekannte Namen zu erwähnen: die Bahai, die Babis, die Ahmadiyya, Ende des 19. Jahrhunderts im Pandschab entstanden, die Chodschas, Bohoras, Mustaliten, die Nizariten, Kadianiten, Lahoriten, die Sekten der maghrebinischen Bruderschaften und in Schwarzafrika, die *ahl al-haqq* (*Liga der Gerechten*) etc. Letztere zum Beispiel ist im gesamten kurdischen Raum aktiv, in Persien, der Türkei und in Syrien, außerdem in Indien und rund um das Kaspische Meer.

Heute kann man die Salafisten (von *salaf, Vorfahren*) als Sekte ansehen, die sich in möglichst gegenreformatorische Kleider hüllt, weil sie darauf abzielt, einen moralischen und besonders starren Islam wiederzuerrichten. Die Salafisten erkennen sich im orthodoxen Werk von Ibn Hanbal (9. Jahrhundert) wieder, im diesem nachfolgenden Werk von Ibn Taimiyya (13. Jahrhundert) und dem von Ibn Qayyim al-Dschauziyya (14. Jahrhundert), dessen Schüler.

Schließlich, um diese nicht vollständige Liste über Sekten im Islam abzuschließen, nenne ich eine heterodoxe Sekte, die weder sunnitisch noch schiitisch oder charidschitisch ist: die der Yeziden: Benannt nach ihrem mutmaßlichen Gründer Yazid (602–680), dem Sohn von Muʿawiya, (Gouverneur von Syrien und zweiter omaijadischer Kalif), hat sich die Sekte der Yeziden nach Kurdistan, Aleppo, Mossul, in den Kaukasus und Iran ausgebreitet. Mit einer unbestimmten Mitgliederzahl von 100 000–150 000 Menschen praktizieren die Yeziden einen Synkretismus, der streng genommen mehr Ökumene als Religion ist. Der Engel Pfau (*Tawûs*) ist von derselben Größe wie Allah oder der Prophet. Die Yeziden glauben fest an das Manichäertum der alten Sassaniden-Religion. Wie die Drusen sind auch sie Anhänger der Seelenwanderung, während ihre Rituale ein Patchwork aus christlicher Taufe, jüdischer Beschneidung, Fasten, mystischen Tänzen und Paganismus sind.

Kapitel 4

Welches sind die großen Dynastien des Islam?

Der Islam ist zugleich eine Idee und pragmatisch, ist Spiritualität und gleichzeitig politisch. Die bekannteste politische Einrichtung ist das Kalifat. Der Begriff *Kalif*, wörtlich *Der jemandem nachfolgt*, *Nachfolger* (des Propheten) wurde zuerst den vier Gefährten Mohammeds verliehen, die ihm direkt nachfolgten. Man nennt sie die *Rechtgeleiteten*, weil sie über viele Jahre mit dem Meister verkehrten: Abu Bakr (gestorben 634), Omar (gestorben 644), Uthman (gestorben 656) und Ali (gestorben 661). Später erlebte dieser Titel Höhen und Tiefen. Er wurde von großen Kalifen getragen, wie zur Zeit der Abbasiden, aber auch von Usurpatoren, die keinerlei religiöse Überzeugung besaßen. Auch sind zahlreiche Kalifen durch eine Palastrevolution an die Macht gelangt. Der Titel des Kalifen wurde 1923 aufgegeben und 1924 von Atatürk definitiv abgeschafft.

Um die politischen Bestrebungen des Islam zu verstehen, seine aktuelle Unfähigkeit, den spirituellen Islam vom theologischen Islam zu befreien, oder die immer noch bestehende Auffassung des heiligen Krieges als Dienst an Gott, der seit einigen Jahrhunderten obsolet ist, muss man sich mit der Geschichte seiner Dynastien beschäftigen. Die Art und Weise, wie sie organisiert und strukturiert waren, zunächst durch die Araber in Damaskus, dann durch die Perser in Bagdad, erklärt die Blockaden, die wir im Verlauf der Zeit ausmachen können, und erklärt auch die Überlagerung von politischer und religiöser Autorität. Von Anfang an bildete die Dynastie die grundsätzliche politische Struktur im Islam. Anders gesagt: Die Macht in der Religion Mohammeds war immer ein Legat, vom Vater auf den Sohn vererbt und im Rahmen ein und derselben familiären Linie über Jahrzehnte, manchmal über Jahrhunderte, weitergegeben. Die Dynastie ist fast so etwas wie der weltliche Rahmen des Islam, sein Königtum.

Ein erfolgreiches Königtum, wenn man das so sagen kann, denn das dynastische System – das heißt das Kalifat-System – hat sich in den 14 Jahrhunderten der Existenz des Islam über 12 Jahrhunderte hindurch gehalten. Manche Epochen waren glänzend, andere eher dunkel und blutig. Das Temperament des Kalifen, seine Fähigkeit, die Gesellschaft und seinen Machtaufbau zu lenken, bestimmten die Wirklichkeit ebenso wie die islamische Lehre, wenn nicht sogar deutlich mehr. Die Praxis setzte sich gegenüber der Theorie durch. Paradoxerweise war ohne den treuen Gehorsam gegenüber dem einen oder anderen Kalifen kein heiliger Krieg möglich, keine Übersicht, keine weitblickende intellektuelle Umsetzung, keine Erfindung.

Damals war die muslimische Gemeinschaft ebenso bunt zusammengewürfelt und pluralistisch wie sie es heute noch ist, einerseits durch die Ethnien, die sie bildeten, anderseits aufgrund geographischer Temperamente, Eigenarten und gesprochener Sprachen. Die Macht einer Dynastie bestand zunächst darin, die nationalen Charaktere zu vereinen, die sich häufig quasi wie Antipoden gegenüberstanden. Die kollektive Persönlichkeit des Islam hat dies nachempfunden, wobei die Dynastie die Gießform bildete, in der eine bestimmte Herrschaftsidee im Islam in einer Art Experiment ausprobiert wurde.

Die ersten Dynastien gründeten sich auf die Zugehörigkeit zur Familie des Propheten sowie den Anspruch, die Ebenen der Verantwortung, die spirituelle Ebene und die politische, vollkommen zu vereinigen. Unter den 82 großen Dynastien oder Familien, die im Islam regierten, habe ich etwa 20 ausgemacht, die den Islam von seinen Anfängen bis zum Fall des osmanischen Reiches wirklich geformt haben. Manche Dynastien hatten bis zu 60 Herrscher, andere nur vier oder fünf. Die beiden ersten Dynastien, die Omaijaden- und die Abbasiden-Dynastie, sind nach wie vor die sinnbildlichsten Dynastien des Islam.

Omaijaden und Abbasiden

Das Gesicht des Islam wäre anders, wenn diese beiden Dynastien, d. h. ihre politische Struktur, nicht derart mächtig gewesen wären. Worin liegt ihre Einzigartigkeit? Die Omaijaden-Dynastie (auch Umaijaden) benannte sich nach dem Stamm der Banu Umayya, mit dem sie sich identifizierte und aus dem Muʿawiya (um 605–680) stammte, der Sohn von Abu Sufyan, ihr erstes und gleichzeitig meistgefürchtetes Oberhaupt. Umayya ibn Schams, ein einflussreiches Mitglied des Stamms der Quraisch aus Arabien, gab damit seinen Namen der ersten muslimischen Dynastie, die die Religion Mohammeds von Andalusien über Nordafrika, Persien und Indien bis nach China verbreitete.

Die Omaijaden waren die privilegierten Vektoren einer typisch arabischen, arabisch-beduinischen und muslimischen Lebensweise. Es war das Privileg der Gefährten Mohammeds, dass ihre Macht zur selben Zeit politisch wie religiös war; sie ruhte in den Händen des Kalifen, der sie an seinen Großimam delegieren konnte. Die militärische Expansion wurde direkt von Damaskus aus geleitet. In dieser Stadt formte sich auch das religiöse Dogma. Die Dynastie der Omaijaden regierte etwas weniger als ein Jahrhundert, zwischen 661 und 750. In diesem Jahr wurde sie von der Abbasiden-Dynastie geschlagen, die die Hauptstadt des jungen Imperiums nach Bagdad verlegte. Als Hommage an das Werk der Omaijaden wird die große Moschee von Damaskus die Omaijaden-Moschee genannt. Tatsächlich gehen aber Bau und Ausschmückung auf den Anfang des 8. Jahrhunderts zurück, in die Zeit des Kalifen Al-Walid.

Die zweite muslimische Dynastie, die der Abbasiden, wurde also 750 proklamiert. Der ursprüngliche Namensgeber war Abul-Abbas As-Saffah (749–754), der sich ein Jahr zuvor selbst zum Kalifen ernannt hatte. Um ihre Autorität zu etablieren, begingen die Abbasiden einen echten Vatermord: Die Familie der Omaijaden, Herrscher in Damaskus, wurde innerhalb weniger Stunden geköpft. Aus diesem blutigen Massenmord wurde die abbasidische Dynastie geboren, gleichzeitig aber auch die omaijadische Dynastie im Westen, und zwar durch einen Überlebenden der Omaijaden, dem es gelang, dem Massaker zu entkommen. Die Abbasiden regierten sehr lange, bis 1258, dem Datum der Plünderung Bagdads durch mongolische Horden, aber ihre Macht und Gewalt wirkten nur im 8. und 9. Jahrhundert abschreckend. Ab Ende des 9. Jahrhunderts nämlich bildeten sich zu ihrem Schaden mehrere rivalisierende, ebenfalls persische, Dynastien. Die bedeutendsten darunter waren die Tahiriden von Chorasan (821–873), die

Samaniden von Balch (819–1005), die den Iran, Chorasan und Transoxanien besetzten, und die Sefawiden (1501–1732), die das Zwölfer-Schiitentum (*ithnâ ʿaschariyya*) durchsetzten.

Die Rivalität zwischen Omaijaden und Abbasiden hatte in den afrikanischen Territorien unerwartete Folgen. Es gelang einem Mitglied der Familie der Omaijaden, der das Massaker überlebt hatte, zunächst Ägypten, dann den Maghreb und schließlich Andalusien zu gewinnen, als es unter muslimische Verwaltung geriet. Sein Name war Abd ar-Rahman (731–788), genannt *Ad-Dâchil* (*Ankömmling*), weil es in der Region, in der er sich niederließ, keine familiären Vorfahren gab. Diesem Abd ar-Rahman, ein Sohn von Muʿawiya, gelang der Kraftakt, seine Herrschaftsansprüche in Andalusien anerkennen zu lassen. Er übernahm den Befehl über die *Schöne Provinz* und baute nach und nach die Anfänge einer muslimischen Gesellschaft des Westens auf, die von den Abbasiden, die als Herrscher in Bagdad regierten, vollständig unabhängig war. Nach Abd ar-Rahman I. regierten und bereicherten mehrere Omaijaden-Fürsten – Hischam, Al-Hakam, Abd ar-Rahman II. etc. – dieses weit entfernte Land des Islam. Unter ihrer Ägide erklomm der andalusische Islam die höchsten Gipfel der Kultur, der Architektur, der zivilen Organisation und des städtischen Gemeinwesens. Im Jahr 869, ein bis zwei Jahrhunderte später, wurde das Kalifat von Córdoba geboren.

Iraner, Mongolen und Türken

Am anderen Ende des Imperiums (*Mamlaka*) gingen schiitische Dynastien in Position. Zuerst mit den Ghaznaviden, einer Dynastie türkischen Ursprungs, die 999–1055 regierte, vor allem aber mit den Abbasiden, der ersten schiitischen Dynastie der Geschichte, die ihre Herrschaftsgewalt über mehrere Jahrhunderte verteidigte.

Im Iran angekommen, erbten die Ghaznaviden (977–1186) die glänzende Zivilisation, die ihnen von den Samaniden (819–999), ihren direkten Vorläufern, hinterlassen wurde. Die Wahrheit aber ist eigentlich, dass es der Stadt Chorasan gelang, ihr Gesetz und ihren Rhythmus sämtlichen Eindringlingen aufzuzwingen. Denn hier gab es eine

Zivilisation, die Tausende von Jahren älter war als der Islam. Als die beduinischen Araber die Stadt Chorasan besetzten, die Türken daraufhin den Staffelstab übernahmen und schließlich die Mongolen die gesamte Region vereinnahmten, war es jedesmal ein fruchtbarer und veredelter Boden, den sie vorfanden. Schließlich übernahmen die jeweiligen Besatzer diesen Staffelstab und wurden zu Verteidigern und Förderern der persischen Kultur.

Im 11. Jahrhundert, als die Abbasiden in Bagdad noch an der Macht waren, war der seldschukische Iran (1038–1194) auf seinem Höhepunkt. Ein König, Malik Schah (1055–1092), der Sohn von Alp Arslan, einem ebenfalls großen Herrscher, saß an den Schalthebeln einer Dynastie, die sich auf Kosten aller feindlichen Provinzen des Nordens und Westens bis nach Anatolien verfestigte. Aufgrund dessen wurde die Bezeichnung der Groß-Seldschuken eingeführt, nicht nur, um ihren Sinn für Taktik zu würdigen und für die Siege, die sie davontrugen, sondern vor allem wegen ihrer Liebe zu schönen Bauwerken, darunter vor allem Moscheen, zu Literatur und Wissenschaft.

Die Seldschuken umfassten Iraner und Türken. Der arabische Zweig fehlte dagegen praktisch ganz, ebenso wie der mongolische. Und es war ein Mongole, Dschingis Khan, der das Land 1220 und 1221 verwüstete. Damit wollte er eigentlich nur die Invasion in den Iran durch seine nach Blut lechzenden Truppen für seine Söhne und Nachfolger vorbereiten. Die bekanntesten waren Hulagu (ca. 1217–1265) und Tamerlan, wörtlich *der Lahme* (1336–1405). Beide verstanden es, gleichzeitig Krieg zu führen und Frieden zu konsolidieren. Auf der einen Seite bauten sie Städte wie Samarkand, auf der anderen Seite zögerten sie nicht, die schönsten abbasidischen Bauten zu zerstören.

Die Plünderung von Bagdad datiert von 1258. Nach einigen triumphalen Jahrhunderten wurde innerhalb von einigen Jahren aus der großen Staatsmetropole, noch kurz zuvor als *runde Stadt* bezeichnet, der Hauptstadt eines glänzenden Imperiums, ein Marktflecken zweiter Ordnung.

Die Dynastie der Osmanen (*ʿUthmâniyyûn*) wurde von Uthman oder Osman gegründet, der sich um 1299 herum von den Seldschuken unabhängig machte. Aber erst 1326 gelang es seinem Sohn Orhan, aus Bursa die Hauptstadt eines entstehenden Imperiums zu machen, das in der zeitgenössischen muslimischen Geschichte bis 1924 eine entscheidende Rolle spielen sollte. Ab 1420 konnte sich die osmanische Dynastie damit brüsten, über Geld, Städte, Bäder und vor allem aber über wunderbare Moscheen zu verfügen.

Das Imperium der Osmanen beginnt damit auf den Trümmern der Seldschuken im Osten und den Trümmern der almohadischen und mameluckischen Dynastie im Westen. Von da an eilten die Osmanen von Erfolg zu Erfolg, ihre Kriegstaten verbreiteten in Europa Angst und Schrecken. Noch heute ist die Erinnerung an die fürchterlichen Janitscharen (wörtlich *neue Truppe*, *Yeniçeri*), ein 1354 geschaffenes Armeekorps, in bestimmten, an die Türkei grenzenden Staaten sehr lebendig.

Im Jahr 1460 fiel Konstantinopel in ihre Hände, gefolgt von Mistras, Trapezunt und anderen Städten. Über zwei Jahrhunderte lang waren die Osmanen den meisten europäischen und orientalischen Königreichen überlegen; als sich dann das Debakel abzeichnete, gaben sie weit entfernte Provinzen wie Ifriquia, Tripolitanien und Ägypten ziemlich problemlos auf, worauf diese sofort besetzt wurden, von Franzosen, Italienern und Engländern.

Im 18. Jahrhundert bemächtigte sich eine fundamentalistische Bewegung der arabischen Region und zwang ihr ihre Lehre und ihre Ordnung auf: Diese Bewegung wird Wahhabismus genannt, zurückgehend auf ihren Gründer Muhammad ibn Abd al-Wahhab (1703–1792). Dieser Prediger ließ sich durch das rigoristische Werk von Ibn Taymiyya (1263–1328) inspirieren, der schon damals eine Rückkehr zu den grundlegenden Ursprüngen des Islam befürwortete. Eine solche Rückkehr aber konnte nicht vollzogen werden, weil der Islam – und vor allem die Muslime – sich zergliedert hatten, sogar was die göttliche Botschaft anging.

Maghrebiner und Andalusier

Die Dynastien im Maghreb (*Sonnenuntergang*) sind ebenso zahlreich wie ihre Pendants im Machrek (*Sonnenaufgang*), aber ihre Macht war weniger maßgeblich und vor allem weniger dauerhaft als die ihrer orientalischen Vorgänger. Die Ziriden in Tunesien regierten 973–1148. Die Banu Ziri lösten die Fatimiden in Kairo ab und gründeten eine glänzende Dynastie, die zunächst in Tunesien die Macht ergriff, bevor sie sich in den Maghreb und nach Andalusien hin ausbreitete. Der andalusische Zweig hatte eine geringere Lebensdauer: Er ließ sich Anfang des 11. Jahrhunderts in Elvira nieder, wurde aber vernichtet (1090), bevor er das Jahrhundert vollenden konnte.

In dieser Region der Welt waren die einzigen einflussreichen maghrebinischen Dynastien zwei Berber-Dynastien. Die Almoraviden waren Zeitgenossen der letzten Ziriden in Granada, dann setzte die Eroberung durch die ersteren den letzteren ein Ende. Aus dem arabischen *Al-Murâbitûn*, wörtlich *die Leute von Ribât*, einem kleinen Wehrkloster, erlebten diese mönchischen Soldaten ihren Aufschwung zunächst in Südmarokko, Mauretanien und im Senegal. Nachdem sie ganz Westafrika befriedet hatten und kontrollierten, lenkten sie ihre Expeditionen nach Norden. Die erste Stadt, die unter ihren Geldbeutel fiel, war Sigilmasa (1053). Ganze Regionen gerieten unter ihre Herrschaft, danach große Städte, schließlich wurde Marrakesch ihre Hauptstadt. All diese Eroberungen sind einem charismatischen Berberführer zuzurechnen, Yusuf ibn Taschfin, dem seit 1068 die Großtat gelang, ein Imperium zu gründen, das sich über den gesamten Bereich erstreckte, von Marrakesch bis Fes (1069). Nachdem er seine Macht erweitert hatte, besetzte er den westlichen Teil Algeriens, dann, das Mittelmeer überquerend, Toledo (1085) und Badajoz zum Zeitpunkt der Schlacht von Zallaca (1086). Als er sein Ende nahen fühlte, kehrte er nach all diesen Schlachten nach Marrakesch zurück, wo er 1106 starb.

Sein Sohn Ali ibn Yusuf nahm die Sache sofort wieder auf. An der Spitze eines gewiss machtvollen Imperiums hielt er die Zügel allerdings zu straff, um sich dauerhaft halten zu können. Nachdem sie also große Reichtümer angehäuft hatte und durch den Kontakt mit andalusischen und maghrebinischen Stadtbewohnern selbst urban geworden war, verfiel die almoravidische Dynastie langsam. Noch vor dem Tod Ali ibn Yusufs 1143 begann sich die almohadische Dynastie, der Rivale, als moralische Alternative zur Altersschwäche der Almoraviden durchzusetzen. Diese neue Dynastie wurde Almohaden genannt (*Al-Muwahhidûn*), wörtlich *die Unitarier*, aus dem arabischen Wort *tawhîd*, *göttliche*

Einheit. Ihr Anführer war ein Berber aus Sousse namens Ibn Tumart (um 1080–1130), der sich 1121 selbst zum *Mahdi* proklamierte, weil er das ganze muslimische Imperium dieser Zeit bereist und eine gewisse Korankenntnis erworben hatte. Als überzeugender Kanzelredner war er bald umgeben von Schülern und Predigern, die er bis zur Weißglut treiben konnte. Er benötigte etwa 10 Jahre, bevor er seine Soldateska gegen die Dynastie der Almoraviden warf, vor allem gegen deren Hauptstadt Marrakesch. Nach einigen großen Erfolgen im Atlasgebirge brachte sein Tod 1130 seine rechte Hand und seinen Nachfolger, Abd al-Muʾmin, an die Macht. Dieser führte die Almohadendynastie aus der Existenz als revolutionäre Splittergruppe in einen organisierten und strukturierten transnationalen Staat. Dies war das Geheimnis seiner späteren Siege, vor allem in Andalusien, und das Geheimnis der Konsolidierung seines Imperiums im gesamten westlichen Maghreb.

Die Nachfolger von Abd al- Muʾmin, zwölf an der Zahl, waren meist Mäzene und gebildete Leute. Abu Yaʿkub Yusuf al-Mansur (1163–1184) zum Beispiel verstand es, den urbanen Geist des andalusischen Islam zu bewahren. Er verschönerte seine Hauptstadt Sevilla, baute den Alcázar und umgab sich mit einer großen Anzahl von Gelehrten, darunter Ibn Tufail (lateinisch Abubacer), Ibn Ruschd (Averroes) und Ibn Zuhr (Avenzoar). Er starb 1184 bei der Belagerung von Santarém, das in der heutigen Region Ribatejo in Portugal liegt. Sein Werk der Verschönerung wurde durch seine unmittelbaren Nachfolger fortgeführt, darunter auch sein Sohn. Sie alle machten aus Marrakesch eine der angesagtesten Destinationen dieser Zeit, auch wenn die Reaktion der traditionellen Milieus ihre Macht lange Zeit untergrub.

Es war auch die Zeit, in der die Werke von Averroes öffentlich verbrannt wurden, bevor der Autor kurz vor seinem Tod Rehabilitierung erfuhr. Und es war die Zeit der Verzerrungen mit den anderen religiösen Konfessionen. So verließ Maimonides (1135–1204), der größte jüdische Gelehrte dieser Zeit, Andalusien, um vor den Almohaden zu fliehen, ging zunächst nach Fes und dann nach Palästina, bevor er sich in Kairo niederließ, wo er am Hof des fatimidischen Sultans das Amt des Hofarztes bekleidete.

Doch nachdem er den heutigen Maghreb bis zu den äußeren Grenzen Ägyptens erobert hatte, nachdem er die Normannen aus Sizilien vertrieben und das spätere Mallorca unterworfen hatte, konnte der letzte Almohadenfürst, Muhammad an-Nasir, der christlichen Macht keinen Widerstand entgegensetzen. Unter seiner Herrschaft fand am 16. Juli 1212 die große Schlacht von Las Navas de Tolosa am Fuße der Sierra Morena statt, die den Beginn der Rückeroberung des andalusischen Spanien durch die Katholischen Könige von Aragón, Kastilien und Navarra darstellt: die sogenannte Reconquista.

Ein Wort noch zur marokkanischen Dynastie der Mariniden, die sich gegen die Almohaden durchsetzte, indem sie Städte wie Meknes (1244), Fes (1248) und Marrakesch (1269) eroberte. Als glänzende Dynastie widmeten sich die Mariniden vor allem der Bereicherung und Verschönerung der imperialen Städte ihres Reiches innerhalb ihrer geographischen Grenzen. Danach begannen die beiden größten maghrebinischen Dynastien, in ihrem Ursprung sunnitisch und berberisch, zu bröckeln, um einer Vielzahl von religiösen Familien Platz zu machen, die den heutigen Staaten ihre Umrisse verliehen: Die Hafsiden in Tunesien, die Abdalwahhiden in Tlemcen, die Mariniden in Fes etc.

Wie soll man die Dynastie der Nasriden bewerten (1237–1492), deren Hauptwerk, die Alhambra, ein bleibendes Beispiel ihrer Schönheit und Raffinesse ist? War sie eine große Dynastie oder war sie keine? Und was ist über die Vielzahl der kleinen Königreiche zu sagen, die *Reyes de Taifas* (*Mulûk at-tawâʾif;* auch *Parteikönige*), die sich seit dem 11. Jahrhundert an der Verbreitung der muslimischen Macht in Andalusien beteiligt hatten und gleichzeitig große Kenner der politischen Spielarten, der Kunst, Literatur und Philosophie waren? Im Nachhinein kann man sagen, dass die kleinen Dynastien immer die offiziell im Islam nicht auffindbare religiöse Pluralität repräsentiert haben. Tatsächlich hatte eine kleine Dynastie, die weder eine Oppositionsvereinigung noch ein Rebellenparlament darstellte, die privilegierte Rolle, einen weniger doktrinären Islam zu vertreten als die Dynastie der zahlenmäßigen Mehrheit. Ihre taktische Positionierung führte sie dazu, mit Formen der Umgänglichkeit zu experimentieren, die in den Augen der Orthodoxie nicht mehr machbar waren.

Eine solche Geschichte der muslimischen Dynastien hat nur in dem Maße Sinn, wie es dem Leser von heute gelingt, den Geist zu durchdringen, der zu der Zeit herrschte, als der Islam der Bestimmer gesellschaftlicher und politischer Praktiken war. Außerdem wurde der Kalif anfänglich unter den qualifiziertesten Theologen ausgewählt, mit Ausnahme der Mamelucken, den früheren ägyptischen Sklaven, die zwischen 1250 und 1517 Sultane waren. Der Kalif symbolisierte gleichzeitig das Weltliche wie das Zeitlose, war König vor den Menschen und Untertan vor Gott. Über dieses doppelte Amt hinaus hatte er die Aufgabe, die von seinen Armeen angehäuften Reichtümer zu verteilen. Die Errichtung von Moscheen war eins seiner Vorrechte, so wie zunächst alle Dynastien durch ihren Eifer in Erscheinung traten, Kultstätten zu bauen. Dorthinein legten sie ihre Energie und ihr Vermögen. Wenn der Souverän im Bereich der Künste oder Literatur versiert war, achtete er darauf, dass der Bau der Moschee von einer Medresse und einer Bibliothek begleitet wurde. In manchen Fällen bestand die herausragende Tätigkeit solcher Herrscher darin, in vorteilhafter Weise im wissenschaftlichen Fortschritt und in der Verbesserung der Lebensumstände miteinander zu wetteifern. Mit Sicherheit wäre die Physiognomie des Islam heute nicht die, die wir kennen, wenn die dynastische Investition nicht eine vorrangige Priorität der Herrscher und ihrer diversen Klientel gewesen wäre. Ohne religiöse Dynastie und insbesondere ohne diejenige Dynastie, die an den Geist der Eroberung glaubte, wäre der Islam heute nur ein Glaube unter anderen, ein Glaube, der regional begrenzt wäre auf die Hedschasebene und vielleicht den Jemen.

Kapitel 5

Die biblischen Propheten

Von Anfang an präsentierte sich der Islam als Religion, in der man einen einzigen Gott verehrt. Dieser strikte Monotheismus aber hatte sich über die lange Geschichte der Prophetie hindurch manifestiert. Deshalb führt der Islam in den Augen der ernsthaftesten Muslime die Botschaft der göttlichen Einheit weiter, so wie sie als Bekenntnis durch die großen Propheten verbreitet wurde, die Mohammed vorausgegangen sind und ihn in gewisser Weise nach sich gezogen haben. Häufig ist die Rede von den *Boten*, die, zu verschiedenen Völkern gesandt, niemals aufgehört haben, sie die Geheimnisse des Glaubens und das göttliche Versprechen zu lehren. Dies ist der Bund des Korans, der der Ewigkeit vorausgeht und den die Araber *mithâq* nennen. Er vollzieht sich allein dadurch, dass man dem Heiligen Buch zuhört, in dem Wissen, dass es die Kontinuität der alten Botschaften und ihre Aktualität in der jeweiligen Epoche und im jeweiligen Zyklus für sie übersetzt. Die muslimische Lehre stellt lediglich fest, dass die Botschaften Gottes, die durch die bei der Ankunft Mohammeds bereits existierenden Kulte repräsentiert waren, sich mit der Zeit verzerrt haben und dass sich deshalb in jeder neuen Epoche ein Prophet von neuem als nützlich und sinnvoll erweist.

Der Koran erwähnt den Begriff des Bundes auf folgende Weise:

> *Und als wir von den Propheten ihre Verpflichtung entgegennahmen, und von dir, und von Noah, Abraham, Moses und Jesus, dem Sohn der Maria. Wir nahmen von ihnen eine feste Verpflichtung entgegen* (Sure 33, 7).

Die biblischen Propheten und besonders die großen Gestalten der Bibel werden in über 200 Koranversen erwähnt. Natürlich kommen Adam und Eva, Noah, Abraham, Moses und Jesus vor, aber auch Schuaib,

David, Eliah, Enoch, Hud, Idris, Johannes, Johannes der Täufer, Hiob, Jonas, Joseph, Salih, Saul, Zacharias und Maria, die einzige im Koran zitierte Frau der Bibel. Auch die Bezüge zur Thora und zu den Evangelien sind sehr zahlreich. Jeder genannte Prophet hat einen arabischen Namen: Jesus heißt Isa, Abraham heißt Ibrahim, Noah ist Nuh, Jonas heißt Yunus, David wird zu Dawud und Salomo heißt Sulaiman.

Einer der beredtesten Verse zu diesem Thema ist der folgende:

> *Wir haben dir (Offenbarungen) eingegeben, wie dem Noah und den Propheten nach ihm: Abraham, Ismael, Isaak, Jakob und den Stämmen, Jesus, Hiob, Jonas, Aaron und Salomo. Und dem David haben wir einen Psalter gegeben* (Sure 4, 163).

Ebenso im Koran erwähnt sind die gottlosen Städte Sodom und Gomorrha, Noah und die Sintflut und die Ruinen bestimmter, im Alten Testament genannter Volksstämme. Die alten Legenden bieten dem Koran reichhaltiges Material. Wie ich bereits oben erwähnte, ist Maria eine der vier Frauen, die im Islam am meisten verehrt werden, zusammen mit Asia, der Frau des Pharaos, Chadidscha, der Frau des Propheten, und Fatima, seiner Tochter.

Adam und Eva

Adam genießt im Koran einen guten Ruf. Gemäß einem göttlichen Bund ist Adam, aus Erde geschaffen, Treuhänder von Gottes Geist und damit sein Stellvertreter (*chalîfa*), *Und er lehrte Adam alle Namen* (Sure 2, 31). Er hat sich vor Allah (in der Bibel: vor Gott) niedergeworfen, in einem Augenblick, in dem der Teufel ungehorsam war. Als Belohnung sagte Allah: *Adam, verweile du und deine Gattin im Paradies, und esst uneingeschränkt von seinen Früchten, wo ihr wollt! Aber naht euch nicht diesem Baume, sonst gehört ihr zu den Frevlern* (Sure 2, 35).

Doch der Teufel führte sie in die Irre und das Paar sah sich aus dem Paradies vertrieben. Nachdem er den himmlischen Garten verlassen hatte, bereute Adam seine Fehler, da Gott wollte, dass es so sei (Sure 2, 37–38; 20, 117–126). Die biblische Geschichte der Vertreibung aus dem Paradies wird im Koran in extenso und vielfach wiederaufgenommen.

Sicherlich ist dies eins der Kriterien für die Toleranz des Islam. Demgemäß, wie man weiß, stehen Adam und Eva ganz am Anfang der gesamten Menschheit, wie man in Sure 4, Vers 1 nachlesen kann:

> *Ihr Menschen, fürchtet euren Herrn, der euch aus einem einzigen Wesen geschaffen hat; und aus ihm das entsprechende andere Wesen, und der aus ihnen beiden viele Männer und Frauen hat sich ausbreiten lassen! Fürchtet Gott, in dessen Namen ihr einander zu bitten pflegt, und die Blutsverwandtschaft. Gott passt auf euch auf.*

Dieselbe Vorstellung findet sich noch einmal in Sure 39, Vers 6.

Kain und Abel

Die beiden Söhne von Adam und Eva lassen sich als Habil und Kabil in einer Koransure erahnen (Sure 5, 27–31), wo deren Geschichte, insbesondere das Verbrechen Kains, geschildert wird, jedoch wird keiner der beiden namentlich genannt.

Abraham, Vater der Nationen

Was bei Abraham, dem Vater der Vielen (aus *Abram* oder *Avraham, erhabener Vater* und *Ahnherr* der semitischen Nachkommenschaft), am meisten ins Auge fällt, sind das außergewöhnliche Epos seines Lebens und vor allem seine Berufung, Gründervater des Monotheismus zu sein, und zwar in der Form, wie wir ihn heute noch kennen. Da Abraham niemals als Legende betrachtet wurde, sollte man vielleicht damit beginnen, ihn vor allem mit Blick auf die Verkettungen seines langen Lebens, auf seine Wanderungen – er war Halbnomade – und auf seine großen Taten genauer zu betrachten, die wahrhaften Herkulestaten ähneln. Seine Lebensdauer ist ganz außergewöhnlich und scheint allem widerstanden zu haben. In dem Augenblick, als die unfruchtbare Sarah akzeptiert, dass er sich in der Person seiner eigenen Sklavin Agar (oder Hagar) eine zweite Frau nimmt, ist Abraham bereits 86 Jahre alt, irgendwo zwischen dem 20. und dem 15. Jahrhundert v. Chr. In dieser Zeit aber überstieg die Lebenserwartung mit Sicherheit keine 40 oder 50 Jahre. Selbst unter der Annahme, dass es ein Vorrecht der großen Weisen war, länger als gewöhnliche Sterbliche zu leben, und dass sie eine Samenkraft besaßen, die außer der Norm lag, ist es doch schwer zu glauben, dass Abraham 13 Jahre später noch einmal mit einem Kind, Isaak, beschenkt wurde, dieses Mal von seiner legitimen Frau Sarah, die wieder fruchtbar geworden war.

Noch später erhielt Abraham den Befehl, bei seiner gesamten männlichen Nachkommenschaft die Beschneidung vorzunehmen, was zur Einführung eines Ritus führte, der bis in unsere Tage hinein strengstens beachtet wird. Dies war sein großes Werk, die Handlung, die ihn am längsten überlebte.

Das Buch Genesis ist in Bezug auf die Taten Abrahams unerschöpflich. Die Geschichte, die sich auf die Opferung von Isaak bezieht – bei den Arabern: Ismael – ist eine der unglaublichsten. Wie in einer Tragödie wird von Abraham verlangt, seinen so sehr ersehnten Sohn zu opfern, um Gott von seiner Liebe und Unterwerfung zu überzeugen. Das fast hollywoodreife Herabsteigen von Dschibril (Gabriel), dem Engel, der bei allen heiklen Missionen auftaucht, rettete ihn; der Engel hatte ein Schaf bei sich, das der liebende und gehorsame Vater anstelle seines eigenen Kindes opfern konnte. Es ist genau dieser Aspekt von Abraham: Abraham, wie er feierlich sein Kind opfert, Abraham, wie er sich ein Wortgefecht mit Gott liefert, Abraham, wie er den Herrn beschwört, die Übel zu beenden, mit denen die Menschheit geschlagen ist – dieser Abraham zog die Aufmerksamkeit der Volksdichter im gesamten Mittelalter auf sich und wurde von Malern und Künstlern vielfältig dargestellt.

Im Jahr 1550 bot Théodore de Bèze (Theodor Beza) mit seiner biblischen Tragödie *Abraham sacrifiant* (*Der opfernde Abraham*), in der ein Teil der Mysterien, die man Abraham in jener Zeit zuschrieb, verarbeitet wurde, eine überzeugende Darbietung in Lausanne. Abgesehen von den der Bibel entnommenen und im Koran aufgenommenen Bildern und Erzählungen kann man eine ganz andere Frage stellen: Haben die sieben Weltwunder der antiken Welt, nach dem Muster des im Buch Genesis (Gen. 11, 1–9) genannten Turms von Babel, wirklich existiert, oder war es nicht vielleicht ein alter, geläufiger Mythos, der obsolet geworden war und dem die Luft ausging angesichts der modernen methodologischen Archäologieforschung und wissenschaftlichen Prüfungen?

Auch im Bereich der Theologie erscheint die Figur von Abraham ziemlich verspätet. Erst zu Beginn des Neuen Testaments wird die spirituelle Abstammung erwähnt, die Christus, den Erlöser, mit seinem Ahnen Abraham verbindet, genauer durch Johannes den Täufer und den Apostel Paulus, die so den Ausgangspunkt setzen für die monotheistische Filiation, auch abrahamitische Tradition genannt. Tatsächlich stellen alle alten Texte fest, dass der Vater der Nationen, Abraham, das Privileg hatte, einen vorweggenommenen Zugang zu einem einzigen Gott zu haben, und das, obwohl er in Harran geboren worden war (zwischen Ur, der Chaldäerstadt, aus der sein Vater stammte, und Kanaan, dem Land seiner Predigten) und in Mesopotamien lebte, also aus heidnischer Umgebung stammte. Gemäß den alten Textquellen glaubt man, dass Abraham die Hethiter-Höhle von Makpela ausgewählt hat, um dort seine Frau zu beerdigen und an ihrer Seite die ewige Ruhe zu finden.

Salomo

Der *Nabi*, wörtlich *Prophet ohne Buch*, Salomo, den die Araber Sulaiman nennen, trat vor allem durch seine Weisheit und seine außergewöhnlichen Kräfte hervor. Die Tatsache, dass er zu den Tieren sprach, die ihn verstanden und ihm gehorchten (Sure 27, 15–45), gab ihm ein vertrautes und familiäres Gesicht. In den Augen der Muslime ist Salomo der Freund Gottes. Er setzte sich gegenüber den *Dschinn* und dem Wind durch, dem er gemäß einem Befehl Gottes (Sure 21, 81) gebot, als Sturm zu wehen. Er traf mit der Königin von Saba zusammen und bekehrte sie, und er sprach zum Wiedehopf. Bei dieser Gelegenheit wurde den Menschen die Magie offenbart, wie wir im Koran lesen:

> *Und sie folgten dem, was die Satane unter der Herrschaft Salomos vortrugen; nicht Salomo war ungläubig, sondern die Satane, indem sie die Menschen in der Zauberei unterwiesen. Und was auf die beiden Engel in Babylon, Harut und Marut, herabgesandt worden ward* (Sure 2, 102).

Was die Menschen anging, so gewann er sie mit der Gerechtigkeit, die er von Gott selbst empfangen hatte (Sure 21, 79) und von der er in seinen Urteilen Zeugnis ablegte. Die Salomonische Weisheit spielt auch heute noch eine große Rolle und lenkt die Entscheidungen der rechtschaffensten muslimischen Richter.

Moses und der Auszug aus Ägypten

Im Koran wird das mosaische Gesetz unverändert übernommen, ebenso wie die Speiseverbote, was durch die Opferkuh versinnbildlicht wird. Allerdings sind einige Varianten festzustellen, von denen nirgendwo sonst auch nur ein Sterbenswörtchen erwähnt ist. So wurden die ägyptischen Plagen, die offenbare Zeichen genannt werden, von 10 auf 9 verringert (Sure 17, 101). Die Geschichte der Ruten, die sich auf der Suche nach Beute in Schlangen verwandeln, wird detailliert geschildert. Dasselbe gilt für die Konfrontation zwischen Moses und den Magiern des Pharaos, aus der Moses als Sieger hervorgeht. Moses wird von Gott inspiriert, als er *sein Volk aus der Finsternis heraus ins Licht bringt* (Sure 14, 5). Für ihn und sein Volk ist eine besondere Erwähnung vorgesehen, so erinnert der Koran an die Fakten: *Und damals, als wir euch einen Weg mitten durch das Meer machten und euch erretteten und die Leute Pharaos ertrinken ließen, während ihr zuschautet* (Sure 2, 50). Der Auszug aus Ägypten wird in sieben Suren erwähnt; die Gesamtmenge der Verse, die sich auf Moses beziehen, zum Beispiel die Tötung der männlichen jüdischen Kinder, die Wunder vor dem Pharao, das Manna und die Wachteln, die Begegnung Mose mit Gott auf dem Berg Sinai, die Gesetzestafeln, das Land Kanaan, das Goldene Kalb und Gottes Bund mit ihm, übersteigt die beachtenswerte Zahl von 300 Versen. Am Ende ist die Stellung von Moses im Koran nicht weniger bedeutend als die von Abraham – beide gelten als größte Propheten des Monotheismus.

Jesus und Maria

Etwas Rätselhaftes umgibt die Anwesenheit Marias im Koran – die Araber nennen sie Maryam oder Lalla Meryem, bei den orientalischen Christen heißt sie natürlich auch Saidatina Meriem (Unsere Liebe Frau Maria). Maria wird sehr positiv beschrieben, als jungfräulich und unbefleckt. Sie symbolisiert die Botschaft eines wohlwollenden Gottes, der versucht, sie von der Bedeutung einer wunderbaren Geburt, der Geburt Christi, zu überzeugen. Viele Exegeten glauben, dass diese sehr herausragende Stellung zum Zeitpunkt der Offenbarung ein Zugeständnis des Propheten an die Gemeinschaft von Nadschran und die Christen Arabiens ist.

Das Bild, das der Koran von Jesus (*ʿÎsâ*) im Koran wiedergibt, ist extrem positiv, nicht nur, weil die Gestalt Jesu über 80 Mal vorteilhaft genannt wird, sondern auch, weil die Botschaft Christi im heiligen Text der Muslime in großen Zügen unverändert ausgeführt wird. Vor der Verkündigung unterhielt Mohammed Beziehungen zu Warraqa, einem entfernten Cousin, der Christ war. Und die Tradition berichtet, dass der zukünftige Prophet Kontakte zu den Christen Arabiens, den Monophysiten und Nestorianern, hatte, die ihn in die Weisheiten der Bibel eingeführt zu haben scheinen. Jesus, dessen Namen die frommen Muslime ableiten von *Sidna* (*unser Herr*), wurde mit Adam (Sure 3, 59) und anderen Propheten in Verbindung gebracht (Suren 2, 87 und 136; 3, 84; 4, 163). Nach der Salbung war er der Messias (*Al-Masîh*), im griechischen Sinne des Christos. In zahlreichen Suren und Versen findet man es so beschrieben: Suren 2, 87 und 253; 3, 45; 4, 157 und 171–172; 9, 30–31. In dieser Funktion ist er es, der die Ankunft eines Propheten namens Ahmad, also Mohammed, ankündigt (Sure 61, 6).

Die Geschichte seines Lebens schließlich wird in Sure 3, Vers 40–43 geschildert. Dort lesen wir:

> *Und als die Engel sprachen: Maria! Gott verkündet dir ein Wort von sich, dessen Name Jesus Christus, Sohn der Maria, ist! Er wird im Diesseits und im Jenseits angesehen sein.*

In der muslimischen Eschatologie gehört Jesus zu den Vertrauten des Herrn, des Gottes Allah, eine Tatsache, die durch die Erzählung von der Himmelfahrt des Mohammed (*miʿrâdsch*) bestätigt wird. Christus lässt die Menschen von der Wiege bis ins Alter seine Worte hören. Er wird unter den Gerechten sein.

> *Sie sagte: Herr, wie sollte ich ein Kind bekommen, wo mich kein Mann berührt hat? Er sagte: Das ist Gottes Art. Er schafft, was er will. Wenn Er eine Sache beschlossen hat, so sagt er zu ihr nur: sei!, dann ist sie. Und er wird ihn die Schrift, die Weisheit, die Thora und das Evangelium lehren. Und als Gesandter an die Kinder Israels: Ich bin mit einem Zeichen von eurem Herrn zu euch gekommen, dass ich aus Lehm etwas schaffe, was so aussieht wie Vögel. Dann werde ich hineinblasen, und es werden mit Gottes Erlaubnis Vögel sein. Und ich werde mit Gottes Erlaubnis Blinde und Aussätzige heilen und Tote lebendig machen* (Sure 3, 47–49).

Die Mission Jesu auf Erden war, die Gottlosen zu bekehren. Er war in der Lage, Wunder zu vollbringen, indem er Tote auferstehen ließ. Sein Talent bestand vor allem darin, die Zeichen, die Gott ihm übermittelt hat, verständlich zu machen. Die Schrift (*al-kitâba*), die Weisheit (*al-hikma*), die Thora (*at-tawrâh*) und das Evangelium (*al-indschîl*).

Doch ist der Islam der Ansicht, und in diesem Punkt unterscheidet er sich von Christentum, dass der Sohn Gottes nicht wie ein normaler Mensch hingerichtet werden konnte, und dass es aus der Perspektive eines guten Gottes eine himmlische Intervention gegeben habe, wie zu Zeiten des Moses und anderer Propheten. Die Muslime halten diese Hinrichtung (gemäß dem Islamwissenschaftler Gaudefroy-Demombynes) für „entehrend" und glauben, dass die Feinde Jesu ihn sicherlich töten wollten, der Herr aber für seine Rettung gesorgt habe, indem er ihn zu sich in den Himmel erhob.

Die anderen Gesandten

Etwa ein Dutzend Propheten werden im Islam als *kleine Gesandte* angesehen, weil sie kein heiliges Buch verkündeten und kein Glaubens- oder Denkschema einführten. Sie hatten eine ganz andere Funktion: Indem sie sich wortwörtlich in die Botschaft ihrer Vorgänger versenkten, konnten sie die Tradition an der Stelle, wo sie sich befand, festigen, ohne sie grundlegend zu verrücken oder in Frage zu stellen. Unter diesen *kleinen Gesandten* nennt der Koran David (Dâwûd). Er wird regelmäßig, mindestens 14 Mal in neun Suren, genannt, insbesondere in der 38., wo es heißt, dass David, als er begriff, dass er von Gott auf die Probe gestellt worden war, sich auf den Boden vor Gott niederwarf, bevor er durch seine erwiesene Reue auf den rechten Weg zurückkehrte.

Der Koran zitiert weiterhin Hiob (Ayyûb). Er erscheint in vier Suren: 4, 136; 6, 84; 11, 83–84; 37, 41–44) und wird häufig begleitet von Jonas (Yûnus), der sechs Mal genannt wird, sowie von Zacharias (4 Nennungen).

Außer der Tatsache, dass er einer Sure des Korans seinen Namen gibt (siehe unten), ist Joseph, der Sohn des Jakob, die Hauptfigur einer der einzigartigsten Geschichten des Heiligen Buches. Yûsuf, so sein arabischer Name, war von ganz zauberhafter Schönheit, so dass Sulaika, eine adlige Dame aus der Pharaonenzeit, in Liebe zu ihm entbrannte. Hier beginnt eine spannende Geschichte darüber, wie die beiden Liebenden sich suchen und einander folgen. Da er in 27 Suren des Korans genannt wird, entwickelte sich Joseph wohl oder übel zu einer starken Persönlichkeit der muslimischen Mythologie. Bis in unsere Tage hinein erzählt man sich seine Abenteuer und seine Verdrießlichkeiten auf den Märkten der großen Städte. Ein Epos, das übrigens nicht nach dem Geschmack aller Theologen ist, da sie das menschliche – insbesondere sexuelle – Element dieser Geschichte für eine Profanierung der Spiritualität des Korans halten (Suren 6, 84; 22, 4–102; 40, 34).

Noah (Nûh) ist ein vollkommener Prophet. Er hat im Koran dieselbe Funktion wie in der Bibel, wo er damit beauftragt wird, die menschliche Gattung vor der Sintflut zu bewahren. Die Bedeutung der Sintflut entspricht genau der Sichtweise des Islam.

Jakob (Yaᶜqûb) erscheint über 20 Mal im Koran, im Wesentlichen in Verbindung mit verschiedenen jüdischen Personen: Isaak, Moses, Aaron, David, Hiob, den Stämmen Israels. In Sure 12 wird Jakob häufig als Vater von Joseph genannt. Dieser letztere, der älteste Sohn des Jakob und Bruder von 11 Jungen, die ihn um seine Schönheit beneideten, erfährt im Koran eine besondere Behandlung. Sure 12, die seinen

Namen trägt, bezieht sich auf das Drama, das er mit seinen Brüdern erlebte: Wie er nach Ägypten geführt wurde, wie er verkauft und von der Familie des obersten Leibwächters aufgenommen wurde. In meinen Augen ist dies eine der schönsten Geschichten im Koran.

Auch Lot wird erwähnt, womit der Koran vor der Homosexualität warnen wollte, die als unmoralische Handlung angesehen wird (Sure 7, 80), sowie vor den Sünden, die damit verbunden sind.

Eliah (Ilyâs): der apotropäische Heilige wird in zwei Suren genannt: 6, 85 und 37, 123–130. Er nimmt im Koran eine ganz spezielle Funktion ein, weil er die Auferstehung der Toten ankündigt. Gemäß der Tradition hilft Eliah (oder Al-Chadir) den Seefahrern und Reisenden, die sich verirrt haben.

Noch weitere Propheten erscheinen ein bis zwei Mal im Koran, wie zum Beispiel Elisa (Al-Yasa^{c}) und Johannes (Sure 19, 4 und 12). Enoch wird oft mit Johannes dem Täufer gleichgesetzt (Suren 19, 56; 21, 85), manchmal mit Idris und Saul (Sure 2, 247–249), der bei den Arabern Talût heißt.

Genau wie bei den Propheten hält sich der Koran eng an das Wesen dieser biblischen Figuren und an die literarische Schönheit der Vorlage. Er hält sich auch an die grundlegenden Bücher, die Thora und die Evangelien, die von den Muslimen sehr geschätzt werden, als kraftvolle Werke voller Intuition, Ausgewogenheit und Weisheit. Diese Macht der Weisheit, die das Corpus des Korans bildet, wird an zahlreichen Beispielen veranschaulicht, wie zum Beispiel in der Geschichte von Salomo und der Königin von Saba, der berühmten Bilkis.

Weisheit und persönliche Moral

Da es in einem Koranvers heißt, dass *Weisheit und Macht* seine Attribute sind (*huwa al-^{c}azîz al-hakîm*; Sure 30, 27), beuten die Muslime ihr Heiliges Buch dementsprechend wie eine Goldmine und unerschöpfliche Quelle für ihr tägliches Leben aus. Tatsächlich gibt es in ihren Augen keinen einzigen Vers, der nicht versehen ist mit einer inneren Macht und einer konkreten philosophischen Lehre: Gastlichkeit, Ausgewogenheit, Weisheit, Ethik, moralische Erbauung, Solidarität, Großzügigkeit etc.

Der Koran warnt den Muslim:

Die Sucht, mehr zu haben, hat euch abgelenkt, dass ihr sogar die Gräber besuchtet. Nein! Ihr werdet wissen. Noch einmal: Nein! Ihr werdet wissen. Nein! Wenn ihr es doch sicher wüsstet! Ihr werdet bestimmt den Höllenbrand zu sehen bekommen. Noch einmal: Ihr werdet ihn sicher und deutlich zu sehen bekommen. An jenem Tag werdet ihr dann bestimmt nach der Wonne gefragt werden* (Sure 102, 1–8).

* (Anm. d. Übers.: In der Koranausgabe von Chebel heißt es: Der Weltstreit um die Mehrung lenkt euch ab, bis ihr die Gräber erreicht.)

Unter den *Weisen* firmieren in erster Linie die Propheten. Jeder große Prophet verfügt im Koran über eine Eigenschaft, die ihn von anderen unterscheidet. So sind die biblischen Propheten fromm, weise und gute Richter, geprägt von Menschlichkeit und Gerechtigkeit. Mohammed erbittet von Gott, gehorsam und gerecht zu sein.

Luqman, ein Weissager aus dem Land Moab und eine Figur, die eher legendär als prophetisch ist und von manchem Historiker mit Ahikar oder Balaam gleichgesetzt wird, verfügte über eine von Gott kommende Weisheit: *Und wir haben doch dem Luqman die Weisheit gegeben* (Sure 31, 12). All seine Eigenschaften sind folglich auch die Eigenschaften Gottes: er ist der Barmherzigste und Gnädigste (*Ar-Rahmân Ar-Rahîm*).

Die wahre Koranweisheit ist die, die sich auf objektive Begriffe wie Wahrheit oder Gerechtigkeit gründet, wie es in den Begriffen des *Wortes*, des *Willens* und der *Wahrheit* Allahs vielfach umgesetzt wird.

Bleibt der Mensch. Gemäß Koran ist er im göttlichen Entwurf vollständig enthalten. Bei jeder Erwähnung des Menschen kann sich der Leser von heute nicht erwehren zu erkennen, dass es sich um eine schlichte Umsetzung der Größe und Macht Gottes handelt, und dass der Mensch als dessen Paraphe auf Erden betrachtet wird. Wenn es um die Frage der Ethik geht, was sehr häufig vorkommt, so werden alle wichtigen, zu bewertenden Begriffe im Dogma ausführlich behandelt. Die Eitelkeit (Suren 4, 36; 31, 18), die Habgier (4, 37), der Spott, die üble Nachrede oder der Neid (49, 11 und 12; 113, 5), die Misshandlung des Armen und Waisen (2, 83 und 177) oder der Wucher (2, 274) werden ebenso verabscheut wie Satanskult, Paganismus, Polytheismus oder Unglaube.

Wenn die Geduld (Suren 2, 153 und 249; 8, 46), die Vergebung (16, 126; 4, 149), die Großzügigkeit (27, 40; 38, 9; 96, 3) und die Gastfreundschaft (2, 177 und 215; 4, 36) besonders gelobt werden, liegt dies daran, dass der Islam zuallererst die Verehrung eines einzigen Gottes mit Hilfe einer gesellschaftlichen Moral darstellt, welche Harmonie, Frieden, Respekt und individuelle Tugenden ebenso beinhaltet wie eine kollektive Ethik. Insgesamt kann man sagen, dass der Koran mit mehreren Tausend Bezügen auf gesellschaftliche und individuelle Ethik, auf die Familie, den Respekt zwischen den Generationen und die Philosophie der Nächstenliebe reichlich versehen ist.

Das Jenseits. Das Jüngste Gericht

Die Themenbereiche des Weltendes und des Jüngsten Gerichts mit ihren unmittelbaren Folgen, nämlich Hölle und Paradies, Satan und Engel, den paradiesischen Jungfrauen (*Huris*), erfahren im Koran unzählige und ausführliche Erläuterungen und noch mehr Zurechtweisungen und Warnungen. Der Gläubige wird vor den Gefahren gewarnt, die im Diesseits lauern und morgen im Jenseits von Bedeutung sein werden.

Unglaube, Polytheismus, üble Gedanken, unüberlegte Handlungen, all dies kann im Totenregister und in dem Augenblick, in dem die Seelen gewogen werden, ein Gegengewicht bilden. Die immanente Gerechtigkeit Gottes kann niemals fehlgehen, und jede Handlung, selbst wenn sie nur das Gewicht eines Atoms hatte, wird bewertet:

> *Und das Gewicht an jenem Tage ist die Wahrheit. Denen, die dann schwere Waagschalen haben, wird es wohl ergehen. Diejenigen aber, die leichte Waagschalen haben, sind dann ihrer selbst verlustig gegangen. Dafür, dass sie an unseren Zeichen gefrevelt haben* (Sure 7, 8–9).

Dieser Vorgang beinhaltet eine Befragung post mortem, eine Art Fegefeuer wie im Christentum, die Orientierung hin zum Paradies oder zur Hölle, den äußerst gefahrvollen Übergang über die geradlinige Brücke (as-sîrat al-mustakîm) und die Ankunft am Bestimmungsort. Wenn der Gläubige sich zum Paradies hin orientiert, wird er dort nur Annehmlichkeiten sowie körperlich-seelischen Komfort vorfinden, der wahrhaft der eines Gartens Eden ist. Unaufhörlich wird dies im Koran genau beschrieben: Flüsse aus Gold, aus Wein, Honig und Milch wird es geben. Amphoren werden gefüllt sein mit Wein, Moschus, Ingwer und anderen exquisiten Produkten. Die Bäume werden ihren Schatten auf die Rechtgläubigen werfen, deren Früchte ihnen zu Füßen fallen werden. In anderen Versen gibt es *ghilmân* (*Jünglinge, Pagen*), die sie bedienen. Die Männer werden von jungen Mädchen mit schwarzen Augen umgeben sein (*Huris*), die all ihre Wünsche erfüllen.

Dieser Zustand extremer Seelenruhe wird in der Terminologie des Korans als Paradies ausgedrückt, wobei das Wort selbst, *firdaus*, aus der antiken Pahlavi-Sprache stammt.

Im Gegensatz dazu wird die Hölle für denjenigen, der gesündigt hat, zum schreckenserregenden Ort, zum Gehinnom. Gigantische Kochkessel sind über einem riesigen Feuer aufgehängt, und in dieses kochende Wasser werden die Verstorbenen geworfen. Der Mensch ist aus Tonerde, während Satan aus Feuer besteht. Die Tonerde ist am Ende ihres Lebenszyklus, eines Zyklus, der nach himmlischer Vorgehensweise vorbestimmt und geregelt ist. Der Tod ist ein Fatalismus, *jede Seele wird ihn erleiden müssen* (Sure 3, 185), ein göttliches Privileg in sieben Versen. Doch der Mensch hat die Möglichkeit, die Art des Lebens nach dem Tod zu verändern, falls die endgültige Gewichtung seiner Taten für ihn günstig ausgeht. Diejenigen, die nach den festgelegten Regeln handeln, die nicht stehlen, nicht lügen, weder Arme noch Waisen noch schutzlose Frauen, weder Kinder noch Reisende oder Nachbarn berauben, und die stattdessen Almosen geben, ihren fünf kanonischen Pflichten nachkommen, im Körper sauber und in der Seele rein bleiben, diejenigen werden geradewegs ins Paradies gehen. Dort treffen sie die Märtyrer des Islam, die gestorben sind, um die Religion Allahs zu verteidigen, oder die für ein frommes Werk gestorben sind; sie treffen die gestorbenen Kinder im Limbus, und sie finden dämmrige Aktivitäten vor, die aus Erwartungen und paradiesischen Genüssen bestehen. Auf sehr subtile Art breitet der Koran die Vision für diejenigen, die ins Paradies gehen, wo sie Belohnungen ohne Ende finden, unendlich aus, gleichzeitig beschränkt er das Universum der Wesen, die der Hölle geweiht sind, beträchtlich. Diese Dualität wird schon bei der Vorstellung dieser beiden Orte ganz explizit dargestellt, für die einen schrecklich, für die anderen seligmachend.

Die Vorzeichen des Jüngsten Gerichts werden im Koran detailliert beschrieben, wobei jedes Detail bekannt ist, da der Koran aus der jüdischen und christlichen Tradition schöpft. So werden Gog und Magog losgelassen, zwei ruchlose Völker, die schon bei Ezechiel und in der Apokalypse genannt sind. Sie werden sofort von ihrem Berg herabsteigen (Sure 21, 96) und in die Stadt einfallen. Gog und Magog, die bei den Arabern Ya'dschûdsch und Ma'dschûdsch heißen, werden den Damm zerstören, den Alexander der Zweihörnige errichtet hatte, um sich vor ihnen zu schützen (Sure 18, 93). Ein anderes Zeichen aus der Apokalypse, ein schreckliches Untier, unförmig zusammengesetzt aus vielen Stücken wilder Tiere, wird ebenfalls erscheinen.

Dann kommt der Tag des Jüngsten Gerichts oder *Yaum al-qiyâma*, was etwa *Tag der Auferstehung* bedeutet. Nach dem Muster der Bibel schildert der Koran sehr deutlich die Phasen, die in diesen Fälligkeitstag münden. Die verwendeten Bezeichnungen sind schrecklich: Tag des Wehklagens, Tag der Abrechnung, Tag der Drohung. Für diesen Jüngsten Tag gibt es fast genauso viele Bezeichnungen wie für den Weg, der die Seele der Verdammten aus ihren Gräbern bis zum Ende der Zeiten führt.

Diese binäre Vision menschlicher Taten hat offensichtlich ein retroaktives Ziel: die Muslime dazu zu bringen, nur Handlungen zu begehen, die sie dem Paradies näherbringen, und Handlungen zu vermeiden, die sie davon entfernen; es ist eine Beruhigungspädagogik, die Wirkung gezeigt hat. Es gibt heute nicht einen einzigen, regelmäßig die Moschee besuchenden Muslim, der diese Last nicht verspürt. Das gilt auch für die Männer und Frauen, die unaufhörlich Vergebung erflehen und jeden Tag versuchen, ihre Seele zurückzukaufen, indem sie für Arme oder für die Moschee spenden.

Kapitel 6

Liebe und Nichtliebe im Islam

Der Islam ist mittlerweile eine umfassende Religion. Stellen wir uns ungefähr das Jahr 624 n. Chr. vor: In den letzten fünf Jahren ist das Hauptquartier des Propheten in Medina gewachsen, und die Neuigkeiten, die täglich zur Führungsspitze gelangen, bestärken seine Position. Um dem Aufwallen vorzugreifen, das er um sich herum spürt, ordnet der Prophet an, den ursprünglichen Moscheebau zu erweitern. Seit kurzem verfügt die Moschee über Bereiche, in denen zahlreiche Ratsversammlungen mit politischem Charakter stattfinden. Die Agora ist im Zentrum des Harems, die Architektur entwickelt sich stetig weiter. Man muss die Ehefrauen und ihr Gefolge gut unterbringen. Alles hat seine politische Bedeutung. Die bevorzugten Beziehungen, die der Prophet mit seinen Gefährten oder seiner weiblichen Entourage unterhält, werden wie wichtige politische Fakten ausgeforscht und analysiert.

Mohammed ist umgeben von vielen ihm nahestehenden Personen, darunter Gefährten der ersten Stunde, befreite Sklaven, Männer mit Erfahrung, Gläubige. Im Fall von unvorhergesehenen Schwierigkeiten unterstützt ihn der gesamte Clan, angefangen bei seinen Schwiegereltern. Man kennt Ali, Abu Bakr, Uthman, Omar, aber auch Bilal, seinen ersten Muezzin, Zaid, seinen Privatsekretär, und seine zahlreichen Schüler. Unmittelbar danach sind es die Frauen, die sich vor die Moschee drängen, denn alle großen Entscheidungen betreffen sie ebenso wie die Männer. Zwar ist Chadidscha vor sieben Jahren gestorben, doch wollen die anderen Ehefrauen eine Hauptrolle spielen.

Familie

Im 7. Jahrhundert spielt der Familienclan eine bestimmende Rolle, wie auch später noch. Der Prophet Mohammed möchte wie sein Onkel, sein Großvater und seine Schwiegersöhne eine Familie gründen und sich in eine Nachkommenschaft einreihen. Auch weiß er, dass ein Mann des Glaubens, selbst wenn er Prophet ist, in den Augen seiner Zeitgenossen den Lauf des Schicksals nicht beeinflussen kann, wenn er kein Patriarch ist und der Erfahrung eines Propheten nicht die Erfahrung als Vater eines Sohnes hinzufügt. Diese Legitimierung aber sollte dem Propheten fehlen. Er hatte ausschließlich Töchter, und viele davon starben früh. Was die Jungen angeht, so überlebte ihn keiner. Ibrahim, der Sohn von Maria, der koptischen Konkubine des Propheten, erreichte ein Alter von 15–16 Monaten. 630 geboren, starb er am 17. Januar 632, was diesen Tag zu einem Tag der Finsternis machte. Aus seiner ersten Ehe mit Chadidscha hatte Mohammed vier Töchter: Rukaya, Um Kuthum, Zainab und Fatima. Dank ihrer Heirat mit Ali, dem vierten *rechtgeleiteten Kalifen*, wurde Fatima berühmt, wie es heißt, trotz ihrer persönlichen Eigenschaften. Sie wurde nachträglich sogar in den Rang einer Heiligen erhoben, weil sie Hassan und Hussain gebar, die beiden männlichen Kinder Alis, die zu Beginn des Islam auf tragische Weise starben. Eine bisher kaum bekannte Tatsache ist, dass Mohammed die Verpflichtung eingegangen war, mit Chadidscha, seiner ersten Frau, in Einehe zu leben. Ihr verdankte er zwei entscheidende Veränderungen: zum einen die Tatsache, dass er aus der Einsamkeit und der anfänglichen Not herauskam und zu materiellem Reichtum und seelischem Wohlbefinden gelangte, und zum anderen ihre Gegenwart und standhafte Unterstützung während der Offenbarung: Sie glaubte an ihn und hielt ihn niemals für verrückt, so wie seine ersten Verleumder es taten.

Nach ihrem Tod trat Mohammed in die Polygamie ein, wie man ins Priestertum eintritt. Denn er war damit geschlagen, kein männliches Kind zu haben, das seine Botschaft hätte weitertragen können. Deshalb behielt er diese neue Form der Ehe bis zu seinem Tod bei.

Im Jahr 624 waren es noch nicht viele Ehefrauen, lediglich zwei:

Sauda bint Zamʿa und Aischa. Erst mit Beginn des Jahres 625 erweiterte sich der Harem des Propheten um neue Frauen, nicht weniger als 10, zum Teil Kriegsgefangene, Konkubinen oder Frauen in Ehen aus sog. „diplomatischen" Gründen, zum Teil Frauen, die Mohammed aus rein persönlicher Entscheidung geheiratet hatte. Mohammed wollte einen Sohn um jeden Preis. Jede neue Eheschließung wurde von der dem Propheten nahestehenden Gemeinde kommentiert und sofort in die Tafeln des *Hadith* eingetragen. Nachdem Maria, die Koptin, ihm schließlich den so sehr ersehnten männlichen Nachkommen Ibrahim geschenkt hatte, dieser aber starb, war es Mohammeds Ziel, mit über 60 noch eine weitere Ehe einzugehen und so die notwendigen Opfer zu bringen, damit diese letzte Verbindung fruchtbar sein möge.

Der Tod überraschte ihn in dem Augenblick, als er diese neuen Schritte unternahm. So hatte er keinen legitimen Nachfolger, sondern nur eine gekreuzte Nachfolge über seine Tochter Fatima, Frau Alis und Mutter von Hassan und Hussain. Das hemmungslose Vorgehen auf der Suche nach neuen Ehefrauen erklärt sich ausschließlich durch das Fehlen eines männlichen Erben. Für Mohammed, der seine Zuneigung den Enkelinnen und Enkeln schenkte, war dies ein starker emotionaler Aspekt.

Eine vielleicht apokryphe Tradition beschreibt Mohammed, wie er mit Hassan und Hussain spielt, indem er sie in seinen Mantel hüllt und mit Klappern unterhält. Ein anderer *Hadith*, der bei seiner letzten öffentlichen Rede geäußert wurde, lässt Mohammed sagen, dass er der Gemeinschaft der Muslime zwei kostbare Güter hinterlasse, den Koran und seine Familie. Aber nicht alle Theologen sind sich über die exakten Grenzen der Familie des Propheten einig, die der arabische Ausdruck *ahl al-bait* (*Die Leute des Hauses*) diskret umschreibt.

Ehe

Die muslimische Familie bewahrt bis heute einen Teil der Eigenschaften dieser mittelalterlichen Vergangenheit. In konservativen Staaten ist die Familie im Allgemeinen endogam, virilokal und polygam. Jedoch wird die Polygamie durch neue Familiencodices überall bekämpft oder limitiert, das neueste Beispiel hierfür ist das marokkanische Personenstandsrecht, die *Mudawwana.* Ein Hauch der Moderne weht über der muslimischen Familie. Wer diese Veränderung bestärkt, ist die Frau, wer sie bekämpft, ist der rückwärts gewandte Imam, der als *bewaffneter Arm* einer eingeschworenen Bruderschaft von Männern agiert, die ebenfalls häufig konservativ ist. Zwischen den beiden spielt sich ein heimlicher Kampf ab, der nur durch die Neuzusammensetzung der muslimischen Bürgerschaft beendet werden kann, durch den Übergang zur Kernfamilie und die Übernahme neuer Ehecodices.

Der Koran hat die Grenzen der rechtmäßigen und unrechtmäßigen Ehe definiert. Für den Fall, dass die Vereinigung mit einer Gläubigen unmöglich war, war es in den ersten Zeiten des Islam erlaubt, sich eine Heidin zu nehmen, mit der Absicht, sie zum Monotheismus zu bekehren. Auch andere Fälle werden genannt. Was die Polygamie angeht, so ist diese von einer ganz unerwarteten Art, es geht hier nämlich um die Wiederverheiratung mit derselben Frau. Bei dieser Konstellation ist es zunächst notwendig, dass diese einen anderen Mann heiratet, bevor sie für ihren ersten Mann wieder legitime Ehefrau werden kann. Dies nennt man eine freimachende oder *Entbindungsehe* (*zawâdsch al-hall*). Der Koran stellt sie folgendermaßen vor: *Und wenn der Mann entlässt, ist sie ihm künftig nicht erlaubt, bevor sie nicht einen anderen Gatten heiratet* (Sure 2, 230). Diese alte Sitte, im Koran ausführlich erläutert, hatte zu Zeiten Mohammeds den Zweck, mit der Verstoßung verbundene Missbräuche zu beschränken, ein Hoheitsrecht, das allein dem Mann zugestanden wurde und noch mehrere Jahrhunderte nach der Ankunft des Islam überlebte. Alle diese Fragen werden in der Rechtsprechung (*Fiqh*) und in der Theologie behandelt. Hier ist erwähnenswert, dass die beste Abhandlung über die Heirat und deren Konsequenzen auf Ghazzali (1058–1111) und sein Werk *Das Buch (des rechten Benehmens in) der Ehe* zurückgeht. Diese Abhandlung ist ein Auszug aus der *Ihyâʾ ʿulûm ad-dîn* (*Wiederbelebung der Religionswissenschaften*), einer gigantischen Zusammenfassung muslimischer Theologie, Moral, Doktrin und Mystik. Heute hat die Scheidung die Verstoßung ersetzt und ist im positiven Recht enthalten, außer in den Staaten, in denen die *Scharia* geltende Rechtsprechung ist.

Die unrechtmäßige Ehe verletzt die festen Regeln der Familie. Es ist demnach verboten, die Mütter, Töchter, Schwestern, die Tanten väterlicherseits und mütterlicherseits (*chalât wa ʿamât*), die Töchter der Brüder und die Töchter der Schwestern zu heiraten. Zwei Schwestern können nicht denselben Mann heiraten, und in der weitesten Fassung kann der Gläubige sich nicht mit einer Ungläubigen verbinden, solange sie dem Islam fernsteht. All diese Kategorien werden im Koran in Sure 4, Vers 22–23 zitiert. Weitere Gebote mit Bezug auf das Stillen (*ridâʿ*) werden befürwortet: Suren 31, 13; 46, 14. Das Stillen dauert ungefähr zwei volle Jahre (Sure 2, 233), allerdings ohne Verpflichtung für die Eltern, es ihrem Kind aufzuzwingen. Verbote gelten auch, wenn die Familienbande zu eng sind und bestimmte Personen untereinander gekreuzte Verbindungen eingehen wollen. Dies geht nur unter der ausdrücklichen Bedingung, dass keinerlei Blutsverwandtschaft besteht (*nasl*). Kann dann die Tochter einer weiteren Frau, die in einen Haushalt eingeführt wird, in dem der Sohn sich verheiraten will, diesen heiraten oder nicht?

Im Extremfall werden zwei Waisen, ein Junge und ein Mädchen, die aus verschiedenen Betten stammen und sehr früh durch dieselbe Familie adoptiert werden, quasi Bruder und Schwester, was sie daran hindert, sich zu verheiraten. In vielen Fällen jedoch können sie sich rechtmäßig verheiraten, immer unter der wichtigen Bedingung, dass sie nicht an derselben Brust gestillt wurden, weder bei der Adoptivmutter noch bei der Amme. Auch die wirtschaftlichen Bedingungen der Ehe werden behandelt. Darum besorgt, die Frau mit Rechten auszustatten, die sie zu Zeiten des alten Arabien nicht hatte, hat der muslimische Gesetzgeber die Vorschriften und Verpflichtungen verstärkt, die mit dem Pflichtteil der jungen Ehefrau verbunden sind, um sie vor den Launen des Ehemannes zu schützen. Diese Verfügungen heben sich deutlich ab gegen die Praktiken, die vor dem Islam gängig waren. Die Frau hatte keinen anderen Wert als ihre Fruchtbarkeit, und was die Ehestifter in erster Linie interessierte, war ihr Uterus, insoweit er fruchtbar war. Der Status der Mutter fiel positiv auf den der Ehefrau zurück, was seinerseits auf den Status der Frau abfärbte. Mittlerweile wird die Frau nach ihrer Persönlichkeit und ihrem menschlichen Potential beurteilt und nicht nur nach ihrem Körper.

Stellung der Frau

Die Stellung und die Rolle der Frau werden durch eine Reihe von juristischen Abhandlungen abgesteckt, deren Kasuistik manchmal an Besessenheit grenzt. Nehmen wir ein Beispiel, das bekannte Buch *Die Gärten der Tugendhaften*, verfasst von Scheich An-Nawawi (1233–1277), welches als einziges die Gedanken und Sinnsprüche der größten Scheichs der islamischen Tradition zu diesem Thema vereint. In dem Kapitel über Verhaltensweisen, die für Muslime nicht empfohlen werden, wird es als schlecht angesehen, eine Frau, die man nicht kennt oder die mit dem Inzest-Tabu belegt ist, also die Schwester, Stiefschwester, Halbschwester etc., mit Fleischeslust zu betrachten. Andere Verbote aber könnten wirklich der *Commedia dell'Arte* entnommen sein: so das Verbot für Männer, Frauen zu imitieren, das Verbot, Frauenperücken zu tragen oder sich die Haare flechten oder färben zu lassen.

Während also der Koran den Frauen durch seine Wertschätzung ebenso gewogen ist wie der Prophet, ist die Rechtsprechung, ob *Scharia* oder kollektive Mentalität, ihnen äußerst wenig gewogen. Das nicht offen zugegebene Ziel dieser Armada von Texten besteht darin, die Frau in einer dem Mann unterlegenen Rolle zu halten, unter dem Vorwand, dass dieser für ihre materiellen Bedürfnisse aufkomme. Diese Situation mag für die Vergangenheit gegolten haben, als die Arbeitsteilung die Frau voll und ganz auf ihre häuslichen Aufgaben festlegte, doch spricht die heutige Lage für eine bedingungslose Befreiung der Frau. Es ist wahr, dass die *Scharia* – als Religionsrecht – häufig in Form eines Zulieferers für die Parlamentstexte der wenigen muslimischen Staaten agiert, die einen zweckmäßigen Gesetzeskorpus erlassen haben. Die *Scharia* organisiert einen bedeutenden Teil des Privatlebens der Muslime, um nicht zu sagen, ihr intimes Leben. Noch heute und schon seit Mitte des 18. Jahrhunderts bildet dieses Religionsrecht, das dem Koran und seinen diversen konservativen Interpretationen entnommen ist, das Grundgesetz des Königreichs Saudi-Arabien, welches stark vom Wahhabitentum beeinflusst ist. Im Sudan und einem Teil Nigerias ist die *Scharia* ebenfalls in Kraft. Der Iran, eine religiöse Theokratie, hat sein eigenes, ein schiitisches Gesetzessystem. Das Bewusstsein und die Vorstellungswelt von Millionen Menschen auf der ganzen Welt sind in den engen Rahmen der *Scharia* eingemauert. Sie ist weiterhin ein konstanter Bezugspunkt für Teile der gemeinsamen Ideologie jeder Nation, beginnend bei der Erziehung und Bildung, beim Schulunterricht und beim gesellschaftlichen Leben.

Weit entfernt von der besänftigten Doktrin des orthodoxen Islam bestimmt der Salafismus (aus dem arabischen *as-salaf as-sâlih: die frommen Altvorderen*) die kollektiven Verhaltensweisen von heute lebenden Männern und Frauen. Diese sehr junge fundamentalistische Bewegung, die sich aus den Schriften von Ibn al-Dschauzi (1116–1200), Ibn Taimiyya (1263–1328), Muhammad ibn Abd al-Wahhab (1703–1792) und, uns zeitlich etwas näher, Sayyid Qutb (1906–1966) nährt, einem Mann, der zur ägyptischen Bewegung der Muslimbruderschaft gehörte, gründet sich auf eine strenge Interpretation der kollektiven Regeln im Islam. Der Salafismus zielt darauf ab, die alten Verhaltensweisen des Propheten Mohammed und seiner Gefährten, die in allen Bereichen als exemplarische Vorbilder gelten, sklavisch zu imitieren. Seitdem berührt der Salafismus alle Schichten der muslimischen Gesellschaft, auch in Staaten, die ihn offen bekämpfen. Die Verbreitung des Phänomens ist derart stark, dass die herrschenden Regime jeden Ansatz von Verfolgung aufgegeben haben (dies war der Fall in Tunesien und in der Türkei), in der Hoffnung, dass es sich langsam von selbst erledigen würde.

Da das salafistische Denken praktisch alle gängigen Verhaltensweisen geprägt hat, kommen die Frauen in Versuchung, in ihrer Geschichte nach teilweise sehr konstruierten Rechtfertigungen zu suchen, um zahlreiche, sie betreffende Rückschritte erträglich zu machen. Außerdem ist nicht selten zu beobachten, wie sogenannte moderne Frauen – Anwältinnen, Ärztinnen, Übersetzerinnen, Geschäftsfrauen – in einer spektakulären Bekehrung eine von den Männern auferlegte Verhaltensweise annehmen, die durch den für diese Rolle wie geschaffenen Wortführer, den Imam, vermittelt wird. Das Phänomen der Verschleierung der Frauen in den meisten arabischen Ländern unter wahhabitischem Einfluss ist ebenso spektakulär. Das Paradoxe daran ist, dass der Schleier eine der Gelegenheiten für die Frau ist, sich neue Rechte zu verschaffen (Autofahren, einen Beruf ausüben), die sie ohne den Schleier niemals errungen hätte. Ohne behaupten zu wollen, dass der Schleier in diesen Staaten die Bedingung für die Emanzipation der Frau ist, ist es doch unbestreitbar, dass es ohne dieses Tuch auf dem Kopf – dem Symbol für Bescheidenheit und Keuschheit – in vielen muslimischen Staaten heute für die Frau unmöglich wäre, auch nur die geringsten Rechte einzufordern.

Dies ist, natürlich neben dem Glauben, eine der Erklärungen dafür, dass die muslimischen Frauen dazu gebracht werden, sich dem dominanten gesellschaftlichen Modell anzunähern, nämlich dem der getrennten Erziehung und der starken Betonung der Geschlechtertrennung. Nachdem sie die Büros und Fabriken überschwemmt, die Universität erobert, das Reisen kennengelernt haben, entscheiden sich manche Frauen, den Schleier zu nehmen, womit sie ganz offenkundig dem Männervolk ausweichen, um sich in ihren Milieus nie bei einem Fehler ertappen zu lassen.

Polygamie

Obwohl die Polygamie nie ein Kennzeichen des Islam oder des Monotheismus war, wird sie mit dieser Religion in Verbindung gebracht, und das umso mehr, als der Islam niemals besonderen Eifer gezeigt hat, die Polygamie zu beseitigen. Der Koran, der die Polygamie toleriert und regelt, präsentierte sie aus gutem Grund als Ordnung, die gerechter und der bei den Beduinen des 5. und 6. Jahrhunderts gängigen sexuellen Anarchie vorzuziehen war. Ab dem 7. Jahrhundert ging die Polygamie nach und nach zurück.

Von Anfang an war die Polygamie im Koran auf höchstens vier Frauen festgelegt, zumindest für den normalen Gläubigen. Der Koran sagt klar und deutlich (Sure 4, 3):

> *Und wenn ihr fürchtet, in Sachen der Waisen nicht recht zu tun, dann heiratet, was euch an Frauen gut ansteht, zwei, drei oder vier. Wenn ihr aber fürchtet, nicht gerecht zu handeln, dann eine, oder was ihr besitzt.*

Dies wäre in den Augen Gottes besser.

Um diesen Vers zu verstehen, muss man ihn in seinen antiken Kontext setzen. Zur Zeit des heidnischen Arabien, das heißt vor der Ankunft des Islam, konnten die arabischen Potentaten so viele Frauen heiraten, wie sie wollten, und sie ohne weitere Maßgabe ebenso wieder verstoßen. Dieses feudale Verhalten war das fundamentale Gegenteil der Botschaft des Respekts und der Gerechtigkeit, wie sie im Koran gepriesen wurden und in Alltagssituationen angewandt werden sollten.

Obwohl explizit formuliert, ist die Interpretation dieses Verses über die Polygamie sehr unterschiedlich. Für die Gegner der Polygamie ist die Exegese des Verses verzerrt, denn statt der Frage, ob die Heirat eines Mannes mit vier Frauen eine triftige Begründung hat, behandelt der Koran ja lediglich die Frage in Bezug auf die tatsächliche Anzahl der Frauen, die nicht bei vier endet, sondern manchmal darüber hinausgeht. Tatsächlich wird durch diesen Vers jeder polygamen Verbindung die gerechte Behandlung aller Frauen auferlegt, sowohl bei der Versorgung mit lebensnotwendigen Gütern als auch beim sexuellen ehelichen Zusammenleben (*mabît*).

Die Gegner der Polygamie gehen in ihrer Lesart des Koranverses noch weiter. Sie sind der Ansicht, dass dieser Vers eine explizite Verteidigung der und Aufforderung zur Monogamie sei. Die Tatsache, dass der Koran die vollständige Gerechtigkeit des Mannes gegenüber allen seinen Frauen zum Prinzip erhebt, zeige in der Praxis, dass überhaupt kein polygamer Haushalt möglich sei. Folglich sei nur die Monogamie mit dem Koran kompatibel.

Doch die Verteidiger der Polygamie geben nicht nach. Denn statt die Offensichtlichkeit darzulegen, dass es physisch unmöglich ist, vier Ehefrauen in ausgeglichener Weise zufriedenzustellen, geht der Theologe in seiner Argumentation sogar gezielt dahin, die Natur dieser Kohabitation selbst als Beleg anzuführen. Das Werk von Muhammad Sayyid Sabiq ist in dieser Hinsicht sehr deutlich: „Die geforderte Ausgeglichenheit“, so schreibt er, „ist objektiv, messbar, und nicht subjektiv, insbesondere im Bereich der Zuneigung und des Verlangens (*al-mawadda wal-mahabba, wal-dschama*ᶜ), denn kein menschliches Wesen ist in der Lage, dies in angemessener Weise zu erfüllen.“ Mit einem Wort: Nur der Mann ist imstande, die Art der Liebe zu beurteilen, die er der einen und der anderen Ehefrau gibt, die sein Bett teilt. Und in dem Maße, wie die Liebe, das Verlangen und die Zuneigung unergründlich menschlich sind, werden sie als verborgene oder verschlossene Anlagen präsentiert. Der arabische Ausdruck, der sie als *al-ᶜadl al-manfî* bezeichnet, ist noch schlimmer. Man kann diesen Ausdruck übersetzen mit *Hoheitsrecht, unergründliches Recht* und auch, auf gewisse Weise, als *Exilrecht*, abgeleitet vom Substantiv *nafy, Verbannung, Exil.* Der offenkundigste Beweis für das intrinsische Ungleichgewicht, das diese Regelung zwischen den Ehefrauen bewirkt, ist das, was man *Aufhebung der Ausgeglichenheit* nennt und was unter bestimmten Umständen gilt, wie z. B. einer Reise des Ehemannes oder bei der Niederkunft einer Ehefrau. Es ist der Ehemann, der wählt, welche Ehefrau ihn auf der Reise begleitet, und er ist es, der bestimmt, welche Ehefrau die gerade unabkömmliche Ehefrau ersetzt.

Heute gibt das Zivilrecht in den meisten muslimischen Staaten der Frau die Möglichkeit, von ihrem Mann schriftlich den Verzicht auf weitere Ehefrauen zu verlangen. Die Realität aber ist noch unerbittlicher als bisher geschildert, denn wenn er diese Klausel respektiert, wird der Mann oft dazu gebracht, sein Verstoßungsrecht zu nutzen, ein Recht, das ihm seit Menschengedenken zugestanden wird, auch wenn die ersten leisen Töne von Persönlichkeitsrecht schon eine Bresche geschlagen haben.

So gibt es immer noch Gläubige, die es für notwendig halten, die Eheform der Polygamie aufrechtzuerhalten, und die nicht zögern, dafür so viele ausgeklügelte Argumente wie möglich zu suchen. Die Demographie spielt hier eine entscheidende Rolle, vor allem, wenn die eine oder andere Ehefrau Zeugungsschwächen zeigt oder wenn entdeckt wird, dass sie unfruchtbar ist. Das gängigste Argument ist das der angenommenen Veranlagung des Mannes für die Sexualität: „Die Anlage zum Koitus ist beim Mann natürlicherweise mehr entwickelt als bei der Frau“, schrieb kürzlich ein junger Internetsurfer auf den zahlreichen Seiten, die sich mit muslimischem kanonischen Recht befassen. Daher ist einer der Gründe, den die Verteidiger der Polygamie anbringen, dieser Unterschied in Neigung zur und Ausmaß der sexuellen Veranlagung bei Männern und Frauen. Nach Ansicht einer großen Anzahl archaischer Theologen ist die Frau, die im Alter von 20–45 Jahren einen begrenzten sexuellen Appetit hat, von einer anderen gefühlsmäßigen Veranlagung. Sie habe demnach eine züchtigere Natur und sei nur dann einverstanden, sich dieser Aktivität hinzugeben, wenn das Bedürfnis sich melde. Außerdem sei sie ab der Menopause widerspenstiger, sich dem Verlangen ihres Mannes hinzugeben, was für ihn eine Neuverheiratung rechtfertige.

Eine andere Erklärung ist noch perfider. Der Islam verbietet Männern wie Frauen strikt, sich einem sexuellen Leben außerhalb der Ehe hinzugeben (genannt *fuhsch, Lasterhaftigkeit, Ausschweifung*), Prostitution oder Konkubinat zu betreiben. Um also die *Keuschheit* des Ehemannes zu bewahren, hat er nur eine einzige Alternative, die darin besteht, eine junge Frau zu heiraten, statt Sex für sich selbst außerhalb seines Hauses zu suchen.

Für viele aber ist die Polygamie nur eine Wahnvorstellung. Obwohl sie von Anfang an in den Köpfen immer präsent war und bei starrsinnigen Frauen auch immer als Damoklesschwert fungierte, das direkt über ihren Köpfen hing, hat sie nie die Häufigkeit einer wirklich wirksamen Waffe erreicht. Sie ist ein zahlenmäßig extrem begrenztes Phänomen, und es liegt nur am psychologischen Einfluss, dass die Polygamie bis in unsere Tage in den meisten muslimischen Staaten aufrechterhalten wird.

Sehr lebendig ist die Polygamie in einigen Zirkeln finanzstarker Männer, so etwa an den meisten Prinzenhöfen in Saudi-Arabien und den Golfstaaten. Auch in Afrika ist sie sehr verbreitet, jedoch mit bestimmten Sitten und Gebräuchen, die vom normalen arabischen Schema abweichen. Man findet sie auch hier und dort in konservativen Milieus, vor allem auf dem Land und in bestimmten Familien aus Mali oder dem Senegal, die im Exil leben. Die allermeisten Frauen weigern sich heutzutage, Ehefrau Nr. 2 oder 3 zu werden, was mit dem Ehemann in einer ausdrücklichen Übereinkunft vorher verhandelt wird. Doch Gewohnheiten sind sehr zäh, und häufig akzeptieren junge Frauen mangels besserer Aussichten vorübergehend diese Situation und hoffen, ihren Ehemann aus dem Bett ihrer Rivalin abzuziehen.

Ehemänner und Ehefrauen

Die Fragen von Inzest, Zölibat, vorehelicher Keuschheit, Enthaltsamkeit und Ehebruch begleiten und stärken die männliche Autorität, ohne die Ehefrau all ihrer Rechte zu berauben. Der Koran hält sich weiterhin an das vorislamische Eherecht: Eine Frau wird nur durch ihre Rechte als Ehefrau zu einer Frau mit Rechten; eine Situation, die sich bis in unsere Tage hinein gehalten hat. Eines der Felder, die die militanten Feministinnen zu beackern haben, um ihren Kampf zu verstärken, ist die Unterscheidung zwischen Frau und Ehefrau, wobei letztere Privilegien genießt, die für erstere unzugänglich sind.

Doch die Moral ist wachsam. In den Augen der Korantradition ist ‚Ehefrau' ebenso wie ‚Frau' ein Synonym für Subversion, für Versuchung (*fitna*). Die Verse, die sich dieses Themas annehmen, sind sehr beredt:

> *Und sag den gläubigen Frauen, sie sollen ihre Augen niederschlagen und sie sollen darauf achten, dass ihre Scham bedeckt ist, den Schmuck, den sie tragen, nicht offen zeigen, soweit er nicht sichtbar ist, ihren Schal sich über den Schlitz ziehen und den Schmuck, den sie tragen, niemand offen zeigen außer ihrem Mann, ihrem Schwiegervater, ihren Söhnen, ihren Stiefsöhnen, ihren Brüdern, den Söhnen ihrer Brüder und ihrer Schwestern, ihren Frauen, ihren Sklavinnen, den männlichen Bediensteten, die keinen Geschlechtstrieb haben, und den Kindern, die noch nichts von weiblichen Geschlechtsteilen wissen. Und sie sollen nicht mit ihren Beinen schlagen und damit auf den Schmuck aufmerksam machen, den sie verborgen tragen. Und wendet euch allesamt wieder zu Gott, ihr Gläubigen! Vielleicht wird es euch wohl ergehen* (Sure 24, 31).

In Sure 2 mit dem Titel *Die Färse* oder *Die Kuh* wird eindeutig festgelegt, dass der Fleischesakt ein göttlicher Segen ist. Er wird von Gott nicht nur erlaubt, sondern sogar empfohlen. Der Koran sagt dazu: *Sie sind für euch, und ihr für sie eine Bekleidung* (Sure 2, 187). Ein prophetischer *Hadith* pflichtet dem bei: *Ihr habt Rechte über eure Frauen*, sagt Mohammed, *und eure Frauen haben Rechte über euch.*

Die Wechselseitigkeit zwischen den Geschlechtern, die dieser Vers untermauert, nimmt Bezug auf den Naturalismus, der in der Gesellschaft vergangener Zeiten üblich war. Im Übrigen steht dieser Vers in einem Kontext der extremen Mäßigung, denn es handelt sich hier um den Monat des gesetzlichen Fastens, *Ramadan*. Der Vers beginnt folgendermaßen: *Es ist euch erlaubt, zur Fastenzeit bei Nacht mit euren Frauen Umgang zu pflegen. Sie sind für euch, und ihr für sie eine Bekleidung. Gott weiß, dass ihr euch selber betrogen habt. Und nun hat er sich euch wieder zugewandt und euch verziehen* (Sure 2, 187). (Anm. des

Übers.: In der Koranübersetzung Chebels heißt es: dass ihr gegen euch selbst gehandelt [eure Wünsche beschränkt] habt.)

Ein liberaler Vers? Für die meisten Muslime steht das fest. Da diese Vorstellung fest verankert ist, können sie sich also bis zum Tagesanbruch dem Genuss des Fleisches ebenso hingeben wie dem des Essens und Trinkens. Hier gilt es den Kontext zu berücksichtigen, unter dem diese kanonischen Verfügungen erlassen worden sind. Das alte Arabien war kaum geneigt, seine Leidenschaften zu zügeln, und die Frau strebte im Grunde nach nichts anderem, als einem kulturell flatterhaften Mann zu gefallen. Vielleicht ist das der Grund dafür, dass der Koran den Männern folgende Art von Ermahnung gibt: *Selig sind die Gläubigen, […] (die) sich des Geschlechtsverkehrs enthalten, außer gegenüber ihren Gattinnen oder was sie besitzen […]* (Sure 23, 1 und 5–6). Wer darüber hinausgeht, gilt als Übertreter.

Die gesamte Bettkultur hat nur in dem Maße Sinn, wie sie sich in eine Regelperspektive einfügt, gemäß einer genauen und strikten Etikette, auf deren Bedeutung der Koran, der Prophet und vor allem die Tradition unaufhörlich hinweisen.

Verstoßung

Als direkte Folge der Polygamie ist die Verstoßung ein Beziehungstyp, der alle Reformen überlebt hat, trotz ihrer Altertümlichkeit und der Empfehlungen aller Frauenvereinigungen der muslimischen Welt.

Tatsächlich bleiben die männlichen Privilegien, ungeachtet aller Umstürze der letzten Jahrzehnte, exorbitant, in Bezug auf die Ehe wie auf die Verstoßung (*talâq*). Sie ist das alleinige Ressort des Mannes, auch wenn die *khûlu*ʾ (Forderung der Frau nach Scheidung) ein zaghafter Vorstoß zugunsten der Frau ist. Nur zwei muslimische Länder, die Türkei und Tunesien, haben diese Praktiken schon vor langer Zeit auf den Index gesetzt, gefolgt von Marokko, Algerien und dem Irak vor dessen Implosion.

Das Gewohnheitsrecht besagt, dass nur gesunde und reife Männer imstande sind, die berühmte Verstoßungsformel dreimal auszusprechen: *Ich verstoße dich, ich verstoße dich, ich verstoße dich.* Die Verstoßung durch einen Mann, der betrunken, wütend oder berauscht ist, ist nichtig. Der Mann, der alle legalen Rechte besitzt, kann sich gelegentlich Großherzigkeit erlauben, indem er zum Beispiel die Absicht, sich eine dritte oder vierte Frau zu nehmen, aufschiebt. Während die Fälle verschiedenartig und vielfältig sind, ist ihr Zweck immer dasselbe: Wie kann man den Mann durch eine Handlung befriedigen, die der Frau, wenn auch beiläufig, gleichermaßen zugute kommt?

So, wie die Dinge liegen, ist das alte muslimische Recht nicht reformierbar. Es muss durch ein Recht ersetzt werden, das von Sitten und Gebräuchen der Beduinen vollkommen befreit ist. Die Schwierigkeit, dies zu tun, ist sehr real, denn der Islam ist das Produkt einer Feudalgesellschaft, der des Hedschas, die mit ihren Riten und Praktiken den Rahmen des Familienrechts bereitgestellt hat.

Noch heute verstehen viele Imame nicht, dass der weibliche Anspruch ein durch und durch moderner Anspruch ist, eine Forderung der Zivilisation. In ihren Augen setzt eine weibliche Stimme, das weibliche Begehren, der weibliche Wille die ausdrückliche Zustimmung der Männer und, mehr noch, deren Engagement voraus. Diese Haltung, die sich auf strengste Moral gründet, verbietet es im Augenblick den Reformatoren, in einem Bereich, der immer noch das Revier der Imame ist, Risiken einzugehen. Doch gilt dies nur für die armen gesellschaftlichen Milieus und Milieus ohne Bildung.

Wir sind heute Zeugen einer sensiblen Evolution. Die Beschleunigung der Landflucht, die Verjüngung der Gesellschaft und die Übernahme von Werten aus der ganzen Welt, angefangen bei europäischen Werten, beeinflussen die Ehegepflogenheiten im Süden. Die europäischen und nordamerikanischen Muslime leben zwischen zwei Vorstellungswelten. Diese sich kreuzenden Welten beeinflussen die Ehewahl, die ihre Kinder oder sie selbst treffen sollen. Häufig gewinnt die Vorstellungswelt von „hier“, also die europäisch-amerikanische, die Oberhand über die von „dort“, dem Herkunftsstaat. Dies ist oft der Fall bei Mischehen, denn die weibliche Entscheidung erfolgt viel freier, die Wahl sowohl der Vereinigung als auch der Nicht-Vereinigung. In den großen muslimischen Städten wird das Muster einer gemeinsam vereinbarten Trennung zunehmend Realität, nur wenige Jahre nach der Einführung eines Familienrechts, das zwischen den Geschlechtern ausgewogener ist als früher. Dies konnte man bei der marokkanischen *Mudawwana* gut sehen, aber auch in Tunesien, der Türkei und sogar in Algerien. Die einzige Gefahr ist, dass der Fortschritt in all diesen Staaten durch eine gewaltsame Rückkehr der religiösen Fundamentalisten gestoppt wird.

Fleischliche Beziehungen

Der Islam regelt das Leben der Gläubigen bis in ihre intimsten Bereiche hinein. Nach Al-Buchari (810–870) hatte der Prophet bei einem Gespräch mit seinen nächsten Gefährten daran erinnert, dass der vollendete Mann derjenige sei, der sich vor der Vereinigung mit seiner Gefährtin Liebesspielen hingebe. Er soll liebevolle Worte sagen, Süßigkeit in seine Gesten und Blicke legen, mit einem Wort, er soll sie ebenso lieben wie begehren. Ibn Hazm (994–1064), der andalusische Rechtsgelehrte, legte fest, dass der Mann seine Frau während ihrer nicht-menstrualen Zeit mindestens einmal pro Woche befriedigen soll, wenn er dazu imstande ist. Damit gründete er sich auf einen Koranvers, der diese Regelmäßigkeit vorschreibt (Sure 2, 222): *Wenn sie sich dann gereinigt haben, dann geht zu ihnen, so wie Gott es euch befohlen hat!*

Andere Theologen teilen den Standpunkt Ibn Hazms. Asch-Schafiʿi (767–820) wird noch deutlicher: „In diesem Bereich unterliegt der Mann keinerlei strengen Verpflichtungen, weil es sich um ein Recht handelt, ebenso wie andere Rechte, die ihm zugestanden werden." Die Sitten sind in diesem Bereich tatsächlich sehr biegsam, denn sie lassen den Partnern die größte Freiheit. Die Theologen aber haben lange debattiert über dieses Thema, das in anderen Religionen als privat angesehen wird. Wie lange können eine Frau oder ein Mann vor dem ersten ehelichen Verkehr warten? Gängig sind vier bis sechs Monate. Eine große Anzahl Theologen war außerdem der Ansicht, dass der Mann das Bett seiner Ehefrau mindestens einmal alle vier Tage aufsuchen müsse, eine Häufigkeit, die unterlegt wird durch die Polygamie-Regelung, welche die maximale Anzahl der legitimen Ehefrauen auf vier festsetzt.

Wie bereits erwähnt, sollte die Besuchshäufigkeit des Mannes bei seinen Frauen absolut ausgeglichen sein. Im 14. Jahrhundert wurde diese Frage durch den sehr orthodoxen Ibn Taimiyya in seinen *Fatawas* beurteilt, wo er vermerkt, dass „die sexuellen Beziehungen entsprechend seinem Begehren nach ihr und den Möglichkeiten stattfinden sollen."

Schleier

Je nach Land trägt der Schleier verschiedene Bezeichnungen. Man nennt ihn *Hidschab* oder *Melaya* im Maghreb, *Chimar* in Ägypten, *Burka* im Jemen und in Arabien, *Tschador* im Iran, *Tschadri* in Pakistan und *Purdah* in Indien. Der weiße Schleier wird in Algerien *Haik* und in Tunesien *Safsari* genannt. Der *Nikab* bezeichnet das Tuch, das manche Frauen dem traditionellen Tuch hinzufügen und sich vor dem Gesicht anlegen. In den Vereinigten Arabischen Emiraten, im Sultanat Oman und bestimmten Regionen des Jemen und Saudi-Arabien wird der *Nikab* durch eine Ledermaske ersetzt. Der unverständlichste aller Schleier ist derjenige, der die Frau vollständig bedeckt, wie man es in Afghanistan, Pakistan, im Jemen und in Arabien sieht. Bis dahin bezeichnete *Burka* traditionell den Schleier in diesen Staaten Asiens und Arabiens, hatte aber keinerlei ideologische Bedeutung. Seit einiger Zeit hat sich der wahhabitische Einfluss auf die meisten Staaten des Nahen Ostens ausgedehnt, was eine Zunahme von Frauen mit sich brachte, die mit der *Burka* bedeckt sind. In Europa war dieses Phänomen vor noch nicht allzu langer Zeit lediglich in England zu sehen, weil die dort übliche getrennte Entwicklung der religiösen Gemeinschaften es gestattete und praktisch rechtfertigte. Mittlerweile sieht man die Burka häufig in Belgien, Frankreich und weiteren europäischen Staaten; es ist ein überraschendes Bild, diese Frauen unter der Burka zu sehen, es sieht ein wenig aus, als ob sie von innen her gefangen seien. Ein weiteres besorgniserregendes Phänomen ist, dass manche konvertierten europäischen Musliminnen oder Ehefrauen von sehr konservativen Muslimen nicht nur von Kopf bis Fuß verhüllt sind, sondern Eifer und Bigotterie so weit treiben, dass sie sich die Augen vergittern und die

Hände mit schwarzen Handschuhen bedecken. Der Symbolismus des Schwarzen stammt übrigens von den Abbasiden, ist also zum großen Teil schiitisch und nicht sunnitisch, was außer der geographischen Herkunft der hier in der Diskussion stehenden Ideologie auch eine eigentlich unmögliche Distanz der verschleierten Frauen gegenüber ihren eigenen religiösen Praktiken unterstreicht. Eine solche Haltung setzt sie in den Bann seitens der nationalen Gemeinschaft und macht sie in den Augen der meisten anderen Muslime suspekt, angefangen bei denjenigen Muslimen, die sich einer solchen Fassade verweigern. Im Übrigen befürwortet kein einziger Koranvers eine solche Kleidung, und die Tradition ist im Hinblick auf den Schleier, den die ersten Musliminnen getragen haben, relativ schweigsam. Tatsächlich muss man den Ursprung der *Burka* in zwei unterschiedlichen, sich ergänzenden Richtungen suchen. Die *Burka* ist zuallererst ein nationales Kleidungsstück, das man im Iran, in Pakistan und Afghanistan sieht. Erst sehr spät fand sie Eingang in die Kleiderwelten der arabischen Halbinsel, Ägyptens und der übrigen Welt. Das Kleidungsstück erklärt sich durch eine antike Neigung der Clans, die darin bestand, eine Frau vor dem Rest des Stamms zu verhüllen, sowohl aus falsch verstandenen Schamhaftigkeitsgründen als auch, um Prestige, Ehrenhaftigkeit und Keuschheit der Ehefrauen zu bewahren. Das Neue daran ist die verhüllungsbetonte Ideologie, die von den Fundamentalisten gepriesen wird. Sie wurde ohne Überarbeitung exportiert, in die westliche Welt, die von diesen Erleuchteten als Schandfleck aufgefasst wird. Die zugrunde liegende Idee ist, dass die muslimische Frau sich gegen die Sünde und gegen die Hurerei schützen muss. Da die Frau nach Auffassung der Fundamentalisten die bevorzugte Zielscheibe des Begehrens ist, muss sie ihren Schutz verdoppeln. Im Grunde ist dies der Glaube einiger rückständiger Stämme, der nach der Ausdehnung in die Städte zum Übermittler einer Ideologie von Trennung und Reinheit geworden ist, befürwortet von glaubensfanatischen Bewegungen. In diesem Bereich genügt ihnen die Zurschaustellung, stellvertretend sozusagen für die Politik.

Kann man auf diesen Grundlagen eine feministische Philosophie konstruieren? Hat die Frau eine Zukunft im Islam? Dies alles hängt von der Lesart der aktuellen Entwicklungen in der arabischen Welt ab, insbesondere, was den Status der Frau angeht. Sicherlich gab es bereits Anfänge des Feminismus in gewissen Zirkeln in Kairo, Tunis oder Casablanca, doch betraf er ausschließlich eine extreme Minderheit von Frauen, die mit den herrschenden Mächten verbunden waren. Gewisse angebliche Frauenverbände wurden von politischen Autoritäten finanziert oder aus der Taufe gehoben, was ihre Autonomie stark begrenzt. Andere sind schlicht Speerspitzen der Opposition. Heute erblühen auch feministische Bewegungen, inspiriert vom politischen Islamismus. Aber handelt es sich dabei wirklich um Feminismus?

In keinem der Fälle hat es die Autonomiebewegung der Frauen geschafft, zu einer Struktur zu gelangen, die sie sichtbar oder einflussreich macht. Keine eigene Zeitschrift, kein Konzept, kein Gedankenaustausch in Zirkeln, keine weitreichenden Handlungen. Beim Aufzählen all dieser Mängel könnte man glauben, dass die Frau auf islamischem Boden keinerlei Bewusstsein in Bezug auf ihre Lage hat. Dennoch, nach dem Beispiel der jungen Leute und der Bürger im Allgemeinen ist die Frau auf ihrer Ebene und mit den Mitteln, über die sie verfügt, tätig. Sie versucht vorsichtig, die Sensibilität der Regierenden für ihre spezifischen Probleme zu wecken. Dies konnte man insbesondere im Algerienkrieg sehen, als die meisten Männer in den Untergrund gegangen waren. Die algerische Frau hat eine andere Art gewählt, Geschichte zu schreiben, dank ihrer Persönlichkeit und ihres Charakters, auch dank des großen Widerstandes, den sie geleistet hat, selbst nach Ansicht ihrer misogynen Gegner. Heute kennt jeder den Anteil daran, der ihr in all den Büchern gewährt wird, welche das Lied von der sog. algerischen Revolution singen. Die iranische Frau hat ebenso für die Bestätigung ihrer Rechte gekämpft. Sie konnte sie bei verschiedenen Wahlen realisieren, die seit dem Weggang des Schahs 1979 die iranische Politik durchzogen haben. Tunesien hat seine stille Revolution unter Bourguiba ebenso vollzogen wie vor kurzem Marokko. Selbst die traditionellen Golfstaaten scheinen aus einer Lethargie zu erwachen, die vor allem die Frauen in veraltete Halseisen zwängt. Der Erdölboom hat die Herrschenden dazu gezwungen, ihre Position hinsichtlich des gesellschaftlichen Status der Frau zu überdenken, in Erwartung politischer Veränderungen, mit deren Durchsetzung aber immer noch gezögert wird.

Keine Politik des Umbruchs ist heute in der Lage, die Frau aus der Umfassungsmauer herauszulassen, in der Fundamentalisten von der einen Seite und die Demagogie der aktuellen Regime auf der anderen Seite sie festhalten, so als ob beide sich verabredet hätten, ihr diese Freilassung zu verweigern.

Im muslimischen Universum beziehen sich die Sexualität und infolgedessen die Liebe oder Nicht-Liebe vorwiegend auf das, häufig verworrene, Begehren. Manche Formen dieses Begehrens wurden ins Gegenteil verkehrt, von manchen wich man ab, manchmal wurden sie begrenzt, selten aber überschritten. Im Harem besteht das Gesetz der Geschlechter zunächst aus Allianzen, ebenso wie in der erweiterten Familie. Angesichts dieser ehelichen Begrenzung hat der muslimische Gesetzgeber immer versucht, ein Gleichgewicht zu finden zwischen der Tradition, die als erstarrt erscheinen kann, und der Notwendigkeit, sich mit der Veränderung der Welt auseinanderzusetzen. Nach 14 Jahrhunderten des Bestehens betont der Islam seine Prioritäten im Bereich der Sexualität, wobei er zum Teil Schuldhaftigkeit und moralisierende Erwägungen beiseite lässt. Zwei ergänzende Obsessionen beflügeln dies, eine von Grund auf und eine in der Form. Die erste besteht darin, die Sippe zu respektieren, das ist die Obsession der Familie. Die zweite will die Wahl der jungen Eheleute kontrollieren, um deren erste sexuelle Verankerung in ein Ehegelöbnis zu verwandeln, das ist die Obsession der Geburtenzahl. Die entscheidenden Änderungen, die durch die feministischen Kämpfe im Westen initiiert wurden, und die schnelle Verwandlung der Elternschafts-Modelle werden früher oder später im Herzen der muslimischen Familienzitadelle Kettenreaktionen auslösen. Unterdessen glaubt die muslimische Frau, zumindest ein bedeutender Teil der Frauen, ihre Identität gegen eine um sich greifende Form der westlichen Moderne verteidigen zu müssen. Die nahe Zukunft wird uns zeigen, ob der Fundamentalismus mit der seit langem in dieser Religion zu verfolgenden Enthaltsamkeit recht hat, es sei denn, die momentane Welle ist nur der Vorgeschmack einer säkularen Umwälzung, bei der die orthodoxesten muslimischen Auffassungen triumphieren würden.

Kapitel 7

Was ist Sufismus?

Mystische Leidenschaften

Nachdem der Islam die ersten 100 Jahre bestanden hatte, etwa von Mitte des 7. bis Mitte des 8. Jahrhunderts, entwickelte sich zunehmend eine spirituelle Bewegung heraus, die Sufismus genannt wird, *tasawwûf*, und die verwandt ist mit der aus Kirchen und Klöstern bekannten christlichen Mystik. Die grundlegende Idee des Sufismus war das *Vertrauen auf Gott* (*tawakkul*) und die Entsagung (*tadschrîd*), wobei die Sufis zwei Wege vorgaben, um dorthin zu gelangen: die Liebe zu Gott (*mahabba*) und den *dhikr*, die wiederholte Anrufung des Namens Gottes. Der Begriff *tasawwuf*, Sufismus auf Arabisch, ist nach wie vor ungeklärt, alle Versuche, eine historische Ableitung zu finden, sind bei zwei unterschiedlichen Etymologien stehen geblieben: *sûf*, *Wolle*, aufgrund der Tatsache, dass die ersten Mystiker sich mit Wollstoff (*chirqa*) bekleidet haben, und *saff*, wörtlich *Reihe, Ausrichtung*, wegen der Ordnung, die eine disziplinierte Gruppe im Augenblick des gemeinsamen Gebets einnimmt.

Ibn Chaldûn (1332–1406), ein mittelalterlicher arabischer Soziologe, neigte zur ersten Erklärung. Seiner Ansicht nach ist der Wollstoff ein grundlegender Charakterzug der *muridîn*, der Schüler, die sich in strenger Ordnung vor ihrem spirituellen Meister aufstellen, welcher sich selbst *murschid*, Imam, *walî*, *mawlâ*, *qutb* nennt. Die Sufis sind die *Freunde Allahs*, um einen Begriff von Suhrawardi aufzunehmen (der sich auch im Koran findet), und gleichzeitig seine *Vertrauten* (*muqarrabûn*). Der Sufismus ist ein spiritueller Weg, der nach Gemeinschaft der Gläubigen mit Gott strebt (*tawhîd*), um mit ihm eins zu sein. Zu dieser Einheit gelangt man mit Hilfe spezifischer Praktiken: der Meditation, der Ekstase und der eigenen Selbstaufgabe innerhalb des spirituellen Plans.

Was macht einen Sufi aus?

Es sind viele, die sich den Titel eines Sufi anmaßen, Hunderte, vielleicht Tausende. Und wenn man all die Anhänger zusammenzählen müsste, die ihr Leben lang danach streben, wäre diese Zahl nochmals mit 100 zu multiplizieren. Doch der Sufismus verlangt gewisse Bedingungen, die zur einen Hälfte mit der Technik der Ekstase und zur anderen Hälfte mit der individuellen Ethik zusammenhängen. Tatsächlich ist der Sufismus eine Vertiefung des Gläubigen, ein persönliches Eintauchen in die Suche nach Sinn und in das Streben nach Verschmelzung mit dem Schöpfer. Für viele Sufis ist das einzige Mittel, um diese Vollendung zu erreichen, die Liebe zu Gott (*al-mahabba*). Auf diese Weise versuchen sie, ein Koranwort in die Praxis umzusetzen (Sure 5, 59), wonach Gott sie liebt und sie ihrerseits Gott lieben.

Die ersten beiden Sufis waren Hassan al-Basri (642–728) und Rabiʿa al-Adawiyya (geboren zwischen 713 und 721, gestorben 801). Hassan war ein Mann, Rabiʿa eine Frau. Zweifellos waren die beiden die bedeutendsten Sufis in diesem ersten Jahrhundert nachgewiesener Mystik, dem zweiten nach der *Hedschra*.

Mit Rabiʿa al-Adawiyya hat der Islam eine Mystikerin aus Bassora, früher Basra, die das exakte Äquivalent zu Teresa von Ávila bildet. Diese erstaunliche Frau, deren Schönheit berühmt war, lebte in exemplarischer Askese, die für die meisten Orden dieser Zeit ein Vorbild darstellte und mit der sie sich zur Patronin ihrer Stadt machte. Als Poetin hatte sie für materielle Güter nur Verachtung übrig und lebte ausschließlich für ihren unbändigen Willen, sich mit Gott zu vereinen, seine Gefährtin zu werden (*uns*). Ihr aufrichtiger Elan mystischer Leidenschaft (*mahabba*) wird in den Annalen exemplarisch bleiben. In ihren Gedichten dominieren die mystischen Akzente, welche die Selbstaufgabe, Entsagung und die selbstgewählte Einsamkeit rühmen. Im Orient, der für Wunder sehr empfänglich ist, sagt man, ihr spirituelles Leuchten sei so stark gewesen, dass es die fehlenden Kerzen ersetzt habe. Noch heute ist der Kult um Rabiʾa al-Adawiyya in Kairo und anderen muslimischen Städten lebendig, und nach wie vor ist sie ein einzigartiges Symbol von herausragender Aktualität.

Jedes Jahrhundert erlebte die Geburt eines oder mehrerer bedeutender Sufis, alles Schüler einer Lebensweise, die auf die Entsagung ihrer selbst zielt (*fanâʾ*), zugunsten einer tiefen Verherrlichung des Herrn. Man kann sie nicht alle nennen, so viele sind es, und eine Auswahl kann nur willkürlich erfolgen. Hier einige Beispiele: Abu Haschim as-Sufi (gestorben 776), Muhasibi (gestorben 857), Abu Yazid al-Bistami (gestorben 875), Dhu Nun al-Misri (gestorben 860), Al-Dschunaid (gestorben 910), Mansur al-Halladsch, wegen Häresie 922 verurteilt und öffentlich hingerichtet, was ihn berühmt gemacht hat, Asch-Schibli (gestorben 945) oder Al-Ghazzali (1058–1111). In einem Buch mit dem Titel *Vies des saints musulmans* (*Leben der heiligen Muslime*) gibt Emile Dermenghem, der die Biografie der größten Heiligen des Islam zusammenfasst, ihnen blumige Beinamen: Ibrahim, Sohn des Adam; Fudail, der Wegabschneider; Bischr, der Barfüßige; Ar-Razi, die reine Liebe; aber auch Sumnun, die Liebenden, der Verrückte Gottes u. ä. m.

Obwohl er einer der Mandarine der in der Medresse von Bagdad gelehrten abbasidischen Theologie war, durchlief Al-Ghazzali eine lange Zeit des Zweifels und sogar der Ungläubigkeit. In seinem Werk spürt man dessen Nachwirkungen, weil es „rationalistischer“ als andere Werke zu sein scheint, offener gegenüber der realen Welt. Aber hier soll er uns als Sufi interessieren. Ein sichtbares Zeichen seines Wirkens ist der Beiname, den man ihm gab: Zweifellos ist er der erste, der *Hudschat al-Islam* genannt wurde (*der entscheidende Beweis des Islam*), ein Ehrentitel, der heute das Vorrecht einiger hoher schiitischer Würdenträger ist.

In den folgenden Jahrhunderten gab es weitere Mystiker, die die Bewegung beeinflussten. Die bedeutendsten waren Suhrawardi (1144–1234), Ibn al-Farid (1182–1235), Abul-Hasan asch-Schadhili (1196–1258) und Ibn Ataʾ Allah (gestorben 1309). Ibn Arabi (1165–1240) war zweifellos der „intellektuellste“ aller Sufis. Schon zu Lebzeiten als Meister anerkannt, wusste Ibn Arabi sich esoterische Kenntnisse zunutze zu machen, um die eine und immer gleiche Idee zu vertreten, die der Göttlichen Einmaligkeit. Dschalal ad-Din ar-Rumi (1207–1273) wurde der „aus drei Nationen stammende“ Sufi genannt. Er war durch seine Geburt in Samarkand Perser, durch seinen Tod und den Sufiorden, den er in Konya einrichtete (die *Tanzenden Derwische*), Türke, und durch seine Sprache und mystische Exegese Araber. Mit dem *Mathnawi* hat dieser große Autor und Meister (*mawlânâ*) ein reichhaltiges mystisches und poetisches Werk hinterlassen. Einige seiner Werke wurden ins Französische übersetzt: *Les Odes mystiques, Les Quatrains, Le Livre du dedans* und *Le Mathnawi*; auf Deutsch finden sich unter anderem die *Liebesmystik* und *Von Allem und vom Einen*. In diesem immensen Werk mit 51 000 Versen geht es um Weisheit, Ausgewogenheit, Verständnis des Korantextes und schließlich auch um ein gesundes Verständnis vom Leben. Hier ein Ausschnitt, in dem der Autor die Worte des Propheten im Hinblick auf das Mönchtum erläutert, das im Islam verboten ist (*Übersetzung aus dem Französischen*):

> Reiß Dir nicht die Federn aus, sondern löse Dein Herz davon, denn die Existenz des Feindes ist die notwendige Bedingung für den Heiligen Krieg.
>
> Wenn es keinen Feind gibt, ist der Heilige Krieg nicht begreiflich. Wenn Du kein Begehren zeigst, kann es kein Gehorsam gegenüber dem göttlichen Gebot geben.
>
> Es kann keine Enthaltsamkeit geben, wenn Du kein Begehren hast; wenn es keinen Gegner gibt, welche Notwendigkeit hat dann Deine Kraft?
>
> Höre, entmanne dich nicht, werde kein Mönch; denn die Keuschheit hängt von dem Vorhandensein des fleischlichen Begehrens ab.
>
> Ohne Sinnlichkeit ist es unmöglich, die Sinnlichkeit zu hemmen; Heldentum kann sich nicht gegenüber den Toten zeigen. (*Mathnawi*, Vers 574–578)

Ein weiteres Beispiel aus *Mathnawi* sind Fragen an den Zerstreuten, an den Leichtsinnigen, an den Fremden. Da der Islam eine rationale Religion ist, versucht Rûmi die Passagen zu erläutern, indem er sie mit der Realität in Beziehung setzt: „Es ist, als ob man tief in der Nacht die qibla finden will: man findet die qibla nicht, doch das Gebet ist gültig“ (Vers 2283; s. o.).

In bestimmten Fällen ist *Mathnawi* eine offene Lehrstunde über den Respekt vor dem Nächsten und die Erziehung: „Liebe und Zärtlichkeit sind menschliche Eigenschaften; Wut und Wollust sind tierische Eigenschaften. Die Frau ist ein Strahl Gottes, nicht diese irdische Geliebte: Zwar ist sie eine Kreatur, doch scheint es, als sei sie nicht geschaffen worden“ (Vers 2436–2437; s. o.).

Im 14. Jahrhundert wurden mehrere mystische Bruderschaften geboren, die noch heute viele Anhänger haben: die Naqschbandiyya etwa hat im Nahen Osten, in Asien und auch international Einfluss. Sie wurde durch Baha᾽ ad-Din Naqschband gegründet. Die Qadiriyya ist das Werk von Abdul Qadîr al-Dschilani (1077–1166), einem Heiligen Mann (*wali*) aus Bagdad, die Schadhiliyya wurde im Maghreb durch Abul-Hassan Ali gegründet, genannt asch-Schadhili (gestorben 1226). Die Senoussi-Bruderschaft ist in Tripolitanien vorherrschend und geht auf Mohamed ibn Ali As-Senoussi zurück (1787–1859), einen der spirituellen Gründer Libyens. Die Darqawiyya aus Marokko ist das Werk von Al-Arbi (Al-ᶜArabî) ad-Darqawi (1760–1823); bei dem jährlich ihm gewidmeten Fest gedenkt man seiner in großer Verehrung. Die Tidschaniyya und die Alawiyya (beide 18. Jahrhundert) sind in Westafrika und im Maghreb einflussreich, vor allem in Marokko, wo sich die Praktiken der Bruderschaften ohne Konflikt mit denen der Moschee vertragen. Eine solche Zunahme an Bruderschaften hat auch mit dem Zusammengehörigkeitsgefühl der Muslime im Schoße des Islam zu tun. Auch zeigt sie, dass ein Pluralismus der Interpretationen immer möglich ist. Deshalb und mangels Autonomie der Mitglieder in den Bruderschaften klärt der Sufismus nicht so eindeutig wie der offizielle Islam, was zum zulässigen Dogma gehört und was nicht. Die Vielzahl der Bruderschaften könnte bestimmte Dogmen ins Wanken bringen, angefangen bei der von diesen Dogmen beanspruchten eigenen Unfehlbarkeit. Sie könnte dadurch auch der Ort einer möglichen Moderne in den Ausdrucksformen des Islam sein.

Der Weg des Sufis (*tarîqa*)

Das Wort *tarîqa* bedeutet *spiritueller Weg*. Diese Idee entwickelt eine Reihe von Begriffen, die die Etappen des Eingeweihten beschreiben, seinen spirituellen Stand, seine Fähigkeiten. Es handelt sich also um die philosophische Architektur des Sufismus: *tarîqa* (*spiritueller Weg*), *haqîqa* (*Realität oder Wahrheit*), *scharîʿa* (*dogmatischer Weg*), *mahabba* (*Liebe*), *fanâʾ* (*Aufgabe meiner selbst, Auflösung*), *wadschd* (*Entdeckung und Nähe zu Gott*), *sukr* (*mystischer Rausch*). Diese Begriffe werden mit Attributen versehen (*sifât*), die ihnen bestimmte Färbungen verleihen. Jeder Weg des Sufismus hat eine ihm eigene Initiation. Ziel ist, den Schüler in eine Initiationskette zu integrieren (*silsila*). Der Schüler folgt wortwörtlich den Empfehlungen seines direkten Meisters, des *murschid*, der im Allgemeinen die Empfehlungen des Begründers des Sufi-Weges übersetzt und weiterträgt, im Rahmen einer Sekte (*nihla*), einer Bruderschaft (*tâʾifa, hizb, râbita*) oder eines Konvents (*chanqah, râbita, dergâh*). Im Prinzip hat eine Initiation erfolgreich bestanden, wer die sieben Grade des Fortschreitens, genannt *maqâmât* (Stationen) oder *ahwâl* (Zustände), überwunden hat. Um dieses Streben nach Gott zu illustrieren, erzählen die Mystiker häufig Anekdoten, wie die folgende: Eines Tages traf Dhu Nun al-Misri einen Alten, dessen Antlitz vor Erkenntnis leuchtete. Er fragte ihn nach dem Weg zu Gott. „Wenn Du Gott kennen würdest", antwortete der Alte, „würdest Du auch den Weg kennen, der Dich zu ihm führt."

Die sieben Grade des *makamat* sind folgende:

- Aufrichtige Reue des jungen Schülers, sein Wille, keine Sünden mehr zu begehen, in welcher Form auch immer.
- Bewusstsein der gesellschaftlichen Fakten und der Glaubensrichtungen, die ihn umgeben.
- Verzicht und Desinteresse im Hinblick auf weltliche Güter (*chilwa*).
- Annahme des Zustandes der materiellen Armut (*faqr*).
- Annahme der göttlichen Dekrete, Resignation gegenüber Unglück und gegenüber Schmerz (*ridâ*).
- Selbstaufgabe und Entsagung (*fanâʾ*).
- Schließlich ein Zustand der Seligkeit und der Zufriedenheit des Schülers, der dann Meister wird (*Scheich, murschid, wali und qutb*).

Im muslimischen Asien wird der Begriff *pir* bevorzugt verwendet. Der Sufi-Meister handelt exemplarisch. Wenn sein Charisma sehr ausgeprägt ist, nehmen die Schüler seine Verhaltensweise an und verinnerlichen noch seine winzigsten Gesten, die es ihnen erlauben, die

Rangstufen zu erklimmen. Hat ein Meister einen hohen Initiationsgrad erreicht, wird er *schaich al-akbar* oder *qutb* oder *qutb al-qutûb, Pol der Pole,* genannt. Dies war z. B. der Fall bei Ibn Arabi, Rumi und Ghazzali.

In der Realität sind die Grenzen zwischen weltlichem und spirituellem Universum sehr durchlässig, und im Grunde widersprechen sich die beiden Universen auch nicht. Ganz im Gegenteil versteht sich der Sufismus nur in dem Maße, wie er nahe an der *Doxa* bleibt, wobei er der *Doxa* mehr Menschlichkeit und mehr Innerlichkeit verleiht. Wenn die Sufis ihren Weg definieren, setzen sie vor allem die *Erleuchtung* (*ischrâq*) voraus, was für sie eine Möglichkeit ist, die inneren Transformationen des jungen *murîd* oder *tâlib* auf der Suche nach der Initiation zu übersetzen. Es existieren aber auch Sekten, die die Askese bis zum extremsten Entzug und bis zur Kasteiung treiben, was so weit geht, dass die Kleidung, in die sie sich hüllen, *kafan* (*Leichentuch*) genannt wird.

Alles, was den Prätendenten von diesem Weg der beherrschten Frömmigkeit und Entsagung entfernt, gehört nicht zum Sufismus. Dies ist der Fall bei der Extrapolation des Sufi-Geistes hin zu anderen Ausdrucksformen wie die Übernahme einer gesellschaftlichen Rolle oder das Predigen. Tatsächlich ist es das angestrebte Ziel des Sufis, eine Art höhere Erleuchtung und selbstgewählte Einsamkeit zu erreichen, um besser auf den Weg zu Gott geführt zu werden.

Eine weitere Eigenart des Sufismus – und vielleicht auch ihre dunkle Seite – ist eine Art Gildenwesen. So werden die Sufi-Meister mehr verehrt als die Propheten, was sie suspekt gemacht hat. In vieler Hinsicht konnten sie deshalb zu den schwarzen Schafen des Islam werden. Unter den ihnen gemachten Vorwürfen betrifft der häufigste die Wunderheilungen, die ihnen zugeschrieben werden, meist aber von Scharlatanerie zeugen und den Sufismus gar nicht betreffen.

Abgesehen von den Bruderschaften, zu denen sie gehören, unterscheiden sich Sufis von anderen Gläubigen durch ihre Fähigkeit, mit ihrem Inspirationsvokabular metaphysische Gedanken zu übersetzen, die mit dem Glauben und der Frömmigkeit verbunden sind. Zunächst streben sie danach, durch ihre Handlungen und Gedanken Gott zu gefallen. Ihn nicht zu fürchten, sondern zu verehren, ihn nicht zu fliehen, sondern zu suchen. Folgende Fragen stellen sich in diesem Zusammenhang: Verfügt das menschliche Wesen, so, wie es der Koran beschreibt, über ein bestimmtes Depot, eine besondere Verehrung, die Gott heiligen Persönlichkeiten zugesteht, und von welcher Art ist dieses Depot? Ist der Weg des Sufi, der es erlaubt, zu einem schärferen Bewusstsein der Bindung an Gott zu gelangen, ein Wert, der der normalen Doktrin gleichgesetzt ist, oder ist er höherwertig? Sind die Sufis näher an Gott, *muqarrabûn*, wenn sie all ihre kanonischen Pflichten erfüllt und einen großen Teil ihres Lebens der Meditation, dem *dhikr*, gewidmet haben? Und sind die *Verrückten Gottes* (Derwische) und die *Armen Gottes* (*fâqîr*, *fuqarâʾ*) vollkommen wahrhaftig in ihrer Entscheidung?

All diese Fragen stellen sich natürlich auch in den Bruderschaften selbst. Je nach Charisma des Meisters werden sie von ihrem Mentor beantwortet, was den Glauben, die Anschauungen, die Unterwerfung unter den einen Gott und die Liebe angeht, die man für sich selbst erhofft. Die Thematik der göttlichen Liebe (*mahabba*) und der nicht geheuchelten Unterwerfung unter seine Verfügungen (*tâʿa*) wird in sehr vielen Versen behandelt. Es ist der uneigennützige Glaube, der die Verhaltensweise eines guten Sufis charakterisiert. Ali, der vierte Kalif des Islam, hat einmal gesagt: „Es gibt Menschen, die Gott aus Furcht anbeten: Dies ist die Anbetung von Sklaven; es gibt Menschen, die ihn auf eigennützige Weise anbeten: Dies ist die Frömmigkeit von Kaufleuten (*tujjâr*); es gibt Menschen, die ihn mit Dankbarkeit anbeten: Dies ist die Frömmigkeit der freien Menschen." Mit diesen Worten gibt Ali einen durchgängig sichtbaren Gedanken des Korans wieder, die Tatsache nämlich, dass manche Menschen die Güter dieser Welt erstreben, während andere, die aufrechten Gläubigen, die Güter der jenseitigen Welt erstreben.

Die vorrangige Einzigartigkeit des Sufismus besteht in der Fähigkeit, für seine Anhänger eine reiche und fruchtbare Vorstellungswelt zu entwickeln und das Vokabular zu erlernen, das notwendig ist, um dorthin zu gelangen. Diese Vorstellungswelt ist das eigentliche Ziel des Sufismus. Was die übrigen Dinge angeht, also das Vokabular, die Meditationstechnik, die Wahl der Haltung oder den Ablauf einer Séance, so hängen sie von vielen Faktoren ab, wie Zeit und Raum, aber auch der Lehrausrichtung und der intellektuellen Positionierung. So erreichen die Tanzenden Derwische von Konya in der Türkei das Absolute nur dadurch, dass sie sich einem extrem kodifizierten Tanz mit bestimmten Drehbewegungen unterziehen; die Aissaouas in Marokko übersetzen ihre Ekstase mit Beweisen, wie das Laufen über glühende Kohlen, was normalen Sterblichen unmöglich ist. Andere Mystiker ziehen Meditation und Stille vor, wieder andere die Mildtätigkeit, und zwar so weit, dass ihre Güter vollständig übertragen oder an Mittellose gegeben werden. Jede Bruderschaft möchte so ihre Besonderheit festlegen, um neue Schüler heranzuziehen und der mystischen Vorstellungswelt die Voraussetzungen zu schaffen, die nötig sind, um sich neu zu ersinnen und neue Kraft zu schöpfen.

Ein Hauch von Subversion

Viele Autoren wollten den Sufismus klassifizieren als Subversion gegenüber der offiziellen Religion, als ob die Tatsache, Sufi zu sein, nicht nur bedeute, Freidenker zu sein, sondern auch, sich als Häretiker des Islam, als Apostat, zu positionieren. Dieser Prozess erinnert an die Verdächtigungen, die Christen manchmal gegenüber dem Wirken von Mystikern äußern, vor allem bei Frauen. Im 16. Jahrhundert hat Teresa von Ávila in ihrem Streben nach Vereinigung mit Jesus Christus eine Anzahl von Schülern der Heiligen Kirche vom Weg abgebracht. Damit ihre mystischen Gebete ihren gerechtfertigten Platz fanden, war ihre Heiligsprechung im Jahr 1622 notwendig. Schließlich wurde die Begleiterin von Johannes vom Kreuz zur Kirchenlehrerin erhoben, allerdings erst 1970, 350 Jahre nach ihrem Tod. Unter den zahlreichen Sentenzen, die sie hinterlassen hat, ist auch die folgende: „Wenn wir Gott um Vergebung für unsere Sünden bitten, ist es notwendig, dass wir ihn auch um Vergebung für unsere mangelnde Aufrichtigkeit in der Bitte um die Vergebung selbst bitten." Nichts an dieser Geisteshaltung, die aus einer anderen Religion und Kultur stammt, unterscheidet sich grundlegend von der Weisheit der Sufis.

Der Sufi-Mystiker will über die Widrigkeiten seiner Welt hinausgehen, indem er zum Beispiel akzeptiert, Hunger und Einsamkeit schweigend zu ertragen, indem er die Anwandlungen des Fleisches und alle

Verführungen des weltlichen Lebens verweigert, nach dem Beispiel großer Mystiker wie Dhu Nun al-Misri, Rabiʾa al-Adawiyya, Al-Ghazzali, Ibn Arabi, Al-Kalabadi oder Rumi.

Wenn es Subversion gibt, dann lässt sie sich vielleicht in der Lebensweise der Sufis, ihrer Gefährten und Mitglieder finden, die in derselben Bruderschaft (*futuwwa*), derselben Vereinigung, derselben Korporation leben. Sie sind innerhalb geschmeidiger Strukturen tätig, die den Unterricht und die Ergebenheit der Anhänger sicherstellen. Die Funktionsweise manch verschlossener und sektiererischer Bruderschaft gibt jedoch mitunter Anlass zur Verwirrung.

Sufismus heute

Mehr noch als die Lehre des Islam, die für den Westen bereits ziemlich verwirrend erscheint, hat der Sufismus die Islamwissenschaftler fasziniert, die ihm mehr Monografien gewidmet haben als dem Islam selbst. In den meisten Fällen hält man den Sufismus für eine simple Projektion der christlichen Mystik. Alle spirituellen Bezüge werden auf die Erfahrungen mit einem großen christlichen Mystiker wie zum Beispiel Meister Eckhart zurückgeführt und damit verglichen.

Wenn bestimmte Mystiker besonders hervorgehoben werden, wie Al-Halladsch, dann deshalb, weil ihr geistiger Weg ein besonderes Echo bei einem westlichen Denker, wie zum Beispiel Louis Massignon, gefunden hat. Wenn der Weg des Sufi, der von dem einen oder anderen muslimischen Mystiker gewählt wurde, nicht mit den mystischen Eigenschaften der christlichen Kirche konform geht, egal, wie bedeutend er war, findet er bei den westlichen Intellektuellen nur selten ein Echo. Dasselbe gilt für die wissenschaftlich abgehandelten Themen. Alles stammt demnach aus einer doppelten Quelle, der christlichen Mystik auf der einen Seite und der Philosophie des Alten Griechenland auf der anderen. Körper und Geist, Irrtum und Wahrheit, Innerlichkeit und Äußerlichkeit, alles wird als Konzept aufgefasst, das der antiken griechisch-römischen Dualität entspricht: *corpus*, *anima*, *spiritus*, *intellectus*. Tatsächlich haben der Islam im Allgemeinen und der Sufismus im Besonderen über diese Fragen nicht geurteilt. Die Begriffe zirkulieren ziemlich frei zwischen den verschiedenen Welten. Die Frage nach der Gegenüberstellung von Körper und Geist oder von profan und sakral stellt sich nicht. In den Augen des Islam ist alles in dem Einen und das Eine in allem enthalten. Dies ist exakt das, worum es bei der Frage des *tawhîd* geht, der nicht nur die Einheit mit Gott darstellt, auch wenn diese bedeutsam ist, sondern auch die Einheit mit sich selbst, weil dieses Selbst ein mit der gesamten Schöpfung unauflöslich verbundener Bestandteil ist.

Die vom Sufismus erhobene problematische Fragestellung bleibt auch Jahrhunderte später die gleiche, die schon seine Gründer gestellt haben: Bis zu welchem Grad kann man Gott auf uneigennützige Weise anbeten, bis man überall und zu jedem Zeitpunkt nur noch Ihn sieht? Diese Frage findet eine zufriedenstellende Antwort im *dhikr*, bei dem der Name Allahs wieder ins Gedächtnis gerufen wird und der das grundlegende Gerüst des Sufismus bildet: „Unter den Dienern, die zu Mir gehören, gibt es Menschen, die Ich liebe und die Mich lieben, die brennendes Verlangen nach Mir haben und nach denen Ich brennendes Verlangen habe, die Meiner gedenken und derer Ich gedenke, die ihren Blick auf Mich richten und auf die Ich meinen Blick richte." Der Koran drückt es so aus: Man muss sich an die Schönen Namen Allahs (Sure 17, 110) erinnern, von denen es 99 gibt, und zwar so oft wie nur möglich.

Eine weitere Frage: Wie ist die tatsächliche Stellung des Sufismus in den Praktiken des Islam heute, welches Gehör findet er unter den Jugendlichen, wie effektiv ist seine Erziehung? Die Antwort auf diese Frage ist nicht beziehungsweise nicht mehr leicht, seitdem die Predigerbewegungen (*tablîgh, daʿwa*) die Beziehung des Gläubigen zur Welt, die ihn umgibt, bis ins Äußerste politisiert haben. Jedoch ist sicher, dass es verschiedene Bruderschaften gibt, die der Erosion der intimsten Glaubensformen so gut wie möglich Widerstand leisten, der so weit geht, dass gegen diejenigen Menschen, die keinen Respekt vor der Spiritualität zeigen, durch Hemmschwellen und Zensur Barrieren errichtet werden.

Kapitel 8

Ein erobernder Islam?

Die Frage ist heute in aller Munde: Ist der Islam eine Religion der Eroberung und Expansion oder ist er es nicht? Welches sind die historischen Umstände, die dies belegen? Gibt es Verse im Koran, die diese Ausrichtung legitimieren? Gibt es Ausnahmen oder gibt es sie nicht? Diesen Fragen widmet sich das folgende Kapitel, das ganz oder teilweise bestätigt, was schon Henri Pirenne in *Mohammed und Karl der Große* (französische Erstausgabe 1935) gesagt hat: „Das schnelle und unvorhergesehene Vorangehen des Islam hat bewirkt, dass Orient und Okzident endgültig getrennt wurden.“ Um die Thesen zu begreifen, die entweder besagen, dass der Islam ein erobernder ist oder ganz im Gegenteil, dass er ein Friedensträger ist, muss man den Faden dieser Geschichte der Zusammenstöße zwischen Islam und Okzident aufnehmen, die Interessen dieser beiden Blöcke ermessen und Betrachtungen darüber anstellen, ob der Friede nicht mehr kultiviert worden ist als der Konflikt. Zwischen dem ersten Lehrabschnitt des Islam und dem 18. Jahrhundert war die Religion politischer. Sie gründete sich auf die Vorstellung, dass der Prophet, der niemals das weltliche vom geistlichen Leben getrennt und keine klare Trennlinie zwischen der spirituellen und der politischen Autorität gezogen hat, die vollständige Verschmelzung dieser beiden Ordnungen gutgeheißen habe, der weltlichen und der geistlichen. Deshalb war den Muslimen auch die Vorstellung der Laizität so lange fremd.

Der Prophet selbst hatte beide Funktionen übernommen, die des Predigers ebenso wie die des Generals – er war ein politischer und ein spiritueller Mann. Seitdem hängt der Islam bis in die tiefsten Eingeweide einer globalen Existenzvorstellung an, nach der das organische Leben niemals vom spirituellen getrennt ist, das individuelle niemals vom kollektiven Leben, der Zustand des Krieges nie vom Zustand des Friedens etc. Schließlich gibt der Islam eine Antwort auf alles, von der Wiege bis zur Bahre.

Seit dem Tod des Propheten 632 und dem Tod der vier *rechtgeleiteten Kalifen*, die sein Vorbild nachgeahmt haben, sind auch alle anderen Prätendenten in der Funktion des Kalifen dieser Ordnung gefolgt, ohne einen Versuch, sie zu bestreiten. Die einzige Konzession an den Pluralismus war die *Schûra*, die *Beratung der verschiedenen Clans* in Krisenzeiten. Bei den Sunniten erfordert diese Beratung in Friedenszeiten einen *consensus omnium* (*idschma*ᶜ). Wenn das Schicksal der Gemeinschaft, der *Umma*, auf dem Spiel steht, ruft der Herrscher die Vertreter der großen Familien und der mächtigsten Clans und Stämme zusammen, um mit ihnen die zukünftige Verhaltensweise zu erörtern.

In der Vergangenheit bildeten die großen Kurfürsten, die Chefs der Clans und Stämme, das Gerüst der islamischen Theokratie. Noch heute wird in den meisten orientalischen Monarchien, Sultanaten und Emiraten, aber auch in einem Staat wie dem Jemen, der Treueschwur (*bay*ᶜ*a*) praktiziert. Er ist von starken plutokratischen Überbleibseln geprägt in dem Sinne, dass es die wohlhabenden Clans sind, die regieren. Sekundiert werden sie von Feudalherren, die der Autorität des herrschenden Sultans Treue schwören, der selbst wiederum häufig Vasall eines Kalifen ist.

Die bewaffnete Eroberung

Eine der Konsequenzen, und zwar eine schwerwiegende, ist die Geburt und dann schnelle Zunahme der Dynastien, die von dem Ehrgeiz erfüllt waren, den Islam zu führen, als er sich als Imperium konstituierte. Die Expansion war immer gleichzeitig militärisch, ökonomisch und kulturell. Die militärische Expansion war das Kennzeichen des Islam im Verlauf eines Jahrhunderts, das von der Besetzung von Al-Andalus im Jahr 711 durch den Berbergeneral Tarîq ibn Ziyad bis zur Krönung von Harun ar-Raschid, dem fünften abbasidischen Kalifen reichte, der in einer Schlacht im März 809 starb. Der Historiker Henri Pirenne sieht dies ebenso: „Die muslimische Invasion“, schreibt er in *Histoire économique de l'Occident médiéval* (französische Erstausgabe 1951, S. 70), „von der selbst zu Lebzeiten Mohammeds (571–632) niemand auch nur träumen, geschweige denn sich darauf vorbereiten konnte, ist mit der Elementarkraft einer kosmischen Katastrophe über die Erde hereingebrochen. Sie hat nicht viel mehr als 50 Jahre gebraucht, um sich vom Chinesischen Meer bis zum Atlantischen Ozean auszubreiten. [...] Ihr Vormarsch war unaufhaltsam bis zum Beginn des 8. Jahrhunderts, als die Mauern von Konstantinopel auf der einen Seite (718) und die Soldaten von Karl Martell auf der anderen Seite (732) ihre große Offensive gegen die beiden Flanken der Christenheit brachen. So wurde sie gestoppt."

Schon am Ende seiner Herrschaftszeit erlebte Harun ar-Raschid beinahe machtlos das Schleifen seines einst so mächtigen Imperiums. Die Aghlabiden, eine maghrebinische Dynastie, hatten sich im Jahr 800 abgespalten, und um Bagdad herum, im Jemen und in anderen Provinzen war die Zwietracht zwischen Schiiten und Sunniten auf ihrem Höhepunkt. Bis dahin setzte sich der Islam eher mit Krieg und Schwert durch. Er gewann neue Territorien, häufte Reichtümer an und bewirkte zahlreiche Konversionen. Eine der Gründe für diese, häufig nicht gewollten, Konversionen war der Status der *dhimma*, eines Paktes oder einer Konvention, die den auf islamischem Gebiet lebenden Nicht-Muslimen Schutz (*amn*) und Rechte garantierte. Im Gegenzug mussten diese sich einer Reihe von Regeln und Einschränkungen unterwerfen, darunter das Verbot der absichtlichen oder unabsichtlichen Tötung, das Verbot, den Gütern eines Muslims Schaden zuzufügen oder den Kalifen zu beleidigen; sie durften die islamischen Gesetze nicht übertreten u. v. m. Dieser Status betraf nicht Heiden, Polytheisten oder Gottlose, die durch den Islam immer bekämpft worden sind. Der Status der *dhimma* wurde durch Omar eingeführt (7. Jahrhundert), den zweiten Kalifen, doch findet er sich bereits in filigraner Form in der Haltung des Propheten selbst, besonders hinsichtlich seiner Feinde in Medina. Er zielte darauf ab, diejenigen, die seine erklärten Feinde waren, insbesondere die unberechenbaren Gruppierungen, die noch nicht konvertiert waren, gleichzeitig zu schützen (*dhimma*) und zu unterwerfen. Der Krieg gegen sie wird im Koran folgendermaßen beschrieben:

Kämpft gegen diejenigen, die nicht an Gott und den Jüngsten Tag glauben und die nicht verbieten, was Gott und sein Gesandter verboten haben, und nicht der wahren Religion angehören, [...] bis sie kleinlaut aus der Hand Tribut entrichten (Sure 9, 29).

In der Folge wurden alle damit zusammenhängenden Begriffe, *dschizya*, Kopfsteuer, und *dhimma* durch Abu Bakr at-Turtuschi (1059–1126) formalisiert, bis sie ab 1453, als Byzanz in die Hände der Türken fiel, in Vergessenheit gerieten. Nach Antoine Fattal, dem Autoren der besten Theorie über die *dhimma*, *Le Statut légal des non-musulmans en pays d'islam* (Der gesetzliche Status der Nicht-Muslims in islamischen Ländern, 1958), sagte Mehmet II, als er Gennadius Scholarius, den neuen Patriarchen von Konstantinopel, empfing, zum Thema Investiturstreit folgendes: „Sei Patriarch in Frieden und Gott möge Dich schützen; sei unserer Freundschaft gewiss unter allen Umständen, wo sie Dir notwendig ist, und genieße Deine Vorrechte, wie sie Deine Vorgänger genossen haben." Fattal stützt sich hier auf einen orthodoxen Autoren, C. Papadopoulos, der 1924 ein Werk mit dem Titel *Les Privilèges du patriarcat œcuménique (communauté grecque-orthodox)* dans l'Empire ottoman (*Die Privilegien des ökumenischen Patriarchats [griechisch-orthodoxe Gemeinschaft] im Osmanischen Reich*) verfasst hatte.

Heute ist die *dhimma* nichts als eine alte Erinnerung. Aus der sog. muslimischen Eroberung bleibt die Polemik übrig, die vor allem in den USA glauben machen will, dass die Invasion des Islam sich heute in Form eines vollständig arabisierten Europas vollzieht, einer „Eurabia": eine bizarre Vorstellung, von der man annimmt, dass sie die Ängste des Mittelalters und besoders der Kreuzzugsepoche wieder wachruft. Der Islam ist für all diejenigen, die seit dem 11. September 2001 die Angst der westlichen Welt schamlos instrumentalisieren, zum Aphrodisiakum geworden.

Im Jahr 710 verbreitet sich der Islam im Indusgebiet, das heißt jenseits des heutigen Persien. Im selben Jahr ist er im westlichen Maghreb, wo er gleichzeitig das heutige Tunesien, Algerien und Marokko besetzt. 711 ist der Islam in Spanien, dank des Berbergenerals Tariq ibn Ziyad, der die Oberhand über den westgotischen König Roderich gewinnt.

Auch in seinem östlichen Teil schreitet der Islam weiter voran. Er verliert keine Zeit und pflanzt sein Banner in einen riesigen Landstreifen vom Balkan bis zur Wüste Gobi.

Im Jahr 713 sind die Muslime in Zaragoza und Barcelona, 720 in Narbonne. Dieser Durchstoß der Omaijaden des Westens blieb über eine lange Zeit eine eher spektakuläre Kriegstat, denn der christliche Widerstand dort war häufig nur symbolisch.

Weniger als drei Jahrzehnte später, 756, wurde durch Abd ar-Rahman I. zunächst das Emirat, dann das Kalifat von Córdoba gegründet. Abd ar-Rahman I. war ein Abkömmling der östlichen Omaijaden, der dem Massaker seiner Familie durch die Abbasiden entkommen war. Dieses Emirat überdauerte drei Jahrhunderte, bis ins Jahr 1031.

Der entscheidendste Faktor dieses Marsches nach Westen war sicherlich die Armee, doch wäre ihre Rolle nicht derart entscheidend gewesen, hätte der Islam nicht für die Erwartungen der eroberten Länder eine entsprechende Antwort parat gehabt, und vor allem, hätte er nicht die *aman* gewährt, die Sicherheit für all diejenigen, die sich seiner Gefechtsmacht unterwarfen. All diese Faktoren, die objektiven wie die subjektiven, wirkten zusammen.

Der Islam ist eine Religion der Eroberung. Was man Expansion des Islam nennt, ist ein Werk, das mit der Natur der Verkündigung selbst bis ins Innerste verbunden ist. Wie gesagt, steht in Sure 9, 29:

> *Kämpft gegen diejenigen, die nicht an Gott und den jüngsten Tag glauben und die nicht verbieten, was Gott und sein Gesandter verboten haben, und nicht der wahren Religion (dîn al-haqq) angehören, […] bis sie kleinlaut aus der Hand Tribut entrichten!*

Schnell zeigte die Geschichte, dass Eroberung und Armee keine guten Gläubigen hervorbrachten. Denn wenn das Herz der Völker nicht bereit war, sich zum Islam zu bekehren, konnte keine militärische Eroberung zum Ziel führen, egal in welcher Kultur. Viel wichtiger war das Interesse der Muslime für das Reisen, den Handel und den intensiven Umgang mit autochthonen Kulturen. Diese andere Form der Eroberung wird mit dem Ausdruck *zweite Verkündigung* bezeichnet. Dieses Mal friedlich, zählte sie das Reisen und die Entdeckungen zu ihren wirksamsten Methoden.

Der Impuls zum Reisen

Der Impuls der Eroberung und territorialen Expansion gab den Impuls zum Reisen. Ganz lapidar kann man sagen, dass das Reisen ein Kind der Expansion war, als das Gebiet des Islam von Córdoba und Gibraltar im Westen bis zum Hindukusch, nach China und Sumatra im Osten reichte.

Die Neigung zum Reisen entspricht im Herzen des Islam der Dualität, die seine kollektive Vorstellungswelt strukturiert. Tatsächlich stellt sich die durch den Islam und die Verkündigung von Mohammed hervorgebrachte Zivilisation als ausgewogene Synthese zwischen einem göttlichen Sehnen und einer vollständig weltlichen täglichen Praxis dar. Auf der einen Seite der Glaube an den einen und unübertrefflichen Gott; auf der anderen Seite die Realität eines Lebens, das sich auf Bewegung, Neugierde, Entdeckung des Anderen und auf Reisen gründet.

Genau in diesem Kontext fügten bedeutende Geographen ihren Pinselstrich bei. Gab es eine Schule der arabischen Geographen und Reisenden? Zweifellos. Die beeindruckende Anzahl von Arbeiten in dieser Disziplin hat zu einer kohärenten Sicht der Welt geführt, hat uns methodologisches Handwerkszeug und vor allem ein Erbe von Beziehungen und technischen Arbeiten hinterlassen, das größer ist als in jeder anderen Religion oder Kultur. Hier ist es angebracht, diesen Beitrag sozusagen als Inschrift zu verewigen. Doch bevor ich auf die bedeutendsten Vertreter eingehe, möchte ich all jene nennen, die in dieser Disziplin einen sichtbaren Eindruck hinterlassen haben.

Einer der ersten war zweifellos Ibn Chordadbeh (gestorben um 885), ein Autor kleiner Abhandlungen, die von Kalif al-Muʾtassim verwendet wurden. Zur selben Zeit waren zwei Kosmographen am Werk: Al-Hamadani (gestorben 903) interessierte sich für Sterne ebenso wie für die Wunder der Welt, und Ibn Rosteh, gestorben etwas nach 903, war gleichzeitig Geograph und Kosmograph, der einige Schriften über das Verzeichnis von Städten und Ländern ebenso hinterließ wie die Beschreibung von Reisewegen. Qodania (gestorben 932) verfasste ein Handbuch, während der Botschafter Ibn Fadlan (10. Jahrhundert) versuchte, die Heiden an der Wolga zu bekehren, was er in einer Erzählung über seinen Aufenthalt bei den Bulgaren beschrieb. Drei weitere muslimische Naturforscher und Geographen beherrschten das 10. Jahrhundert: Es handelt sich um Bozorg ibn Schahriyar, der in großer Anzahl seltsame Phänomene, fantastische Tiere und weitere Kuriositäten beschrieb, vor allem in Asien; Al-Istachri und Ibn Hauqal, der eine *Beschreibung der Erde* (*Kitâb sûrat al-ard*) hinterlassen hat, haben das Werk ihres Vorgängers Al-Balch (gestorben 934) weitergeführt. Dieser ist bekannt für sein kartographisches Werk, dessen Synthese in den *Karten der Länder* (*Suwar al-aqâlîm*) enthalten ist. Weitere prägende Persönlichkeiten, die weniger bekannt, aber ebenso einzigartig sind: Nasir-i Chosrau (1003–1060), Ibn Saʿid (13. Jahrhundert), Al-Abdari (gestorben 1300), Al-ʾUmari (gestorben 1348), Nasuh al-Matraki (16. Jahrhundert), Piri Reis (gestorben 1554), Evliya Çelebi (1611–1684), Al-Ayyaschi (gestorben 1679), Ibn Hamadouche al-Djazairi (1695–1785) u. v. m. Eine echte Schule von Geographen und Reisenden!

Im Übrigen haben die allgemein bekannten Arbeiten einiger großer arabischer oder muslimischer Entdecker Zeit und Raum geöffnet. An erster Stelle muss hier Al-Idrisi genannt werden (um 1099–1165 oder 1186). Dieser Geograph aus Ceuta erstellte die erste Kartographie des Mittelmeeres, die einen wertvollen Beitrag für alle arabischen und europäischen Seefahrer des Mittelalters darstellte.

Al-Bakri (gestorben 1091 oder 1094) war Autor eines geographischen Wörterbuchs (*Muʿdscham*) für Andalusien und eines Buches der Königreiche (*Kitâb al-mamâlik*), in dem er alle Herrschaftsgebiete seiner Zeit Revue passieren ließ.

Die Botschaft des Korans ist eindeutig: Man muss das Wort Gottes in die vier Winkel des Planeten tragen, man muss alle Gläubigen erziehen und über die Möglichkeiten informieren, die sie haben, um die göttliche Botschaft zu respektieren. Diese Expansion hatte eine extrem positive Wirkung, nämlich die Entdeckung verschiedener Länder, Völker und Klimazonen. *Entdeckung* ist der Oberbegriff für die drei Jahrhunderte, die der militärischen und politischen Expansion folgten. Er steht im Zentrum einer Reihe von großen Reisen:

Zunächst war das die Entdeckung Indiens und Chinas durch einen Gelehrten namens Al-Biruni. Um 973 im iranischen Chwarezm geboren, widmete er sich wissenschaftlichen Beobachtungen, die für die Erstellung von Kalendern und einer Chronologie der Nationen sehr hilfreich waren. Doch es war sein Werk über Indien (*Kitâb al-Hind*), um 1030 fertiggestellt, das ihm große Bekanntheit sicherte. Es war das erste Werk, das das Kriegsepos *Mahabharata* erläuterte, wie man folgendermaßen im Buch nachlesen kann: „Es ist ein Werk, das von den Hindus in besonderer Verehrung gehalten wird. Sie behaupten, dass man dort alles findet, was auch andere Schriften enthalten, außerdem die Dinge, die man nirgendwo anders findet. Dieses Buch ist das Mahâ-Bhârata, geschrieben von Vyasa, dem Sohn von Parashara, während des großen Krieges zwischen den (Pandâva) Söhnen des Pandu und denen des Kuru." Im Anschluss kann der Leser der detaillierten Beschreibung der 18 Teile folgen, aus denen das *Mahabharata* besteht. Al-Birûni starb um 1050, wohl in seiner Heimat Khwarezm.

Der Fall Al-Biruni ist exemplarisch. Es handelt sich hier um einen Universalgelehrten, versiert in der Enzyklopädie, der es für notwendig hielt, Sanskrit und den Hinduismus zu erlernen, der Sanskrit-Werke ins Arabische und seine eigenen Werke ins Sanskrit übersetzte. Respektvoll genannt *Al-Ustad, der Professor*, war Al-Biruni auch im Bereich der Sprachen und Religion ein Gelehrter, ebenso wie in der Geometrie des Euklid, in Philosophie und Astronomie. In seinem *Buch Indiens* beschreibt Al-Biruni die vollkommene Unparteilichkeit, mit der sich jeder gute Historiker schmücken sollte: „Deshalb habe ich dieses *Buch Indiens* verfasst, ohne die Menschen zu verleumden, die einen dem unserem entgegengesetzten Glauben haben, und ohne zu vergessen, deren eigene Worte zu zitieren. Wenn das, wovon sie glauben, dass es ihre Wahrheit ist, von unserer Wahrheit abweicht, selbst wenn sie für die Muslime als abscheulich erscheint, nun gut! Ich sage dazu lediglich: Das ist es, was die Hindus glauben, und das ist ihre Sichtweise!" (S. 42, *Übersetzung aus dem Französischen*). Vor 1000 Jahren konnte ein solcher Gelehrter und sehr gefragter Berater von Königen und Fürsten solch klare Worte sprechen, ohne um seine physische Sicherheit fürchten zu müssen.

Ebenso exemplarisch ist Ibn Battuta (1304–ca. 1376). Er hieß mit vollständigem Namen Abu Abdallah Muhammad ibn Battûta, genannt At-Tandschawi aufgrund seines Geburtsortes Tanger. Er ist das emblematischste Beispiel des Reisenden im 14. Jahrhundert und folgte dem herausragenden Ibn Dschubair nach, der auch die Reise nach Mekka erfolgreich unternommen hatte und zwei Jahrhunderte vor Ibn Battuta eine lange *rihla* hinterließ. Dennoch ist die berühmtere von beiden *rihlas* die des Marokkaners. Mit dem Beinamen *Marco Polo der Araber* versehen, gelang ihm der Erfolg, die muslimische *Mamlaka* in alle Richtungen zu durchqueren. Nachdem er sich seiner kanonischen Pflicht, der Pilgerfahrt nach Mekka, entledigt hatte, ging er über die großen Handelswege und besuchte alle Länder rund um Arabien, in einem großen konzentrischen Kreis, der ihn nach Persien, Indien, Afghanistan, China, Ceylon, auf die Malediven, die Inseln Java und Sumatra, nach Samarkand und Buchara führte, außerdem in die Wolgaländer, nach Syrien, Afrika und dann wiederum nach Kairo, in den Maghreb, nach Timbuktu und Andalusien. Es war eine Reise von mehreren 100 000 Kilometern, die ihn ungefähr 20 Jahre beschäftigte. Im Verlauf dieser langen Rundreise nahm der Reisende verschiedene verantwortungsvolle Stellungen wahr, darunter die eines Richters in Delhi, und ganz allgemein die eines *faqîh*, eines *Gelehrten*, indem er denen, die darum baten, Ratschläge erteilte, Orientierung gab und *Fatwas* ausgab.

Die verschiedenen Reiseerzählungen, ein Genre, das man *rihla* nennt, haben alle einen religiösen Aspekt. Im Prinzip ist es die Reise nach Mekka, die große Pilgerfahrt, die die eigentliche Grundlage der *rihla* darstellt. Der Autor, der in der ersten Person schreibt, beschreibt die Landschaften, die Städte, Moscheen und Souks, die er durchquert hat. Er spricht über seine Gefühle, erläutert die Lehre oder den Koran und schildert häufig die Kontakte, die er mit Seinesgleichen hatte. Die *rihla* ist die ergiebigste Entdeckung des anderen im Rahmen der muslimischen Religion.

Ebenso berühmt, obwohl sein Konvertitenname ihn ein wenig aus muslimischer Sichtweise verdrängt, ist Leo Africanus (um 1483–1550). Er wurde als Muslim unter dem Namen Al-Hassan ibn Mohammad Al-Wazzan az-Zayati geboren und war nicht weniger gebildet als seine Vorgänger. Er floh vor der Inquisition in Spanien und blieb auf der Flucht einige Zeit in Fes – daher stammt sein anderer Beiname, Al-Fasi – wo er klassische Studien betrieb. Inzwischen Reisender geworden, durchquerte er den Maghreb von Marokko aus auf dem Rücken eines Maulesels bis nach Timbuktu in Mali, der alten Kornkammer des Königreiches Ghana. Als er sich an der libyschen Küste aufhielt, wurde er von sizilianischen Söldnern gefangen genommen, die ihn nach Italien mitnahmen. Dort wurde er an Papst Leo X. (1475–1521) ausgeliefert oder verkauft, am 6. Januar 1520 in der Basilika von Rom getauft und in den Dienst des Heiligen Stuhls gestellt, wo er wahre Wunder im Bereich der geographischen Beobachtungen vollbrachte. Hier entstand auch seine Beschreibung Afrikas, die 1550 in Venedig erschien. Dieses Werk enthielt Informationen aus erster Hand, insbesondere über die Reisewege und die in Nordafrika entstehenden Städte.

Al-Biruni, Al-Idrisi, Ibn Dschubair, Ibn Battûta, Leo Africanus: Der heutige Islam verdankt diesen Reisenden viel, denn sie haben es möglich gemacht, das Feld des islamischen Denkens zu erweitern und die Quintessenz ihres Glauben und ihrer Praktiken anderen Nationen zu überbringen. Später, als die Reisebegeisterung sich auch der Westlichen bemächtigte, insbesondere der Genuesen und Venezianer, war es ein Araber namens Ahmad ibn al-Madschid, dem man es verdankte, dass der portugiesische Seefahrer Vasco da Gama (1469–1524) wohlbehalten im Hafen ankam. Wir befinden uns am Ende des 15. Jahrhunderts. Auf der Suche nach einer sicheren Route, die ihn nach Indien führen sollte, von wo er Gewürze in den Okzident bringen wollte, nachdem die erste portugiesische Handelsniederlassung in Asien gegründet worden war, umrundete Vasco da Gama das Kap der Guten Hoffnung im November 1497. Bei einem Zwischenaufenthalt in Mosambik sicherte er sich angesichts des Indischen Ozeans die Dienste von Ahmad ibn Madschid, einem Seefahrer aus dem Oman und Reeder von traditionellen Kähnen, die man *Daus* nannte, um ihn durch die Riffe zu leiten. Gemeinsam erreichten sie im Jahr 1498 Kalkutta.

Was dem Islam zu Beginn nützlich war, vor allem die territoriale Vereinnahmung, wurde nach und nach zu einem Hindernis. In einer hemmungslosen Expansion vollzog sich gleichzeitig eine innere Degenerierung, die so weit führte, dass genau der Prozess, der zu einem derartigen Erfolg geführt hatte, diesen vollständig zu verschlingen begann. Und so sah der genaue Ablauf der Folgen aus: Durch eine Beschleunigung der Geschichte war der Islam zur Zeit der Osmanen imstande, seine Expansionsbewegungen über einen langen Zeitraum beinahe auf wunderbare Weise zu etablieren. Zwischen 1421 und 1451 nahm Murad II. die osmanische Expansion in Europa wieder auf. Ab 1453 wurde sein Nachfolger Mehmet II. Herr über Konstantinopel, das heutige Istanbul, das zur Hauptstadt des muslimischen Imperiums wurde. Er unterwarf Serbien und Bosnien (1454–1463), 1475 wurde auch die Krim Vasall der Osmanen. Weniger als 50 Jahre später, zwischen 1512 und 1520, eroberte Selim I. das östliche Anatolien, Syrien und Ägypten. Es folgte die Epoche Suleimans des Großen, eines legendären Helden, der gleichzeitig eine Art Spartakus und Nero war. Zwischen 1520 und 1566 besiegte er Ungarn, besetzte Wien und setzte sich in Tripolitanien und im Maghreb durch. Doch das Imperium spaltete sich. Nach der Eroberung von Zypern erlitten die Osmanen ihren größten Misserfolg auf ihrem glänzenden Weg: die Schlacht von Lepanto. Es war der 7. Oktober 1571. Don Juan de Austria markiert den Endpunkt der osmanischen Expansion in einer Seeschlacht, die auch das Ende der Unbesiegbarkeit des Islam bedeutete. Danach war nichts mehr wie vorher, und man zog daraus eine wertvolle Erkenntnis: Der Islam war so sehr damit beschäftigt gewesen, die äußere Welt zu erobern, dass er dabei die innere Expansion vergessen hatte. Deshalb war die Entdeckung des Selbst in den Hintergrund getreten; die Wissenschaft, die Philosophie, die Künste, das Reisen und die Kenntnis der Welt um sie herum waren blutleer und wurden fast ausgelöscht.

Die Entdeckungen

Bei den Entdeckungen handelt es sich vor allem um die Entdeckung von Ländern und Völkern, nicht direkt um wissenschaftliche Entdeckungen. Die Muslime der ersten sechs Jahrhunderte bewiesen ihr Interesse daran, soziale und geographische Phänomene zu vertiefen, die sie faszinierten. Eines der besten Beispiele ist der Kompass: Zu Beginn der von Anfang an vorhandenen Forderung nach einer Weiterentwicklung der Kenntnisse und vor allem der Wille, das Reisehandwerk zu beherrschen, erweiterten die ersten Muslime ihr kosmologisches Wissen. Der Kompass war Teil dieses Willens und schrieb sich ein in den Reflexionsrahmen der kanonischen Ausrichtung nach Mekka. Das muslimische Gebet ist nämlich nicht gültig, wenn es unterlässt, die erste Bedingung zu erfüllen, die Ausrichtung zur Kaaba in Mekka, die *qibla*. Diese zu suchen, ist die vorrangige Sorge des Muslims. Er tut dies mit einer Meisterschaft, die umso größer ist, als die Geographie des Islam eine planetarische Religion daraus macht. Der Muslim in Kanada, in Südamerika, in Australien – wie soll er sich orientieren, wenn er seine fünf Pflichtgebete verrichtet? Diese Frage wurde im Übrigen zu einem Zeitpunkt gestellt, an dem man die großen Moscheen in Spanien bauen wollte. Sie stellt sich auch heute noch, wenn eine Gruppe Nomaden auf Wanderschaft ist, oder wenn die Viehzüchter des großen zentralasiatischen Plateaus zu den lokalen Märkten reisen, um Absatz für ihre Produkte zu finden. Somit hat letztlich die liturgische Sorge der weltlichen Neugierde gut gedient.

Der Atlas der Routen und Reisewege hatte zwei grundlegende Funktionen: der Eroberung neuer Ländereien dienlich zu sein und der Vereinigung der Kaufleute dabei zu helfen, ihre Strecken und Reisewege zu verbessern. Mit steigender Sicherheit auf den Routen vervielfachten sich die Karawansereien, die Reiseetappen wurden kürzer und der Handel blühte jeden Tag weiter auf. Schon zu Zeiten von Abd al-Malik (685–705), dem fünften Omaijaden-Kalifen, war Arabisch eine gängige Sprache, die man auch in den entlegensten Gebieten des Imperiums sprechen konnte. Auf dieselbe Weise hatte der Dinar, universales Zahlungsmittel aller Stämme, sich durchgesetzt gegen die verschiedenen sassanidischen und byzantinischen Münzen, die im Umlauf waren. Von nun an mussten die Völker und Nationen, wenn sie gewinnträchtige Beziehungen mit den Arabern unterhielten, ihre Geschäfte in einer einzigen Währung und Sprache abwickeln.

Gewürze und Seidenstoffe kamen aus China, Indien und Ceylon; Sklaven, Holz und Gold aus Afrika. Mit der Zeit beförderte man auch Parfum (Oman, Persien), Papier und Elfenbein. Für den Handel stellten die Muslime die beiden großen Achsen bereit, so wie es dem Bedarf entsprach: eine auf dem Landweg (Seidenstraße) und eine auf dem Seeweg. Diese, beginnend in Asien und Afrika, führte entweder durch die Straße von Hormus, durch die Mündung des Persischen Golfs oder durch den Bab el-Mandeb im Jemen. Schon immer hatten Bassora

(Basra) im Süden Mesopotamiens, Dschidda (Arabien) und Kairo (Ägypten) als Warenlager gedient. Doch es ist das Mittelmeer, das dem Handel den im Lauf der Jahrhunderte immer größer werdenden Aufstieg verschaffte. Seitdem haben Venedig, Genua, Neapel, Barcelona, Marseille und andere dynamische europäische Städte die asiatische Produktion fast komplett absorbiert. Zum Schluss sei erwähnt, dass der Handel mit Gewürzen, mit Tee, Mokka und Edelsteinen eine nicht zu vernachlässigende Vermittlerrolle gespielt hat. Dank ihrer konnten sich die beiden Welten treffen, kennenlernen und dauerhafte Bande des Vertrauens und der Solidarität knüpfen. Seit langem weiß man, dass diese Tätigkeit auch ein Friedensunterpfand zwischen den großen Zivilisationen im Norden und im Süden des Mittelmeeres war.

Die Künste

Es ist nun an der Zeit, eine kurze *tour d'horizon* durch die Künste im Islam zu machen. Die islamische Kunst, ein unbekanntes, manchmal auch ignoriertes Kapitel, ist dennoch einer der blühendsten Bereiche dieser Zivilisation. Die Geburt der islamischen Kunst datiert vom Vorabend der arabischen Intuition, gefördert durch einen neuen Glauben, den Islam, ebenso wie durch eine Sprache, die arabische, vereint mit dem persischen Genius. Durch das ganze 8. Jahrhundert hindurch gehen diese beiden großen Kultursphären Hand in Hand, um eine neue Kunst zu gestalten. Von Anfang an gibt es eine doppelte Inspiration: Ein erster syrischer Einfluss und später ein ägyptischer, im Wesentlichen in Poesie und Architektur – das ist im ethnischen Sinne des Begriffs der arabische Einfluss – und ein zweiter, schlankerer und geschmeidigerer Einflussbereich aus dem indo-persischen Raum. Die Verbindung dieser beiden Einflussbereiche ergab eine islamische Kunst mit starker eigener Persönlichkeit, die niemals aufhörte, sich mit Impulsen von außen anzureichern, im Westen maghrebinischen und afrikanischen, im Osten mongolischen und asiatischen, im Norden turko-byzantinischen. Seitdem hat sich die islamische Kunst – und vor allem die religiöse Architektur, in diesem kulturellen Bereich die vornehmste Kunst – geographisch und thematisch immer mehr erweitert.

Vom Felsendom (*Qubbat as-sachra*) in Jerusalem, dessen Konstruktion auf das Jahr 690 n. Chr. zurückgeht, bis zum Palast Alhambra in Granada im 14. Jahrhundert entwickelte sich die Architektur über 7 Jahrhunderte weiter. Einige Bauwerke sind für ihre jeweilige Zeit charakteristisch: Die große Omaijadenmoschee in Damaskus (7. Jahrhundert), die Universitätsmoschee Al-Azhar in Kairo (10. Jahrhundert), die Moschee Ibn Tulun in Kairo mit ihrer charakteristischen Treppe um das Minarett herum, die Moschee von Kairouan, errichtet zu Beginn des 9. Jahrhunderts durch General Uqba ibn Nafi^{c}, oder die von Djenné (Mali) sowie die Medresse el-Attarine in Fes (14. Jahrhundert).

Im architektonischen Bereich ist die bedeutendste Umsetzung seitens der Abbasiden die Stadt Bagdad, zu dieser Zeit aufgrund ihrer heliozentrischen Struktur die runde Stadt genannt. Der Palast des Kalifen befand sich offenbar im Zentrum, zahlreiche Wohnviertel gründeten sich nach und nach um ihn herum.

Den Fatimiden verdanken wir die Bauwerke des aktuellen Kairo. Im Jahr 969 nahmen die Fatimiden das Niltal in ihren Besitz. 972 errichteten sie dort die Universitätsmoschee Al-Azhar und entwickelten dann das alte Fûstat (gegründet durch den arabischen General Amr ibn al-As im Jahr 641) in Richtung Süden. Daraus wurde Al-Kahira, was man im Allgemeinen mit *die Siegreiche* übersetzt (verwandt mit *al-qahhâr*, einem der Schönen Namen Allahs), was Maurice Lombard in den 70er-Jahren des 20. Jahrhunderts übersetzte mit *Stadt, die beim Aufgang des Planeten Mars gegründet wurde*. Kairo war auf dem Gipfel seiner Stadtgeschichte.

In Tunesien wurde 670 Kairouan (*Qayrawân*) durch Uqba ibn Nafi^{c} errichtet, zu Beginn eine reine Garnisonsstadt. Alle großen maghrebinischen und andalusischen Städte wurden innerhalb der drei Jahrhunderte der islamischen Eroberung und Konsolidierung im Maghreb errichtet: Tanger (788), Fes (807), Oran (902–903), Algier (946).

Die Expansion der Muslime in Andalusien bleibt exemplarisch, sowohl was die gegenseitige kulturelle Befruchtung als auch, was die gegenseitigen Anleihen und Einflüsse angeht. Die türkischen Moscheen, besonders in Istanbul, und die asiatischen Moscheen wussten sich ein eigenes originales Gepräge zu geben. Ihr zwiebelartiger Anblick, vor allem im Iran und in Pakistan zu beobachten, erinnert an den entscheidenden Einfluss der asiatischen, auch indischen, Architektur auf die islamische Kunst.

Davon aber gibt es nur einige Prestigebauten, denn künstlerische Vielfalt ist stetiges Kennzeichen im Islam. Die rigiden globalen architektonischen Formen mit ihren festgelegten Bestandteilen – großer Gebetssaal, überragt von einer Kuppel und seinem Minarett – haben immer Raum gelassen für das lokale Gepräge. In dieser Hinsicht ist es nicht übertrieben zu sagen, dass der muslimische Raum eine Art Akademie unter offenem Himmel für monumentale Architektur und blühenden Städtebau war. Während Inspiration und Verschiedenartigkeit der Künste Raum und Zeit kennzeichnen, wird der gesamte Islam davon berührt, bis zu dem Punkt, dass manche Aspekte dieser Zivilisation ausschließlich unter diesem Blickwinkel bekannt sind. Der erste Aspekt ist zweifellos die Architektur. Da die Moschee ja das grundlegende Kennzeichen des Islam und Symbol seiner Macht ist, erfuhr die Architektur der Moscheen eine Expansion, wie kein anderer Aspekt es je erfahren hat. Die Form der Moscheen, ihre Orientierung zur Kaaba in Mekka und ihre Entwicklung haben 100 000 Handwerker und Künstler mobilisiert. Alle Künste, inklusive Bibliophilie und Buchbinderei, sind dort vereint.

Ein Blick aus der Luft auf Städte wie Kairo, Sanaa, Kaschan im Iran, Ghardaia in Algerien und die Küstenstädte Tunesiens, die alle von Licht erstrahlen, zeigt die extreme Verschiedenheit der architektonischen Stilrichtungen und der urbanen Wege in der Stadt auf islamischem Boden. Die Architektur als größte Kunst im Islam ist angereichert durch große Vielfalt an bildlichem Ausdruck in Kalligraphie, Miniatur, Dekoration, Stickerei und Teppichwebkunst. All diese Disziplinen, seien sie künstlerisch oder handwerklich, setzen perfekt beherrschte Kenntnisse ins Werk, wie Seidenstoffverarbeitung, Silber- und Eisenschmiedekunst, Intarsienarbeit, Stuck und Gips, das marokkanische Mosaik (*Zellige*) u. v. m.

Da die dekorativen Künste im Dienst eines übermächtigen, guten und unnachahmlichen Gottes tätig waren, ist die Darstellung Gottes und des Propheten seit den ersten Anfängen belegt. Gott oder den Propheten abzubilden, sieht in den Augen der Muslime aber so aus, als ob man sie herstellen würde. Eine Anmaßung, die den Rahmen der menschlichen Erfindungskraft oder des einfachen Künstlertalentes bei Weitem überschreitet. Die besagte Affäre um die Karikaturen des Propheten Mohammed von 2006 hat die Blockaden und Rigiditäten der Masse der Gläubigen in der heutigen Welt gezeigt. Die Manipulation durch einen besonders eifernden Klerus hat die Vorstellung verstärkt, dass die Muslime keiner Vernunft zugänglich seien und sich von ihren Leidenschaften leiten ließen. Tatsächlich betrifft das Darstellungsverbot im Islam eigentlich nur das Bild Gottes. Dies ist so wahr, dass ein Autor wie Titus Burckhardt einen Neologismus erfinden musste, den *Anikonismus* (Abwesenheit von Bildern), anstelle des *Ikonoklasmus* (Hass auf Bilder und folglich deren Verbot), wie es bei den Orthodoxen Brauch ist. Gemäß diesem Autor hat die Angst davor, dass das Bild zum Idol werden könnte, manche Muslime dazu gebracht, jeglichen Kontakt damit zu vermeiden, so dass der Islam sich selbst mit einem Tabu ausstaffiert hat, das ursprünglich gar nicht existierte: „In den sunnitischen arabischen Milieus schreckt man selbst vor der Darstellung irgendeines Lebewesens zurück, aus Respekt vor dem göttlichen Geheimnis, das in jeder Kreatur enthalten ist, und wenn das Bilderverbot auch nicht in allen ethnischen Milieus mit derselben Strenge beachtet wird, so ist es doch nicht weniger streng in allem, was den liturgischen Rahmen des Islam betrifft: der Anikonismus […] wird in gewisser Weise ebenso betrieben wie das Sakrale. Es ist sogar eine der Grundlagen, wenn nicht die Grundlage der Sakralkunst im Islam." (*L'Art de l'islam, Kunst des Islam,* S. 66; *Übersetzung aus dem Französischen*). Jedenfalls wäre es die vernünftigste Haltung auf der einen wie auf der anderen Seite des Mittelmeeres gewesen, die Provokation der dänischen Karikaturen zu relativieren, indem man sie in ihren Kontext gesetzt und das Übermaß an Empörung, das die arabischen Straßen überschwemmte, auf ihr gerechtfertigtes Niveau reduziert hätte.

Tiere, Planeten, Elemente

Zweifellos aufgrund des besonderen geographischen Rahmens Arabiens erwähnt der Koran häufig das Tierreich, die Elemente, die rauschende Natur, den Kosmos. Das gesamte Ökosystem ist repräsentiert, besonders das Reich der Tiere. Da ist die Rede von fleißigen Bienen, die den Honig herstellen, vom Botschaften überbringenden Raben, von einem Flugtier, das von Abraham zerlegt wird, von der Kuh des Moses, von einem Fuchs in der Geschichte des Joseph, vom Wiedehopf des Salomo und der Königin Bilkis, vom Fisch, der Jonas verschlang etc. Alle Tiergattungen waren vorhanden, als es Noah gelang, die Männchen und Weibchen vieler Arten auf sein Floß zu bringen. Dank seiner konnte das Reich des Lebens wachsen und sich vermehren. Es war aus einer immensen Gefahr gerettet worden. Vor noch nicht langer Zeit hat Ahmad Bahdscha in seinen *Fables animales du Coran* (Tiererzählungen im Koran) die Stellen mit Nennungen von Tieren im Heiligen Buch der Muslime untersucht. Er unterscheidet 12 verschiedene Arten, zitiert in mehr als 90 Koranversen. Der Fuchs in Sure 12, Vers 17; der Fisch des Jonas in Sure 37, Vers 142; die Kuh des Sohnes Israels in Sure 2, Vers 67; der Wiedehopf in Sure 27, Vers 20. Die Ameise und die Ameisenkolonien erscheinen in derselben Sure, Vers 17–18, ein fremdartiges „apokalyptisches wildes Tier" in Vers 32. Zwei nicht näher beschriebene Flugtiere erscheinen in Sure 5, Vers 110 und in Sure 2, Vers 20. Das erste Tier davon erscheint in der Welt Christi, das zweite in der Abrahams. Was den Elefanten angeht, so gibt er seinen Namen der 105. Sure, wo er im ersten Vers erscheint. Der Rabe der Kinder Abrahams ist in Sure 5, Vers 31; die Kamelstute von Salih in der Sure *Hud*, Vers 23. Schließlich wird das Kalb erwähnt, in der Episode über die Söhne Israels, als sie mit ihrem Schmuck das Abbild eines Tiers herstellen (7, 148). Vier Tierarten genießen besondere Behandlung. Dies sind die *Spinne* (*al-ᶜankabût*, 29), die *Bienen* (*an-nahl*, 16), die *Ameisen* (*an-naml*, 27) und der *Elefant* (Sure „*Al-Fîl*", 105). Diese Tiere haben vier Suren des Korans ihren Namen gegeben. Sure 2 trägt ebenfalls den Namen eines Tieres: *Die Kuh* (oder *Die Färse, Al-Baqara*). Ähnliches ist festzustellen beim Kosmos, den Sternen, Planeten und der Art und Weise, wie sie zueinander gestellt sind. Schon immer nahmen Sterne und Sternenkonstellationen einen besonderen Platz in der Kosmologie der Beduinen ein. Dies ist der Tatsache geschuldet, dass der Karawanenverkehr aufgrund der großen Hitze, die das ganze Jahr über in dieser Gegend vorherrscht, teilweise in der Nacht stattfand. Aufgrund dessen war ihnen die Himmelskarte vertraut.

Die Erzählung und das Wunderbare

Die rasche Ausbreitung des Islam hat es ihm erlaubt, auch Länder, Völker und Kulturen kennenzulernen, die sich unterscheiden von seiner Grundkultur, der Arabiens. In Bagdad erreichte der Islam eine Klarheit, die es ihm gestattete, eine erste profane Mythologie zu erfinden, *Tausendundeine Nacht*, auf Arabisch *Alf layla wa layla*. In Wahrheit stellt diese Erzählung eine Gegenkultur und ein Gesellschaftsmodell dar, das sich der durch den dogmatischen Islam in ein Korsett geschnürten Tradition radikal widersetzt. Von allen arabisch-persischen literarischen Epen ist *Tausendundeine Nacht* nach wie vor eines der bekanntesten. Auch heute, 10 Jahrhunderte später, haben dessen populärer Spott und fehlende Ehrerbietung noch nicht eine einzige Falte. Die tückischen und wenig sicheren Untiefen der orientalischen Stadt werden überwunden durch die überbordende Sinnlichkeit der Bauchtänzerinnen unter den Augen der Matronen. Der Palast ist der Rahmen dieses Theaters, denn er ist der Ort, wo das Intime sorglos mit dem Politischen verkehren kann. Der Wesir, der Kammerherr und selbst der Kalif, die sich alle an gutem Wein satt trinken, bewundern unaufhörlich die enthaarten Geschlechtsteile der gefügigen Kurtisanen und die muskulösen Körper der schwarzen Sklaven. Denn die Überschreitung der Tabus durch dieses Epos ist ein nicht alltäglicher Genuss. Verwirrenderweise fassen die Araber *Tausendundeine Nacht* als Ausdruck ihrer wiedergewonnenen Freiheit auf. Sie hören den Rezitationen in den Souks zu, die mit Einbruch der Nacht beginnen und bis zum folgenden Morgen dauern können. Im Laufe der Zeit ist dieses Epos zu einem Werk des Widerstands geworden, häufig zu einer heilbringenden Katharsis. Es beleuchtet den verborgenen Teil der Hofgesellschaft jenseits ihres Prestiges. Es kolportiert eine bestimmte Vorstellung des Islam aus klassischer Zeit, eines toleranten und neugierigen Islam, und stellt heute den erweckten Traum der Araber dar. Die erste französische Übersetzung von *Tausendundeine Nacht* verdankt man einem Gelehrten aus der Picardie, Antoine Galland (1646–1715), der gleichzeitig Schriftsteller, Reisender und Wissenschaftler war. Dieser Übersetzung widmete er einen großen Teil seines Lebens. Die beiden

Hauptheldеn sind Scheherazade (Schahrazâdeh), eine junge Frau, und der mächtige König von Indien, Schahriar, auf dessen Kosten sie sich entfaltet. Diese beiden Persönlichkeiten stehen im Zentrum einer Erzählung mit spannenden Elementen. Scheherazade ist eine junge, ausgekochte und entschlossene Frau, Schahriar ein unreifer und kleinmütiger Mann. Alles beginnt mit einer Kaskade sexueller Betrügereien, die miteinander verflochten sind. Ein von seiner Ehefrau betrogener König ertappt sie mit ihrem Liebhaber im Bett und beschließt, sich zu rächen, indem er alle Jungfrauen des Königreiches tötet, nicht ohne ihnen vorher die Jungfräulichkeit geraubt zu haben, gemäß dem feudalen Recht des *ius primae noctis*. So verringert sich die Zahl der Jungfrauen mehr und mehr, bis Scheherazade, aus adligem Hause stammend und, wie die Erzählung berichtet, „mit einem Mut versehen, der über ihr Geschlecht hinausgeht", dieser Verwünschung ein Ende setzen will, indem sie ihr zuvorkommt. Nachdem sie den König geheiratet hat, erzählt sie ihm in ihrer Hochzeitsnacht eine Geschichte, die ihn fesselt, die sie aber in der Mitte unterbricht. Schahriar will natürlich deren Ende erfahren und gewährt der Erzählerin einen ersten Aufschub. In der folgenden und in allen weiteren Nächten wird die Erzählung jedesmal an der Stelle fortgeführt, wo sie am Abend zuvor unterbrochen worden war. Scheherazade nutzt diese langen nächtlichen Sitzungen für lange Abhandlungen über Berufe, Länder und Legenden der Levante.

So werden Aladin und seine Wunderlampe geboren, Ali Baba und die 40 Räuber, Sindbad der Seefahrer oder der verliebte Prinz Kamar es-saman, dessen sexuelle Ambivalenz Pasolinis Film inspirierte.

Wie erklärt sich der phänomenale Erfolg von *Tausendundeine Nacht*? Ist es die Intrige? Ist es die lange Nase, die das Epos der etablierten Moral dreht? Sein schwefliger, gepfefferter Charakter? Vielleicht ist es der Zeitvertreib. Traumhafte Gipfel erreichte *Tausendundeine Nacht* mit André Gide, der sie in einem Hamam las und dabei seinen Körper den fachkundigen Händen männlicher Masseure überließ.

Der Islam ist die Religion der Ganzheit. Jeder Gläubige ist ein Partikel davon, dessen Berufung es ist, auf spontane Art (*fitra* genannt) die religiösen Unterweisungen zu akzeptieren. Bei der Geburt verliehen, ohne weitere Formalität oder Zeremonie mit starkem symbolischen Wert wie eine Taufe, kann man die muslimische Religion praktisch niemals verlieren. In der traditionellen Kosmologie vermischt sich das intime Wesen des Muslims mit der Gesamtheit der Welt und der Schöpfung. Die Vorstellung von einem guten Menschen, der geboren wurde, um Gutes zu tun und Böses zu verdammen, hallt in der Architektur einer Gemeinschaft von Religion und profanem Leben wider. Deshalb ist die Expansion des Islam, das Zeitalter der Eroberungen, der geographischen Entdeckungen, der durchquerten Länder und Völker, diese gesamte universelle Maschinerie des menschlichen Daseins nichts anderes als die Realisierung der humanistischen Vorstellung des Islam. 14 Jahrhunderte nach seiner Geburt und durch eine große Zahl von Eroberungen, Einmärschen und Gegenkreuzzügen ist der Islam heute eine Religion, die von einem Teil des Westens gefürchtet und gehasst wird. Wie in Vorwegnahme dessen ist das Rolandslied im 10. Jahrhundert Ausdruck eines gegenüber dem Islam obsessiven Schreckens, der sich niemals wirklich gelöst hat: „Riesig sind die Armeen dieser verhassten Rasse“ – eine Einschätzung, die im Laufe des Mittelalters immer wieder aufkam und bestimmten Extremisten Nahrung gab. Die Expansion des Islam geht weiter, vor allem in Afrika und Asien. Eine friedliche, aber entschlossene Expansion am Ende des 20. Jahrhunderts, beschleunigt durch die aktive Ideologie der arabischen Herrscher. Die durch unsere zeitgenössische Welt generierte Unruhe und die beträchtliche Anzahl heruntergekommener, desorientierter Gläubiger sind Faktoren, die die Konversion fördern. Die Zahl derjenigen, die ihre Religion ändern und sich zum Islam bekehren, ist nicht genau bekannt, umso weniger, als das Phänomen erst seit einigen Jahren eine neue Wendung genommen hat. Sicher ist, dass die so sehr ersehnte friedliche Begegnung zwischen Islam und Christentum nicht an der Tagesordnung ist. Es bleiben sehr viele Klippen und noch viel Misstrauen zu überwinden, bevor die beiden Religionen eine übereinstimmende Position im Hinblick auf die globalen (und weltweit verbreiteten) Probleme einnehmen, die unseren Planeten betreffen.

Kapitel 9

Was ist Integrismus?

Nahda

Zu Beginn des 20. Jahrhunderts erlebte der Islam eine paradoxe Situation. Die arabische Welt – und folglich der Islam – hatte gerade sein Jahrhundert der Reformen kennengelernt (*nahda*), auch wenn oft der Samen die Ernte ersetzte. In den wohlhabenden Klassen verband sich ein Zeitalter großer intellektueller Strömungen mit der Liebe zu den Sprachen und zum Reisen. Man gefiel sich darin, die Gründungsmythen wieder aufzuwärmen, die der arabischen Nation, die des ursprünglichen Islam, das Epos. Auf religiöser Ebene diskutierten viele Theologen über die Moderne, während die Elite ihre Kinder in Schulen schickte, die von Dominikanern oder Weißen Vätern geleitet wurden. Manche erzählten von ihren Erfahrungen aus Europa, wo sie sich mit Hilfe des Palastvermögens aufhielten. Einer davon, Rifaʿa at-Tahtawi (1801–1873) war ein Reformator im positiven Sinne des Begriffs, vielleicht der bekannteste all jener, die an der Transformation der politischen, administrativen und moralischen Sitten im Land am Nil arbeiteten. Er war Mitglied der ersten Delegation Ägypter, die durch Mehmet Ali – der Muhammad Ali der Araber (1769–1848) – nach Frankreich gesandt wurde, um sich mit der Verwaltung dieses Landes vertraut zu machen. Nach Hause zurückgekehrt, wurde die Delegation mit allen Ehren empfangen. Rifaʿa at-Tahtawi war sorglos, denn es lachte ihm eine große Zukunft. Und vor allem war Ägypten sehr gealtert. Es musste von Grund auf neu konstruiert werden. Die anderen Mitglieder der Delegation standen nicht hintan. Oft brillanter als Tahtawi, wie es in den Berichten steht, die ihre Lehrer an der Sorbonne und anderen Universitäten verfasst haben, aber der großen Öffentlichkeit kaum bekannt, waren sie Teil der gelehrtesten Umgebung, die man sich vorstellen konnte.

Dennoch, im nicht mehr arabischen, aber muslimischen Bereich war die Erdkarte auseinandergesprungen. Zwischen den unterschiedlichen Ländern, die eifersüchtig über ihren eigenen Nationalismus wachten, war noch keine Kommunikation möglich.

Um die Wahrheit zu sagen, war die Gemeinschaft der Muslime, die *Umma*, zerstreut und geschwächt. Die Bürger der verschiedenen gesellschaftlichen Klassen hatten kaum mehr Berührungspunkte. Dasselbe galt für die Länder: Die reichsten wollten mit dem ärmsten keine engeren Verbindungen aufnehmen. Der Lehnsherr lenkte aus weiter Entfernung, während die Untertanen agierten wie in einem Pantomimespiel. Am Ende des 19. Jahrhunderts berührte das Bewusstwerden dieser Entfremdung in einem solch gesegneten Boden wie dem Orient weder die einzelnen Menschen noch die Systeme oder eventuell vorhandene Interessengruppen. Man sah alles durch ein verformendes Prisma des Schicksals, das in den großen Familien bereits als ganz natürlich und althergebracht angesehen wurde.

Doch die Vorstellungskraft war eingerostet und die Volksschichten führten eine unwürdige Existenz. Das Feuer schwelte. In diesem Kontext hatte eine kleine Gruppe Intellektueller eine komplexe Doktrin ersonnen, um aus der falschen Idylle und der aphrodisierenden Anziehungskraft herauszukommen, die repräsentiert wurde von Alexandria, der ägyptische Riviera.

In Ägypten, das praktisch unter türkischem Mandat war, regierte der Khedive 1805–1848. Folglich radierte er die letzten Mamelucken vor allem deshalb aus, um dem Sultan zu gefallen. Dieser vergalt es ihm gut, indem er den Khediven mit dem Titel des Vizekönigs ausstattete. Die Türken nannten sich immer noch Osmanen, ein Name, der sie an frühere Größe erinnerte; aktuell aber mussten sie das Erwachen der europäischen Nationen ertragen. Mehmet Ali half den Osmanen mit Bedacht bei ihren Expeditionen in Arabien (1811–1819) und Griechenland (1824–1827), konnte aber gegenüber den Schirmherren den Scheinheiligen spielen, als es darum ging, auf seine eigene Rechnung den Sudan zu erobern (1820–1823).

Zu Beginn schwammen die Intellektuellen der Zeit nach der *nahda* noch im Kielwasser ihrer beiden Mentoren, zum einen Dschamal ad-Din al-Afghani (1838–1897), geboren in Kabul, weshalb er den Beinamen *der Afghane* trug, und zum anderen Muhammad Abduh (1849–1905). Die Predigten Al-Afghanis gegen die Anwesenheit der Engländer wurden von den Herren des Landes mit Missfallen beobachtet. Zu Recht glaubten sie, dass dies in Streitigkeiten über ihre Anwesenheit münden könnte. Im Jahr 1868 kämpfte Al-Afghani im Exil in Paris für eine Rückkehr zum Korantext und für eine Rekonstruktion des Islam, der seiner Ansicht nach durch die dekadenten türkischen Fürsten ebenso verunglimpft wurde wie durch die Engländer. Ausgestattet mit großer Überzeugungskraft, dauerte es nicht lange, bis sich ein anderer Reformator der ersten Stunde Al-Afghani anschloss, einer, der selbst verbannt war, Mohammed Abdûh. Er war ägyptischer Theologe, ausgebildet in Kairo an der Al-Azhar-Universität, der bedeutendsten Institution der sunnitischen Theologie. Nach verschiedenen Schicksalswendungen hielt er sich zunächst in Beirut und dann in Paris auf.

Nachdem sie sich zusammengeschlossen hatten, versuchten die beiden Scheichs, eine Zeitschrift herauszugeben. Sie nannten sie *Le Lien solide* (oder *Le Lien indéfectible*; *Das unfehlbare Band*), Übersetzung aus dem arabischen Namen *Al-ʿurwa al-wuthqâ*, ein Ausdruck, der vom Koran inspiriert war. Beide besangen einen „wiedergefundenen" Islam, mit süßen Träumen wie der politischen Unabhängigkeit, dem Kampf gegen die Kolonialherrschaft, der Einheit aller Muslime, auch in den überkommenen Regierungssystemen des Westens. Ihr Endziel war, das islamische Bewusstsein neu zu gründen und effektiver zu gestalten. In der *Botschaft von der Einheit Gottes* (*Risâlat at-tawhîd*), einer posthumen Veröffentlichung, wurden alle heute aktuellen salafistischen Themenbereiche entwickelt. Grundidee war die Wiederbelebung des islamischen Vermächtnisses, jedoch ohne es in präzise Grenzen einzurahmen. Muhammad Raschid Rida (1865–1935), Sayyid Qutb (1906–1965) und später Malek Bennabi (1905–1973) folgten den Spuren des Gründers. Der erste war Syro-Libanese, der zweite Ägypter, der dritte Algerier. Besonders Sayyid Qutb vertrat die Theorie eines politischen Islamismus in dem Sinne, wie ihn die Organisation der Muslimbrüder als letztes Mittel gegen Gamal Abdel Nasser (1918–1970) anwandte.

Schließlich wurde Qutb von der Polizei des Rais verhaftet und wegen Verschwörung gegen den Staat verurteilt und hingerichtet. Diese Beispiele genügen, um die Verbreitung reformistischer Ideen ebenso zu veranschaulichen wie die Ausbreitung im Bereich des politischen Islamismus. Man ist aktuell noch nicht wieder bei der religiösen Gewalt der 80er-Jahre des 20. Jahrhunderts, aber die grundlegenden Konzepte stehen bereit, um sich eine pietistische und ideologische Färbung zu geben, die eine solche Gewalt bei den muslimischen Massen rechtfertigen würde. Zahlreiche weitere Schüler sollten in der Folgezeit die Fackel des islamistischen Denkens aufnehmen, ob reaktionär oder modernistisch, bis sie von selbst ausging, verzehrt durch den islamistischen Integrismus am Ende des 20. Jahrhunderts.

Im Namen Allahs

Die im Namen Allahs betriebene religiöse Gewalt ist eins der virulentesten Krebsgeschwüre, die sich in den letzten vierzig Jahren der *Umma* bemächtigt haben. Um deren Entstehung zu begreifen, muss man zurückgehen zu den Quellen des religiösen Radikalismus. Vor allem muss die Art und Weise untersucht werden, wie die muslimische Gemeinschaft mit den beiden großen historischen Situationen jener Zeit umging: das Osmanische Reich war mittlerweile zerfallen, dank einiger Überbleibsel aber immer noch lebendig, und es gab eine neue europäische Ordnung, zunächst im 19. Jahrhundert um einen englisch-französischen Antagonismus herum geordnet, dann im 20. Jahrhundert um einen Antagonismus zwischen West und Ost.

Vor etwa 30 Jahren schrieb Toufic Fahd in der *Histoire des religions*, erschienen in der Pléiade-Reihe, über den heiligen Krieg (*Dschihad*): „Wir können uns hier nicht bei diesem bedeutenden Problem der muslimischen Doktrin aufhalten, das in den Zeiten der Moderne viel von seiner Schärfe verloren hat, so sehr, dass es in bestimmten zeitgenössischen Handbüchern der Moraltheologie keinen Platz mehr findet." Heute muss konstatiert werden, dass der heilige Krieg nicht nur aktuell ist, sondern dass er sich darüber hinaus in bestimmten konservativen oder revanchistischen Milieus verbreitet.

Dies ist eine seit dem 19. Jahrhundert nicht dagewesene Regression, die eine große Zahl revolutionärer Bewegungen hat entstehen und blühen lassen, darunter manche, die gegenüber dem Westen bereits radikalisiert war. Der Führer einer dieser Bewegungen, der Sudanese Muhammad Ahmad ibn Abdullah, genannt der *Mahdi*, ist immer noch berühmt, dank seiner gewalttätigen messianischen Reden, die sich auf eine Propaganda der Unabhängigkeit und Befreiung aus der englischen Bevormundung gründeten. *Al-Mahdi* heißt, wie gesagt, *der von Gott Geleitete*, was in diesem Zusammenhang eine interessante Bedeutung wieder ins Spiel bringt: Man wollte damit glauben machen, dass Allah sich den Gläubigen immer noch zeigen kann, in Gestalt eines bestimmten Kriegers, charismatischen Führers oder eines beeindruckenden Imams. Dem *Mahdi* wurde blindes Vertrauen entgegengebracht, der diese Fleischwerdung der göttlichen Vermittlung gekonnt zu nutzen und ihr eine gewisse Substanz und Realität zu verleihen wusste.

Zu dieser Zeit waren die Engländer dabei, das ganze Horn von Afrika zu besetzen, nachdem sie ein Auge auf das Ägypten Arabi Paschas geworfen hatten. Daher zögerte der *Mahdi* nicht, mit ihnen zu wetteifern. Ab 1881 verbreitete sich sein Prestige derart, dass loyalistische Truppen von Kairo ausgesandt wurden, um ihm die Flötentöne beizubringen. Hicks Pascha stand an der Spitze dieser ziemlich zusammengepfuschten Strafexpedition. Wir befinden uns im Jahr 1882. In einem Überraschungsangriff durch die um den *Mahdi* versammelten Truppen wurde die Strafexpedition innerhalb weniger Stunden besiegt und zerstreut. Der englische General Gordon, der 1885 Herrscher von Khartoum war, bezahlte diesen Kreuzzug gegen den ägyptischen Sudan mit dem Leben. Er wurde bei einem Angriff getötet, den die Truppen des *Mahdi*s gegen ihn führten.

Was passierte seitdem? Und wie einen solchen Zerfall verstehen? Zunächst muss man sich in die Zeit der 20er Jahre des 20. Jahrhunderts hineinversetzen. Zu dieser Zeit war das Kalifat dabei, einen schönen Tod zu sterben, und Atatürk organisierte das alte anatolische Land, um daraus die moderne Türkei zu machen. Anstelle der Hohen Pforte wollte der Vater der modernen Türkei (*Ata* bedeutet Vater) einen europäischen Staat: modern, progressistisch und laizistisch, sogar antiklerikal. Dazu ist zu sagen, dass diese Revolution weder leicht noch oberflächlich war.

Ab 1924 waren Bruderschaften und Sekten ebenso verboten wie der Frauenschleier. Im Alphabet ersetzten lateinische Buchstaben die arabischen, die in der osmanischen Schrift verwendet wurden. Noch weitere Maßnahmen wurden ergriffen: Die Woche und das Jahr wurden umorganisiert, das Staatsrecht verjüngt. Diese Periode war geprägt von großen Unruhen, von denen manche mit der Art der in der Türkei durchgeführten Änderungen zusammenhingen. Die Glaubenslehrer in der arabischen Welt sahen sich durch die Verräter in Istanbul betrogen, wo der Traum einer Verwestlichung die Verachtung für den orientalischen Zweig des Islam nur unzureichend verdeckte. Es ist als Bruch mit dem durch Atatürk aufgezwungenen Modell zu sehen, dass Al-Azhar begann, den Gegenstoß zu organisieren, indem man dort eine orthodoxere und strengere Sichtweise der sunnitischen Doktrin entwickelte. Unter den Unruhe stiftenden Bestandteilen dieses neuen Zeitalters in der Türkei bleiben drei grundlegende Ärgernisse festzuhalten. Zunächst war dies die Überflüssigmachung des klassischen religiösen Personals wie Muftis, Kadis, Schüler zahlreicher Sekten, „Landpfarrer“, selbst Koranlehrer. Im alten System wurde ihre Existenz durch das Kalifat eingerichtet, das ihnen die Möglichkeit gab, ihren Beruf auszuüben. Manche gaben Verfügungen heraus, andere *Fatwas*, wieder andere lebten auf Kosten der Sekte oder der Moschee, von denen sie abhingen. Von heute auf morgen hatte sich ihr Broterwerb in Luft aufgelöst. Davon war auch ihr Sozialprestige berührt, was große Ressentiments hervorrief. Die zweite Konsequenz war das Auftauchen der arabischen Theologie des Islam. Schon lange wollten die ägyptischen Theologen, die der Al-Azhar, aber auch Theologen aus Arabien, sich von ihren osmanischen Kollegen trennen, deren Ukas sie, obwohl sie sehr stolz waren, hinnehmen mussten. Indem er das System abschaffte, gab Atatürk dem mächtigen Korps der Theologen an der Al-Azhar-Universität die Möglichkeit, aus der Asche neu zu erstehen und die Sache wieder zurechtzurücken. Nicht, um ein *Aggiornamento* zu beschließen, was die archaischen Formen der arabischen Gesellschaft anging, sondern um gegen diejenigen zu wüten – und die waren sehr zahlreich – die das muslimische Recht (*Fiqh*) modernisieren wollten, die das Ansehen der Friedensreligion, welche der Islam darstellt, wiederherstellen oder die Frau aus ihrem mittelalterlichen Ghetto entlassen wollten. Das häufig genannte Beispiel zur Illustration dieser neuerlichen „dogmatischen Verschließung", deren erste vor über 1000 Jahren stattgefunden hatte, ist Scheich Abderraziq (1888–1966), ein qualifizierter Al-Azhar-Theologe und bekanntes Mitglied der religiösen Nomenklatur. Sein Vergehen, außer in Oxford studiert zu haben, war das Verfassen eines Buches, das großen Aufruhr verursachte, *Der Islam und die Grundlagen der Herrschaft*, erschienen im Jahr 1925. In diesem Werk entwarf Abderraziq ein Tableau ohne jegliches Entgegenkommen gegenüber der Situation, die in den religiösen Instanzen seines Landes vorherrschte. Mit aller Kraft denunzierte er die doktrinäre Blutschande zwischen den Vertretern der beiden grundlegenden Körperschaften. Seiner Meinung nach war die Vermischung zwischen Islam und Politik nicht mehr angebracht. Man sollte vielmehr die Statuten und Aufgaben von beiden klären und sich dabei auf den Propheten Mohammed berufen, der, so der Autor, kein weltlicher König, sondern nur ein spiritueller Führer gewesen sei. Künftig solle der Islam die Durchlässigkeit, die zwischen dem Weltlichen und dem Zeitlosen existiere, nicht länger hinnehmen, damit der Imam ein Imam und der Herrscher ein Herrscher bleiben könne. Bei seinem Erscheinen wurde der Verkauf des Buches sofort verboten. Der Autor wurde aus der klerikalen Gesellschaft verbannt, verunglimpft, es wurde ihm verboten zu predigen. Anstatt Ali Abderraziq an die Spitze der Reformatoren zu befördern, provozierte sein Werk Gezeter unter den Imamen, was jede Konzeption einer Reform des Islam verkümmern ließ. Dies ist nur ein offensichtliches Beispiel, doch spricht es für sich selbst, weil es zeigt, wie die Religion Mohammeds dabei war, sich zu radikalisieren.

Muslimbrüder

Das dritte Ärgernis war nicht weniger unheilvoll. Es trägt den Namen Hassan al-Banna (1906/1907–1848). Als außergewöhnlicher Prediger begann Al-Banna als Lehrer in einer zweitrangigen Stadt Unterägyptens, in Ismailia (1927). Er war bereits sehr gläubig, mit einer Tendenz zur Bigotterie, die sich zeigte, als er eine erste „Gesellschaft gegen die Übertretungen des Gesetzes und der islamischen Moral“ gründete. Das war nur die erste von mehreren solchen Gründungen. Al-Banna interessierte sich für den Sufismus, den er vertiefte, indem er eine lokale Sekte namens *Husafiyya* gründete. Er fastete montags und freitags, wurde Muezzin im Gebetssaal der Schule von Damahur. Im April 1929 gründete er die Vereinigung der Muslimbruderschaft (*Dschamᶜiyyat al-ichwân al-muslimîn*). Sehr schnell führte dies dazu, dass der Mann, der vorher von Spiritualität und Meditation geprägt gewesen war, sich häutete und einer Metamorphose unterzog. 1932 verließ Al-Banna die Stadt Ismailia, um sich in Kairo niederzulassen und ein ebenso gerissener wie gefährlicher politischer Mann zu werden. Das herrschende Regime begriff dies schnell und versuchte etwas ungeschickt, ihn zu kontrollieren. Doch das Khediven-System – paternalistisch und veraltet – war am Ende seiner Geschichte. Hassan al-Banna, ein erfahrener Organisator und Propagandist, der die Psychologie der Massen beherrschte, wusste die Erwartungen und Frustrationen des ägyptischen Volkes für sich zu nutzen. Die Religion schien ihm der einzig mögliche Hebel, um den Oger von Kairo wanken zu lassen. Für ihn wie für alle Fundamentalisten gab es keine mögliche Trennung zwischen dem Weltlichen und dem Zeitlosen. Beide Ordnungen waren aus seiner Sicht nur eine einzige, er predigte die Rückkehr zu den Quellen, das staatliche Grundgesetz solle sich wortwörtlich an den Koran halten. Die Vereinigung der Muslimbruderschaft zählte nach Quellenlage im Jahr 1933 2000 Mitglieder. Zwei Jahre später waren es 40 000 Mitglieder, fünf Jahre darauf 200 000 Mitglieder. Im Jahr 1948 gab es um die zwei Millionen Muslimbrüder.

Bald redete die Vereinigung sich ein, sie könne sich mit der politischen Macht messen. Doch sie wurde am 8. Dezember 1948 aufgelöst, wegen „subversiver Verhaltensweisen“, die „gegen die Sicherheit des Staates“ verstießen. Der Wurm aber war schon in der Frucht, wovon erste Gewalttaten zeugten: So wurde der Premierminister von einem Anhänger der Muslimbrüder ermordet. Kurz danach, am 12. Februar 1949, wurde Hassan al-Banna auf offener Straße durch ein Mitglied der staatlichen Sicherheit umgebracht. Doch die Bewegung der Muslimbrüder überlebte ihn. Nach einer Episode in der Politik zu Zeiten von Gamal Abdel Nasser, die durch Verbot der Bewegung 1954 endete, behielten die Muslimbrüder bei den benachteiligten Massen weiterhin eine Stellung, wie keine andere Vereinigung sie seitdem innehatte. Außerdem vermochte der Übergang in den Untergrund ihrer Bewegung ein Pfand der Überzeugung und Ernsthaftigkeit zu verleihen, das ihnen bisher fehlte. An diesen Eigenschaften mangelte es nämlich den Gruppen, Vereinigungen und politischen Parteien, die durch die herrschenden Regimes gedungen wurden.

Wie viele sind es heute? Die Macht Mubaraks ist unsicher. Er würde gerne die Aktivitäten einer Vereinigung begrenzen, die in der Wertschätzung durch die Bevölkerung unaufhörlich steigt, ein Kennzeichen revolutionärer Bewegungen. Hinzu kommt das Virus der Demokratie, das, weil das Ganze nur eine Fassade ist, den Oppositionellen mehr hilft als den alten, korrupten Regimes.

Teheran 1979

Die neueste Phase der religiösen Gewalt im Namen Allahs wurde eingeläutet durch die Rückkehr des Imams Chomeini nach Teheran. Ruhollah Chomeini (1902–1989), ein ultra-orthodoxer schiitischer Theologe, studierte in Ghom, der heiligen Stadt des Iran. 1933 begann er mit der Laufbahn eines Lehrers und bald mit der eines Predigers. Sein Buch *Der Schlüssel der Geheimnisse* ist ein heftiger Angriff gegen die westliche Orientierung, die die Gesellschaft des persischen Schahs Mohammed Reza schamlos zur Schau trug. Was Chomeini am meisten verhöhnte, breitete sich direkt vor seinen Augen aus: Der Sektencharakter der Pahlavi-Dynastie, das blind autoritäre Gebahren der Polizei (*Savak*), die Ungerechtigkeit gegenüber den ärmsten sozialen Schichten, der zügellose Materialismus und vor allem die Verwestlichung. Das zu Beginn dieser Periode meistverwendete Wort war *tûghat, Tyrannen*. Es bezeichnete alle schiitischen oder sunnitischen Führer, die sich mit dem Westen verbündeten und ihr Volk verachteten. Nach 7 Jahren als Prediger in Nadschaf im Irak, wo er zum Schluss *persona non grata* war, verließ Chomeini das Land in Richtung Frankreich. Im Oktober 1978 ließ er sich in Neauphle-le Château nieder. Von seinem Hauptquartier aus überschwemmte er die Iraner mit Kassetten, auf denen seine flammenden Predigten zu hören waren. Seine Obsession, die er immer wieder anbrachte, war das materialistische Regime des iranischen Schahs und dessen Haltung, die gleichzeitig ungerecht, gewalttätig und vor allem antiklerikal war. Die Propaganda trug Früchte: Am 1. Februar 1979 feierten die Iraner die triumphale Rückkehr ihres Halbgottes, des *Velâyat al-Faqîh*, der *höchsten Quelle des Gesetzes*. Ein laizistisches System fiel, ein anderes System wurde an seiner Stelle errichtet. Dieses neue System war religiös, dogmatisch, traditionalistisch. Außerdem hatte es den Ehrgeiz, die sog. islamische Revolution in alle Winkel der Welt zu tragen, beginnend bei den Regimes der Nachbarstaaten, allen voran dem Irak. Schnell wurde eine Kriegsterminologie erfunden: So wurden die USA und ihre Verbündeten im gesamten Mittleren Osten abqualifiziert als *Großer Satan*. Saddam Hussein, der in den 80er Jahren des 20. Jahrhunderts gegen den Iran Krieg führte, wurde als *Kleiner Satan* bezeichnet.

Sehr schnell schraubten die Iraner ihre Hoffnungen herunter. Denn sie mussten sich den alltäglichen Veränderungen beugen, die von den Mullahs gefordert wurden und ausschließlich aus dem Frömmigkeitsregister stammten. Aus war es mit der Laizität, die zu Zeiten des Schahs herrschte, aus mit den Freuden des Lebens und der wollüstigen Seite der Abendveranstaltungen in Teheran, aus mit den Ausflügen in die Berge. Die moralische Ordnung, die sich über das Land legte, nahm jegliches Raffinement des städtischen Lebens mit sich, das dem iranischen Bürgertum ebenso zu Eigen gewesen war wie die Weltoffenheit dieses Landes mit einer uralten Zivilisation.

Was man seitdem Islamismus nennt, die Nutzung der Politik durch die Religion, wurde aus dieser radikalen Opposition zwischen Iran und Amerika geboren. Mittlerweile erfuhr dieses Armdrücken entscheidende Beschleunigungen. Zunächst war es die Lage in Palästina, die in den arabischen und muslimischen Reihen permanent die Frustration schürte, so dass alle aufs Ganze gehenden Araber und Ideologen jeglicher Couleur sich zum Handeln genötigt sahen. Was man fälschlicherweise den arabischen Stolz nannte, war im Grunde nichts als eine wachsende Verachtung gegenüber den Vereinten Nationen, die in dieser Angelegenheit leider dabei sind zu scheitern. Die jungen Rekruten der verschiedenen Intifadas – dieser Name wurde den Straßenaufständen in Palästina gegeben – übertrugen die Erbitterung aller Muslime über das falsche und unausgewogene Theater zwischen Israelis und Palästinensern.

Der zweite Stein des Anstoßes ist das Wahhabitentum. Seit über zwei Jahrhunderten träumen die Wahhabiten Saudi-Arabiens davon, die Rolle der ideologischen Kontrolle über die islamische Gemeinschaft zu spielen. Der Ehrgeiz des Gründers des Wahhabitentums, Mohammed Ibn Abd al-Wahhab (1703–1792), in Bezug auf die Doktrin sowie der Ehrgeiz von Muhammad Ibn Saud (gestorben 1792) in Bezug auf die politische Ideologie war klar: Für sie ging es darum, unter dem Banner der Stämme des Nadschd, dem Zentralplateau in Arabien, wo diese rigoristische Bewegung geboren wurde, die Muslime Arabiens sowie alle Sunniten zu vereinen, in jedem Fall all diejenigen, die Abweichungen, Häresien, Materialismus, Idolatrie und jede andere nicht empfehlenswerte Innovation (*bidᶜa*) ablehnen. Ihr Credo war die Rückkehr zu den heiligen Texten des Korans, jenseits jeglicher Interpretation, die darauf abzielt, ihn den jeweiligen Umständen nach zu verbiegen.

Um dies zu tun, stützten sie sich auf die Werke von Ibn Taimiyya (1263–1328), einem fundamentalistischen, eifernden und rigiden Theologen, aber auch auf die hanbalitische Lehre, einen strengen Zweig des Sunnitentums. Ihre vorrangige Waffe war die Verkündigung durch Predigten. So zogen sie zahlreiche arabische Stämme zu sich hinüber, die aus der traditionellen Gesellschaft verbannt waren. In den folgenden Monaten überschwemmte diese Richtung einzelne Beduinenstädte, um dann die ganze fruchtbare Region des Halbmonds zu umfassen. Die Propaganda der beiden Puritaner aus der Wüste hatte den Hass der Beduinen auf das doppelte anglo-türkische Protektorat über Arabien und auf das verfälschte Regime des Khediven von Ägypten durch den Vasallen Mehmet Ali geschürt.

Zwischen den beiden Weltkriegen verlieh der Segen des Erdöls dem wahhabitischen Regime politische und geostrategische Ambitionen, an die niemand in Riad vorher auch nur gedacht hätte. Offensichtlicher Fakt in diesem Bereich war und ist die Finanzierung aller muslimischen Glaubensrichtungen in der ganzen Welt, die sich sehr oder ein wenig auf das archaische Regime Saudi-Arabiens berufen. Der Einfluss, den dieses Land nach und nach auf muslimische Minderheiten hatte, die ihm den Treueid schworen, hob die Spaltungen selbst innerhalb sogenannter gemäßigter muslimischer Staaten hervor.

So ermutigte die durch Saudi-Arabien geförderte salafistische Propaganda alle Bewegungen, die gegen die nach der Unabhängigkeit entstandenen Demokratien kämpften. Die ägyptischen Muslimbrüder wurden von Saudi-Arabien finanziert, aber auch die meisten Oppositionsbewegungen in laizistischen Staaten wie Algerien, Syrien und selbst dem Irak. Gleichermaßen waren islamistische Gruppen in Afrika, Bosnien-Herzegowina, Afghanistan, Pakistan und Europa in der Lage, besonders für den Bau von Moscheen Gelder aus Saudi-Arabien zu erhalten. Diese Unterstützungsleistungen waren eines der Werkzeuge für die Indoktrinierung der jungen Rekruten, bevor sie direkt der Sache der Terroristen und sogar der Kamikaze dienten. Denn es ist ein nicht zu vernachlässigendes Detail, dass die meisten Terroristen des 11. September 2001 aus Saudi-Arabien kamen, inklusive ihres vermuteten Mentors Osama bin Laden. Das Zusammenwirken zwischen der fundamentalistischen Theologie der Ägypter, verkörpert durch Aiman az-Zawahiri, die rechte Hand bin Ladens, und der radikalen Ideologie der Abkömmlinge des saudi-arabischen Systems, wofür bin Laden das beste Beispiel ist, hat wie eine verzögerte Bombe gewirkt, wofür der Islam den größten Preis bezahlt.

Die Attentate von Madrid, London und Karatschi sind eine direkte Übersetzung dieses radikalen Denkens, animiert und unterhalten vom Geld des saudi-arabischen Erdöls und durch die wahhabitischen Nacheiferer, die von Reinheit träumen. Schließlich hat das Ausbrechen mehrerer Kriege in der arabischen Region den Radikalisierungsprozess der jungen Leute beschleunigt. Die Attentate vom 11. September 2001 haben gezeigt, dass die Kamikaze junge Rekruten waren, häufig gebildet und vor allem aus den wohlhabenden Schichten. Sie opferten sich nicht für Geld oder einen anderen materiellen Gewinn, sondern für eine Ideologie, was die Behandlung dieser Frage mit klassischen Methoden weiter verkompliziert.

Heute ist der Islam empfänglich für Todesideologien, was in der

Vergangenheit niemals toleriert worden wäre. Ist die Lage zum jetzigen Zeitpunkt irreversibel? Sicherlich nicht, denn die terroristische Gewalt ist ein Phänomen, das man genau datieren kann. Es ist das Resultat eines allgemeinen Versagens, das seit dem Fall der Berliner Mauer zunächst die Beziehungen innerhalb der muslimischen Welt und danach die Beziehung zwischen den Nationen kennzeichnet. Die Verknappung der Energieressourcen und die latente Unsicherheit, die mit der Versorgung der erdölverbrauchenden Staaten verbunden ist, ist einer der neuesten Antriebe für den ideologischen Kampf zwischen Orient und Okzident.

Kapitel 10

Der Islam und die Moderne

Um den Weg ermessen zu können, den der islamische Staat hinsichtlich wissenschaftlicher Kenntnisse und Bestrebungen zu deren Anwendung durchlaufen hat, muss man sich den Zustand der Glaubensrichtungen in der Morgenröte des 7. Jahrhunderts vorstellen. Innerhalb von eineinhalb Jahrhunderten hat die muslimische Welt mehrere intellektuelle Revolutionen durchlaufen, die in keiner Weise zu einem entwickelten kritischen Denken geführt haben. Innerhalb einiger Jahrhunderte sind die Araber von Magie und Talismanen zur Mathematik gekommen, bis sie im 10. Jahrhundert den Europäern die arabische Zählweise anboten, wobei Gerbert d'Aurillac (ca. 938–1003), besser bekannt unter seinem späteren Papstnamen Sylvester II., die Aufgabe übernahm, sie einzuführen und bekannt zu machen. Abgesehen von dieser globalen Bestandsaufnahme lassen sich drei Schlüsselmomente herausarbeiten, die die Geschichte des Islam durch beträchtliche Fortschritte im Bereich der Vernunft und rationalen Kenntnisse geprägt haben.

Erinnern wir uns: Zu Beginn dieses Buches war die Rede vom Polytheismus, von mehr oder weniger identifizierten Idolen und oberflächlicher Verehrung. Heute erscheint uns all dies vielleicht naiv oder überholt. Und dennoch! Die Ankunft des Islam ließ das alte Arabien und seine Glaubensrichtungen wanken, in einem neuen Zeitalter, in dem die Abstraktion des Treueschwurs es der vielfältigen Göttlichkeit erlaubt hat, wörtlich in einem einzigen Gott, in Allah, zu verschmelzen. Dieser Erfolg wurde begleitet von einer in der Geschichte selten zu beobachtenden intellektuellen Hegemonie. Während der ersten fünf Jahrhunderte des Islam versuchten Denkschulen, philosophische Bewegungen und Zentren der Lehre ihr Wissen zu disziplinieren, die

Kenntnisse, die über Persien aus Indien kamen, aber auch aus Griechenland und Byzanz, zu klassifizieren, zu organisieren, zu strukturieren und manchmal zu entwickeln. Indem er in diesen Raum eintauchte, musste der Islam seine eigene Beherrschung der Materie erfinden, die noch unfertige Baustelle der Reflexion fertigstellen und mit einer gewissen Brillanz die Anstrengung unternehmen, all diese Kenntnisse zu organisieren und zu integrieren.

Die Frage der Interpretation

Wie bei jeder anderen Tradition auch, hat der Koran zahlreiche Interpretationstexte und eine im Lauf der Jahrhunderte immer wieder erneuerte Lesart inspiriert. Diese hermeneutische Herangehensweise (griechisch *hermeneutikos*: den Symbolen einen Sinn gebend), die vorher der Domäne der Christen und ganz besonders der biblischen Symbolik vorbehalten war, interessierte den muslimischen Theologen immer mehr. Die traditionelle Haltung des muslimischen Gläubigen gegenüber dem Korpus des Korans war immer geprägt von Erhabenheit und Respekt, was ihn davon abhielt, ihm neue Vorstellungen entgegenzusetzen.

Diese Faszination, diese Verehrung ruft bei den weniger gebildeten Muslime seltsame, fast magische Verhaltensweisen hervor. So ist es nicht selten, das ein Analphabet, der ein Blatt mit Sätzen in arabischer Sprache findet, dieses aufhebt und sorgfältig wegräumt, vor lauter Angst, dass Koranverse mit Füßen getreten werden könnten, was aus seiner Sicht eine große Sünde darstellte.

Die Vorstellung, dass der Koran seinen tiefen Sinn nur entwickeln würde, wenn man eine extrem genaue dokumentarische Untersuchung herausgab, entwickelte sich sehr schnell, in Medina zunächst unter der Führung des Propheten selbst, später in Damaskus und Kufa. Es ging zu Beginn darum, den verborgenen Sinn des Textes zu erläutern. Man gestand dem Propheten ein geheimnisvolles Genie zu, nach dem er jedes Mal, wenn er ein Koranwort äußerte, dessen 70 darin umfassten Nuancen erahnte. Imam Ali (600–661), vierter Kalif des Islam, hatte dazu gesagt: „Es gibt keinen einzigen Koranvers, der nicht vier Sinnrichtungen hat: exoterisch (*zahir*), esoterisch (*bâtin*), Grenze (*hadd*) und göttlicher Entwurf (*motalla*).“

Danach folgte eine lange esoterische Tradition, animiert durch Theosophen und Sufis schiitischen Bekenntnisses. Der Koran hatte demnach einen exoterischen Sinn und sieben esoterische Tiefen. Auf diese Weise symbolisierte der Koran das Wort Gottes, das die Gläubigen übrigens ohne jegliche Diskussion akzeptieren. Manchmal werden bestimmte sensible Menschen von einer Art Ekstase ergriffen, wenn sie das Gebet des Muezzins von seinem Minarett herab oder das Absingen der Verse des Korans hören. Als Magie der konstituierten Sprache ist die Korandiktion tatsächlich eine wichtige Disziplin im Verlauf der Ausbildung des Imams, so als ob die semantische Interpretation des Korantextes sich in dem Maße vermehren und bereichern würde, wie er deklamiert wird. Diesem ersten Verständniskreis des Koranwortes sind zwei weitere hinzuzufügen: Die Stellung des Korans und des Islam im historischen Zyklus der Offenbarungen und der extrem ausführliche Kommentar, den der Prophet selbst viele Male gegeben hat, besonders, um die enigmatischsten Stellen des Korans zu erhellen.

Eine muslimische Tradition legt fest, dass der Koran eine Bestätigung (*tasdiq*) der großen heiligen Bücher ist, die ihm vorausgegangen sind. Dies ist ein wichtiger Aspekt, der die monotheistische Abstammung des Islam verstärkt. Die Allianz dieser drei Ebenen, der göttlichen Eingebung, der Hermeneutik und der Rechtsvorschriften, konstituieren die erste Interpretationsbasis des Korans, ein Ans-Licht-Bringen der Wunder, die im Koran enthalten und dem Neophyten offenkundig verschlossen sind.

Wenn Mohammed auch ein segensreicher (*baraka*) Prophet ist, ist es doch der Koran, der im Bereich der göttlichen Wahrheit das letzte Wort hat. Daher wird der Eingeweihte, der glaubt, alles verstanden zu haben, daran erinnert, dass ein Koran im Himmel aufbewahrt wird, der gegenüber den Sterblichen stumm und unsichtbar ist: *Nein! Es ist ein preiswürdiger Koran auf einer wohlverwahrten Tafel* (Sure 85, 21–22). Die muslimischen Mystiker haben diesen Ausspruch des heiligen Buches kommentiert. Sie haben seine Komplexität und Tiefe gemessen. Die Koranexegese ist tatsächlich eine ernsthafte Angelegenheit, die jeden, wer auch immer es sei, davon abhält, sich zu weit vorzuwagen. Zu Beginn waren es die *mudschtahidûn*, die Gelehrten, die kritischen Theologen, die sich auf die verschlungenen Wege der Interpretation und Hermeneutik vorwagten. Als aber die Arbeit der Konformität des muslimischen Rechts (*Fiqh*) mit dem Koran vollendet war, verfügte die imperiale Macht des Kalifats von Bagdad zu Zeiten der Abbasiden-Dynastie das Ende der hermeneutischen Arbeit, um jegliche Polemik und Kontroverse auszusetzen. Das versteht man unter dem ‚Verschließen der Türen' des *idschtihâd*. Selbst die Vertiefung des heiligen Textes für spirituelle Bedürfnisse war suspekt. Von diesem Augenblick an war das muslimische Recht festgesetzt, und zwar für zehn Jahrhunderte, bis es im 19. und 20. Jahrhundert ganz leicht aufgerüttelt wurde.

Die Weisheit (*hikma*), Philosophie des Lebens: Ist die Philosophie nicht die Kunst der Weisheit? Dasselbe Wort wird von den Arabern verwendet, um über die Weisheit des heiligen Mannes zu sprechen, aber ebenso über das Wissen eines Arztes, *al-hakîm*, wörtlich *jemand, der ein Handwerk beherrscht*. Der Arzt ist der Wissende, aber gleichzeitig der Könner, ein Schicksal, das er mit dem politischen Menschen teilt, dessen Autorität oder Macht *hukm* genannt werden (*ausgeübte Herrschaft, Macht*).

Der Koran vereint die beiden Niveaus: Wissen und Können, Wissen und Glauben, Wissen und Legitimität. Man liest in zahlreichen Koranversen, dass Gott der Herr ist, der Allweise und der Allwissende (*al-ʿalîm al-hakîm*). An anderer Stelle heißt es, Gott selbst sei es, der sie läutert und sie die Schrift und die Weisheit lehrt *(yûʾallimûhum al-kitaba wal-hikma)* (Sure 62, 2). Kurz: Das Heilige Buch der Muslime ist unerschöpflich in Lobeshymnen über die Besitzer der Weisheit, angefangen bei denjenigen, die den Koran auswendig lernen, die so genau wie möglich die Tradition des Propheten kennen (*Sunna*), und die sich durch ihre Neugierde oder ihr eigenes Genie als fähig erweisen, die Gemeinschaft zu führen. Dies ist regelmäßig der Fall beim Imam, der der *Weiseste von allen* sein muss, wenn nicht der *Älteste*, und in Ermangelung dessen zumindest derjenige, der nach Mekka gereist ist und die heiligen Stätten mit eigenen Augen gesehen hat.

Wissenschaft oder die Überwindung von Widrigkeiten

Um die Universalität des Islam zu bestätigen, Konversion zu betreiben und sich territorial auszudehnen, mussten sich die Eliten an der Macht mit verschiedenen wissenschaftlichen Bereichen befassen. Ich habe bereits über Wissenschaft und Philosophie gesprochen, doch kann man dasselbe im Bereich der Kosmologie, Astrologie, Pferdekunde, Gartenbaukunde, Parfümerie, Hydraulik oder Geographie beobachten.

Von über vierzehn Jahrhunderten seiner Existenz waren zwölf solche des Friedens und der zivilen Eintracht. Lediglich das erste Jahrhundert der Islamisierung (750–850) und das Jahrhundert mörderischer Konflikte zu Zeiten der Osmanen, das 14. Jahrhundert, waren kriegerisch. Ich schließe hier die Kreuzzüge eindeutig aus, die zu Beginn Entscheidungen verschiedener Päpste waren, keine muslimischen. Zu diesem Thema muss man das wichtige Werk von René Grousset lesen, *L'Histoire des croisades* (*Geschichte der Kreuzzüge*), der diesen ganzen denkwürdigen Disput beleuchtet. Seltsamerweise wird die friedliche Expansion des Islam in Asien nur selten erwähnt, dem Kontinent, der heute die meisten Muslime umfasst und die Zukunft des Islam darstellt. Man hat in diesem Kapitel bereits gesehen, dass die Muslime, weit davon entfernt, blasse Nachahmer der Griechen oder Inder zu sein, es in ihrer Verschiedenheit vermocht haben, aus ihren anfänglichen Schwierigkeiten die Speerspitze einer Eroberung zu machen, die umso aufregender war, als sie etwas Neues darstellte.

Den Häusern der Weisheit, den Medressen, den Krankenhäusern und den Persönlichkeiten der wissenschaftlichen Welt wurden kolossale Mittel zugebilligt, um ihnen dabei zu helfen, Hindernisse zu überwinden und Erfindungen zu machen. Wir haben nicht genügend Raum, um uns hier mit Navigation, Hydraulik, Konstruktionstechnik oder militärischer Ingenieurskunst zu beschäftigen, doch muss man wissen, dass dies die Disziplinen sind, die zum Wissensfortschritt einen großen Beitrag geleistet haben, übrigens in den Augen des muslimischen Herrschers unabhängig vom Glauben. Diese Dehnbarkeit in den Beziehungen zwischen den beiden Sphären, der spirituellen und der konkreten Welt, ist einer der markantesten Aspekte des Islam in

Zeiten seiner Größe. Ein pragmatischer, positiver, neugieriger Islam, kurz: ein anderer Islam als derjenige, der sich in Krisenzeiten zeigte.

Der Beitrag des Islam zur Universalkultur, das ist eine Fragestellung von brennender Aktualität. Denn wenn der Islam nur aus Gewalt besteht, wird ihm ein signifikanter Beitrag zur Welt zugestanden? Und welche Lesart des Korans muss man angehen, um ihn mit der Moderne kompatibel zu machen?

Man kann sich heute in Vermutungen verlieren. Aber es gibt eine recht angenehme Art, an die Vergangenheit zu erinnern und sich daran zu inspirieren, um dann aufzuspringen und die Zukunft zu konstruieren. Und wenn es notwendig ist, die von der islamischen Zivilisation geleisteten Beiträge für jede Disziplin einzeln aufzuführen, besonders diejenigen, in denen die Araber gewisse Fähigkeiten oder sogar geniale Züge gezeigt haben, warum soll man dies nicht tun, um die Jugendlichen zu unterrichten, die an der Größe ihrer Ursprünge noch Zweifel hegen können? So könnte man sehen, dass der Islam nicht immer derart dogmatisch gewesen ist, und dass er es im angemessenen Augenblick vermocht hat, einen geistigen Wettbewerb zu beginnen, mit den Byzantinern ebenso wie mit den Griechen, den Persern, den Chinesen, den Indern und anderen Völkern, die alle Träger einer universalen Zivilisation waren.

Bei dieser Gelegenheit seien hier Beispiele von Koranversen zitiert, die diese besondere Forderung bezeugen, sich zu bilden und voranzuschreiten:

> *Herr! Lass mich an Wissen zunehmen!* (Sure 20, 114). *Und bei Mensch und Tier und Vieh gibt es verschiedene Arten. So. Gott fürchten nur diejenigen von seinen Dienern, die Wissen haben. Gott ist mächtig und bereit zu vergeben* (Sure 35, 28). *(Damit) Gott diejenigen von euch, die glauben und denen das Wissen gegeben worden ist, hoch aufsteigen lässt. Gott ist wohl darüber unterrichtet, was ihr tut* (Sure 58, 11).

Außer der mit der Definition des Wissenden und des Weisen selbst verbundenen Zweideutigkeit, die sich im Koran überlagern, stellt man fest, dass dieser Begriff mehr als 782 Mal verwendet wird. Er umfasst auch die Reflexion (*al-ᶜaql*) – 49 Erwähnungen im Koran – die Bewusstwerdung, wie im Ausdruck *Seid Ihr Euch (dessen) nicht bewusst!*

(a falâ taᶜqilûn), die über 20 Mal wiederkehrt, und die Wissenschaft im weitesten Sinne, hier aufgefasst als Erwerb von Kenntnissen.

Dieser Doppelsinn wird auch verwendet in Bezug auf Chemie und Alchimie, wobei sich die eine aus der anderen herauskristallisiert und sich ihr entzieht, in der Art einer inneren Mauser. Diese beiden Disziplinen sind auch diejenigen, die im Lauf der Zeit den Ball des Wissens und der Kenntnisse auf islamischem Boden eröffnet haben. Tatsächlich war es die Epoche der großen Alchimisten, darunter der brillanteste und kreativste, Dschabir ibn Hayyan as-Sufi (721–778). Im Westen unter dem Namen Geber oder Gaber bekannt, hat dieser Alchimist ein überreiches Werk hinterlassen – mindestens 100 Traktate oder kleine Schriften – die die heutigen Wissenschaftler unter dem Gattungsbegriff *Corpus Jabirarium* zusammenfassen. Den Arbeiten der Antike zum Stein der Weisen folgend, entwickelte er interessante Sichtweisen zu Fragen des Lebenselixiers, was aus ihm einen würdigen Nachfolger von Hermes und den griechischen und ägyptischen Alchimisten machte. Muss man die Tatsache erwähnen, dass zu dieser angeblich rückständigen Zeit die Wissenschaftler, die sich auf den Islam beriefen, experimentelle Methoden angehen und sich mit den tatsächlichen Gegebenheiten auseinandersetzen konnten? Ja und nein, denn die Freidenker (Muᶜtaziliten), die sich den Luxus leisteten, frei über philosophische und religiöse Fragen zu sprechen, indem sie auf eine historisch-kritische Methode zurückgriffen, bezahlten ihre intellektuelle Kühnheit häufig mit dem Leben.

Die arabische Medizin, gleichzeitig durch Hippokrates, Galienus und die indo-persische Medizin inspiriert, war lange Zeit eine der fortschrittlichsten auf der Erde. Es scheint, als ob dies der Tatsache geschuldet sei, dass der Islam pathologische Untersuchungen am menschlichen Körper gestattete (allerdings außer Sezierung), was andere Religionen wie das Christentum Jahrhunderte lang ablehnten und ihre Ärzte zur Anwendung von List nötigten. So wurde die Kauterisation geboren, die Trepanation, die Amputation, die Einrenkung von Brüchen, verschiedene Mund- und Magenspülungen, die Technik des Schröpfens und die pharmakologische Verwendung von Pflanzen und Drogen. Unter den Medizinern, die auf dem Markt der wissenschaftlichen Ideen ein gewisses Gewicht haben, sind Rhazi oder Rhazes

(865–925) und Ibn Sina (980–1037), besser bekannt unter seinem europäischen Namen Avicenna, als erste zu nennen. Rhazi, mit vollständigem Namen Abu Bakr Muhammad ibn Zakariya ar-Razi, wurde in Ray nahe dem heutigen Teheran geboren, wie sein Name schon sagt. Sein wissenschaftliches Werk, in nicht weniger als 56 Schriften enthalten, hat ganz präzise klinische Angaben hinterlassen, wie die Parallelsetzung von Krankheitssymptomen mit der Krankheit selbst, einer Methodologie, die er klinisch in die Tat umsetzte. Er war es auch, der die Kranken gemäß ihren Krankheiten isolierte, was die Ausbreitung von Mikroben und die dadurch erfolgenden Ansteckungen begrenzte.

In seinem Werk *Al-Hâwî* (*Liber continens*) findet man insbesondere ein Resümee über die Wissenschaft von den Körpersäften und den Temperamenten, wie sie bereits Galienus, Hippokrates und andere Ärzte der Antike praktiziert hatten. Rhazi war der erste Leiter des Bamaristan, des Krankenhauses von Bagdad, gegründet durch den Kalifen al-Muqtadir zu Beginn des 10. Jahrhunderts. Seine doppelte Kompetenz als Arzt und Alchimist machte aus ihm einen gefragten Wissenschaftler. Von Gerhard von Cremona ins Lateinische übersetzt, beeinflusste sein Alchimistenwerk (*De aluminibus et salibus*) Nicolas Flamel und Paracelsus. Seine Medizin (*Al-Hâwî*) wurde von dem Sizilianer Moses Farag unter dem Titel *Liber Continens* 1279 ins Lateinische übersetzt. Wie sein Nachfolger Avicenna hatte Rhazi großen Einfluss auf dem Gebiet der westlichen Wissenschaft.

Sprechen wir über Avicenna, den die Muslime Ibn Sina nennen (980–1037) und der ebenfalls lange Zeit den klinischen Bereich im Westen bestimmt hat. Er ist Autor des berühmten *Kanon der Medizin*, eines Meisterwerks, das über mehrere Jahrhunderte das Verständnis prägte, welches man von dieser Disziplin hatte. Gleichzeitig war er auch Philosoph, der insbesondere Aristoteles interpretierte. Auf dieselbe Weise wie Geber, der als *König der Araber* und *Prinz der Philosophen* galt, unternahm Avicenna in der Medizin eine ähnliche Arbeit: Klassifikation der Heilmittel, Ingredienzien der Parfümerie und therapeutische Indikationen, die Wunder vollbrachten. Im Westen, wo sein *Kanon der Medizin* über mehrere Jahrhunderte als das fortschrittlichste Buch in diesem Bereich angesehen wurde, hatte Avicenna viele Anhänger und wenige Verleumder. Um zu zeigen, wie entscheidend der Beitrag der muslimischen Wissenschaftler war, betonen die Historiker dieser Disziplin den vorsichtig realisierten Fortschritt im Bereich der Toxizität der Medikationen, womit sich Avicenna im Vergleich mit den Empfehlungen des Galienus (131–201) oder Dioskorides (1. Jahrhundert n. Chr.) beschäftigte. Zum Schluss wäre noch der Ägypter Ibn an-Nafis zu erwähnen, der im 13. Jahrhundert die Existenz eines kleinen Blutkreislaufs entdeckte, eine Entdeckung, die durch Miguel Serveto im 16. Jahrhundert *in extenso* wieder aufgenommen wurde.

Es ist nicht zu leugnen, dass diese Neigung zur Medizin, ein Feld, auf dem der Islam besonders herausragend war, vom Koran und der Tradition nach dem Propheten gefördert wurde. Mehrere Dutzend Verse über die medizinische Berufung bilden gemeinsam das für den Arzt notwendige Brevier und eine Ermutigung, die denen gegeben wird, die ihre Neugierde auf das Universum der menschlichen Reproduktion ausweiten wollen. In Sure 16, Vers 4 wird klar gesagt, dass Gott den Menschen aus einem Tropfen Sperma geformt hat (*nutfa*) – *vermengt* (Sure 76, 2) – und dass dieser verspritzt wurde (Sure 75, 37), nachdem er an einem bestimmten Ort platziert worden war (Sure 23, 13). Die Einnistung des Fötus wird mit dem Begriff *Anhaften* benannt (Suren 22, 5; 30, 14; 40, 67). Dessen Ausdehnung lässt an Embryogenese denken, ebenso wie das Wort Uterus (*rahm*, Plur. *arham*) in diesen Passagen konstant auftritt. Ein Vers fasst den gesamten Komplex zusammen:

> *War er nicht ein Tropfen fließenden Samens, der verspritzt ward? Dann wurde er ein Blutklumpen, dann bildete und vervollkommnete Er (ihn). So schuf Er aus ihm ein Paar, den Mann und das Weib. Und da sollte Er nicht imstande sein, die Toten ins Leben zu rufen?* (Sure 75, 37–40).

Die Optik, ein weiterer Bereich. Dank der Arbeiten des arabischen Physikers aus Bassora (Basra), Ibn al-Haitham (965–1039), in Europa Alhazen genannt, hat diese Disziplin Ende des 10. Jahrhunderts einen gewaltigen Sprung nach vorne gemacht. Außer seinen zahlreichen Werken in den abstraktesten Disziplinen wie Mathematik, Astronomie und Physik leistete Ibn al-Haitham einen wertvollen Beitrag zur Augenoptik. Diese Wissenschaft hätte ohne vorherige Arbeiten von Mathematikern, Physikern und Ingenieuren keine Chance gehabt, sich zu entwickeln. Ein Jahrhundert vor Ibn al-Haitham hatte sich bereits Al-Kindi (gestorben um 870) als Philosoph, Mathematiker und Arzt einen Namen gemacht. Er hinterließ ein großes Werk mit mehreren Dutzend wissenschaftlichen Schriften, von denen einige der Optik, der Geometrie, der Astronomie und den himmlischen Sphären gewidmet waren. An einigen Anhaltspunkten ist gut zu erkennen, dass die Optik die Tochter der Mathematik ist, einer weiteren Exzellenzdomäne der Araber. Diese bildeten das fehlende Kettenglied zwischen Griechenland und Europa, insbesondere im Bereich der Philosophie, aber auch zwischen Indien und dem Rest der Welt, was Mathematik anging. So gelangte die Null, in Indien erfunden, nach Europa, aber auch eine beträchtliche Anzahl mathematischer Arbeiten, Gleichungen mit zwei und drei Unbekannten sowie komplexe mathematische Relationen.

Dieses Aufblühen der wissenschaftlichen Arbeiten konnte dank des Mäzenatentums der Kalifen stattfinden, die Literatur und Wissenschaft liebten, wie Al-Maʾmun (9. Jahrhundert), der Observatorien bauen ließ und einen großen Wissenschaftler namens Al-Chwarizmi (gestorben um 864) heranreifen sah, der aktiv an der Kenntnis über das indische numerische System mit der Null teilnahm und ein berühmtes Werk schrieb, *Kitâb al-muchtasar fil hisâb, wal-jdschabr, wal-muqâbala* (*Buch der Rechenkunst, der Algebra und der mathematischen Äquivalenzen*), in dem das Wort *dschabr* (Algebra) ebenso wie in Europa als Einzeldisziplin erschien. Auch verdanken wir ihm die trigonometrische Funktion des Sinus, was besonders der Erstellung astronomischer Tabellen und der Perfektionierung des Astrolabiums dienlich war. Zur Zeit des Kalifen Al-Maʾmun, aber auch unter Al-Mutawakkil (822–861) wurde eine konsequente Übersetzungsarbeit begonnen, durch Wissenschaftler wie Hunain ibn Ishaq (gestorben 873), einen nestorianischen Christen, der dank öffentlicher Gelder und einer ganzen Mannschaft von Übersetzern den *Almagest* von Ptolemäus ebenso ins Arabische übertragen konnte wie die *Elemente* des Euklid und eine gewisse Anzahl philosophischer Werke des Aristoteles.

Was wenig bekannt ist, ist die Tatsache, dass die philosophische Ideengeschichte im Islam eine der leidenschaftlichsten ist. Mehrere hundert Philosophen, von denen einige ihre Fragestellungen zur höchsten Reife brachten, haben an der Rechtfertigung eines anderen Wortes gearbeitet, des Wortes des Menschen in Bezug zu Gott.

Ob notwendige Einschränkung oder unerwartete Anregung – die islamische Philosophie, ob arabisch oder persisch, indisch oder asiatisch, hielt sich an folgenden Kompromiss: Das Wort Gottes respektieren und ein anderes Wort aussprechen, das des Menschen, das, weil widersprüchlich zum Wort Gottes, mit der Zeit an Schärfe verloren hatte. Dieser permanente Eindruck verknüpfte den Schritt des Philosophen mit dem des Theologen und den des Theologen mit dem des Mystikers. Es lässt sich feststellen, dass die kopernikanische Revolution der Philosophie, in dem Sinne, wie die Aufklärung sie im Westen vorangetrieben hat, im Islam niemals stattgefunden hat, weil die Philosophen selbst, ebenso wie die Mediziner, Juristen, Historiker und Kosmographen, ihrem Einverständnis mit der Lehre immer Vorrang vor der Reflexion darüber eingeräumt haben. Diese manifestierte sich lediglich als gelehriges Denken, der großen humanistischen Vision dienend, die vom Koran vorgegeben und von der Theologie kanalisiert wurde. Insgesamt betrachtet, haben die lobenswerten Versuche von Bewegungen wie den Muʿtaziliten (muslimische Freidenker) oder den Ichwân as-safâʾ (*Brüder der Reinheit*) keinen ausreichenden Widerhall gefunden, um in ihrem Kielwasser eine Schule von Denkmustern oder echten Denkern nach sich zu ziehen. Nur die schiitische Theosophie konnte mit der Zeit ein originäres Denken entwickeln, noch gegründet auf einer doppelten Basis, einer sichtbaren und einer unsichtbaren, nämlich dem kritischen Denken und dem doktrinären und religiösen Mimikry.

Ob es Philosophen waren wie Al-Kindi (796–873), über den ich bereits gesprochen habe, der Türke Al-Farabi (872–950), ein aristotelischer Philosoph, Ibn Tufail (1110–1185, der Abubacer der Lateiner) oder Averroes (1126–1198), glänzende Theologen und Mystiker wie Ghazzali (1058–1111), oder Ibn Arabi (1165–1240), Wissenschaftler wie Al-Biruni (973–1048), Ärzte wie Avicenna (980–1037) oder Rhazi (860–923), Schriftsteller wie Abul-Ala al-Maʿarri (973–1057) oder Al-Dschahiz (776–868), Soziologen wie Ibn Chaldun (1332–1406): Sie alle haben sich die Frage nach der Stellung des Menschen und des Individuums im Islam gestellt. Alle haben sie diese Frage mit ihren plötzlichen Sprüngen und Auslassungen studiert, einige wollten auch die

Nabelschnur kappen, die sie mit der Religion verband. Für sie symbolisierte genau diese Frage das Verständnis des Korantextes und gab ihm ein vertrautes, zugängliches Gesicht. Damit war der Islam kein kalter und unassimilierbarer „Überbau“ mehr, sondern ein angenehmes Universum, das den Menschen inspirierte und das der Mensch für seinen Glauben in seinen Dienst nehmen konnte, um selbst wiederum dem Islam zu dienen.

In der Theorie hätten diese drei Augenblicke der Ideengeschichte im Islam die kopernikanische Wende im Orient vorbereiten können. Doch wie man weiß, hat diese niemals stattgefunden.

Unter den großen Bewegungen, die von ganz außergewöhnlichen Persönlichkeiten geführt wurden, befand sich zu Ende des 8. und Beginn des folgenden Jahrhunderts auch die Bewegung der Muʿtaziliten, die sich aus einer Pléiade von Philosophen aus Basra, Kufa und Bagdad konstituierte und das freie Denken auf dem Boden des Islam einführte, trotz furchtbarer Gegner. Diesem Elan kann man die Entstehung einer bedeutenden Institution beifügen, die sich ganz den Koranstudien widmete, nämlich die des *Hauses der Weisheit* (*Bayt al-Hikma*). Mit der Zeit unterstützte diese Einrichtung eine ganze Reihe von zugehörigen spekulativen Kenntnissen, solche Institutionen begannen sich immer weiter zu etablieren und ihren Eingang in das urbane Gewebe weiterer islamischer Städte zu finden.

Eine weitere wichtige Bewegung vom Ende des 9. bis zum Beginn des 14. Jahrhunderts war die großer rationalistischer Philosophen wie Al-Kindi, Al-Farabi, Ichwân as-safâʾ (10.–11. Jahrhundert), Avicenna, Averroes und später der Soziologe und Historiker Ibn Chaldûn. Diese große Bewegung war tatsächlich von Vernunft geprägt, trotz Infragestellung und sogar Verdächtigungen seitens der Hüter der moralischen Ordnung. In vieler Hinsicht wurde das sog. Jahrhundert der Aufklärung des Islam bis zum Ende dieser intellektuellen Revolution durchgespielt, bevor es zugrunde ging, unter den Angriffen der mongolischen Horden auf der einen Seite (Bagdad wurde 1258 geplündert) und denen der Katholiken in Andalusien (1492) auf der anderen.

„Hightech"-Islam

Die wissenschaftlichen Umwälzungen von heute finden direkten Widerhall in der islamischen Moral. Denn tatsächlich ist es sinnlos zu glauben, wie die Salafisten beteuern, dass es möglich wäre, sich von unserer gesellschaftlichen und weltlichen Umgebung abzuschotten. Vor noch nicht langer Zeit ergossen sich viele fromme Muslime, darunter sehr gebildete, in Lobeshymnen über diesen Islam der Moderne, der auf internationalen Kongressen präsentiert wurde wie ein Verbündeter der Wissenschaft und Verteidiger der wissenschaftlichen Gemeinschaft. In Wirklichkeit hat der manchmal schroffe Kontakt mit der westlichen Zivilisation bestimmte muslimische Eliten in einen Prozess der Infragestellung gedrängt und die ehrgeizigsten unter ihnen zur Autoevaluation und auf ein kritisches Niveau gebracht. Im 19. Jahrhundert kam der Begriff der *nahda* auf, *Reform des Islam*, und brachte den Beginn einer Verwestlichung der arabischen Welt und ihrer Ausdrucksformen mit sich. Man führte das Theater, das Kino und die Oper ein. Man führte Aida in Kairo auf. Eine bestimmte Form der Realität setzte sich in den muslimischen Staaten durch, die vom Sturm des Fortschritts ergriffen wurden. Die Verwestlichung nahm dann mit dem Machtantritt von Mustafa Kemal in der Türkei eine einmalige und quasi besessene Wendung. Schneller als in vielen anderen muslimischen Staaten hat Atatürk, genannt „Vater der modernen Türkei", viele traditionelle Formen der islamischen Gemeinschaft in eine weit entfernte Vergangenheit verwiesen: Religiöse Bruderschaften, das Tragen bestimmter althergebrachter Kleidung wie Fez für die Männer oder Schleier für Frauen und die Scharia. Zu dieser Zeit stellte man sich die Frage nach der Fähigkeit des Muslims, eine Form der Säkularisation anzunehmen, wie sie sich in Istanbul, Damaskus und Kairo bereits abzeichnete. Später gab es die Entkolonialisierung (1950–1960) und vor allem, in den 70er Jahren des 20. Jahrhunderts, in Nordamerika wie Europa das Aufkommen der Medien, des Internets und schließlich die Globalisierung. Dieses immer noch ablaufende Phänomen erreichte seinen Höhepunkt mit der Einführung der sog. Neuen Technologien, insbesondere in den

Bereichen der Kommunikation, der Medizin und des Transports. Der Planet erscheint heute so klein wie nie zuvor. Jetzt gilt es schneller zu werden, schwierige Entscheidungen zu treffen und sich anzupassen. Und diese Bewegung hört nicht auf zu vibrieren, jeden Tag mehr. Das Aufkommen der neuen Technologien und die unausweichliche Transformation der Beziehung des Menschen zur Natur verlangen eine spezifische Reflexion über die Vereinbarkeit des Islam mit der Moderne. Der Prophet hatte seine Getreuen ermutigt, auf der Suche nach der Wissenschaft bis nach China zu gehen (damals am Ende der zivilisierten Welt gelegen), während andere *Hadiths* den Akzent auf das permanente Bemühen legten, neugierig zu sein und zu reflektieren, Eigenschaften, die von jedem guten Muslim gefordert wurden. Übrigens unternahm es ein Autor, Omar Rida Kahhala, (*Die Grundlagenwissenschaft und der Islam in arabischer Sprache*, Damaskus 1972), die Verbindungen zu zeigen, die zwischen der arabischen Wissenschaft und den Orten ihrer Ursprünge, wie Griechenland und Indien, existieren. Er zeigt dies anhand der Mathematik, Algebra, Trigonometrie, Astronomie, Physik, Chemie, Naturwissenschaften und Zoologie. Seine Schlussfolgerung ist eindeutig: Der Islam ist für die Wissenschaft ein idealer Vektor. Seiner Meinung nach erlaubt dies, ein ganzes Bündel von konvergenten Elementen anzunehmen, da es keinerlei Inkompatibilität zwischen der islamischen Vision der Welt und der Notwendigkeit für die Wissenschaftler islamischer Herkunft gibt, sich mental dieser Welt anzupassen. Zahlreiche Intellektuelle berufen sich auf diese Möglichkeit, aber die Konfrontation des muslimischen Rechts mit der Wissenschaft ist manchmal beherrscht von Skeptizismus, sogar offenem Misstrauen. Deutlich zu sehen ist diese Haltung bei allen aktuellen Forschungen, die sich mit den intimsten Bereichen des Lebens beschäftigen, mit dem Klonen, der Bionik, der Eugenik und genetischen Manipulationen.

Tatsächlich verweigert sich nach aktuellem Stand die muslimische Orthodoxie jeder genetischen Manipulation, die darauf abzielt, den Menschen zu klonen. Denn ist im Koran nicht ausdrücklich gesagt, dass der Mensch ein Geschöpf Gottes ist, und das in mehr als 68 Versen?

Bedenkt er denn nicht, dass wir ihn vorher geschaffen haben, während er nichts war? (Sure 19, 67). Dieser Vers, wie so viele weitere, scheint gegenüber jeder Manipulation des menschlichen Genoms einen eisernen moralischen Vorhang zu ziehen. Wenn dieses Verbot in den Augen der Muslime begründet ist, dann deshalb, weil es sich um eine schändliche Tat handelt: Die Idee, dass sich der Mensch verdoppeln kann, bringt nämlich eine Reihe von extrem umstürzenden Haltungen mit sich. Die erste wäre, dass er, der Mensch, Gott nicht mehr benötigen würde. Diese Schmähung wird noch deutlicher, wenn man den Gedanken bis zum Ende führt: Der Mensch erschafft sich selbst, kann Gott entbehren, macht ihm auf seinem eigenen Gebiet Konkurrenz und wird schließlich selbst zu Gott. Diese Feinheit ist nicht neu, sondern im Koran bereits vorweggenommen:

> *Gott ist es, der euch geschaffen und euch hierauf beschert hat, und euch dann sterben lässt, und darauf lebendig macht. Gibt es unter euren Teilhabern etwa einen, der so etwas tun könnte? Gepriesen sei Er!* (Sure 30, 40).

Die orthodoxen Muslime betrachten diesen Akt als Verbrechen gegen die menschliche Gattung und setzen jedem wissenschaftlichen Ansatz in dieser Richtung ihr strenges Veto entgegen. Die Wirklichkeit indes ist noch viel komplexer, denn jeder weiß, dass manche Wissenschaftler, die sich mehr für Forschung als für Ethik interessieren, das Verbot überschreiten. Diese Möglichkeit wird von der wissenschaftlichen Gemeinschaft nicht mehr bestritten. Die Idee wurde bereits vor einem halben Jahrhundert von einem christlichen Denker, Pierre Teilhard de Chardin (1881–1955), aufgegriffen, der sie in einem Meisterwerk mit dem Titel *Der Mensch im Kosmos* (französische Erstausgabe 1955) sehr präzise formuliert hat. Der Autor, gleichzeitig Theologe und Paläontologe, ließ die Möglichkeit erahnen, mit der Zeit vereinzelte Eugenik zu betreiben, beim Individuum ebenso wie in der Gruppe, ohne bis zu den Exzessen des Malthusianismus zu gehen. Lange vor der aktuellen Debatte in den USA zwischen Kreationisten und Darwinisten hatte Teilhard de Chardin seinen Widerstand gegen die menschliche Selektion bekräftigt. Und *a fortiori* gegen das Grauen der Auslöschung sogenannter minderwertiger Gruppen, wie es bei den Juden oder Zigeunern der Fall war, oder sogenannter mangelhafter, nicht lebenswerter Gruppen wie Geisteskranke oder Menschen mit motorischen

Schwächen. Bei jedem wissenschaftlichen Fortschritt müssen Islam ebenso wie Christentum und Judentum als Zeugen ihrer Zeit einer entscheidenden Fragestellung die Stirn bieten, nämlich der nach der Schnelligkeit des wissenschaftlichen Fortschritts im Verhältnis zu den Gewissheiten ihrer Heiligen Bücher. Das Dogma und die Wissenschaft, dieser Konflikt gilt immer noch für die Eugenik, aber auch für jeden Eingriff in das menschliche Genom und jeden Versuch, der mit effektiver Geburtenkontrolle verbunden ist, Verhütung auf der einen Seite und Abtreibung auf der anderen, mit jeweils unmittelbaren Folgen für Stellung und Status des menschlichen Embryos.

Der Islam, so sagt man, ist natalistisch. Mehr als eine freie Wahl ist es eine uralte Tradition, die durch den Koran im 7. Jahrhundert und durch die gesamte spätere Tradition stillschweigend fortgeführt wurde. Unter bestimmten Umständen aber ist es gestattet, die Geburten zu begrenzen (*tahdîd an-nasl*) oder zumindest zu kontrollieren (*ʿazl*), ohne sich einer Bestrafung auszusetzen. Die Begrenzung der Geburten wird empfohlen, wenn die Familie schon sehr groß und mittellos ist. Die Beurteilung ist nachsichtig gegenüber einer Frau, die, weil zu schwach, danach sucht, sich einer nicht gewünschten Schwangerschaft zu entziehen, und noch mehr, wenn sie zerbrechlich ist oder schon viele Geburten hinter sich hat. Unter diesen besonderen Bedingungen fügte Al-Ghazzali eine Ergänzungsbestimmung hinzu: Wenn die Frau um ihre Schönheit fürchtete (*idhâ châfat al-marʾa ʿalâ dschamâlihâ*), was im Vergleich mit der restriktiven Haltung bestimmter heutiger Theologen zeigt, in welchen Zustand der Zerrüttung der Islam seitdem geraten ist (*Fiqh as-Sunna*, hg. von M. As-Sayyid Sabiq, Bd. 2, S. 246).

In diesem Kontext ist die Abtreibung (*isqât al-dschanîn oder idschhâdh*) nicht an sich unzulässig, unter der Bedingung, dass der Embryo weniger als 120 Tage alt ist, in den Augen des Muslims eine unumgängliche Schwelle.

Während also die Wissenschaften und die Technik sie immer fasziniert haben, zeigen die Muslime Schwierigkeiten darin, über neue Verhaltensweisen in Verbindung mit Körper und Sexualität nachzudenken. Sie sind der Ansicht, dass die individuellen und kollektiven Sitten die Bastion der Personalität sind, der unverletzlichste Ort, den es geben kann. Daher werden exogene Streifzüge, die auf diese Intimität abzielen, oft schlecht angenommen, weil die kollektive Empfindsamkeit darin äußerst reizbar ist. In gewisser Weise verstehen die Muslime die Polemik gegenüber dem weiblichen Schleier nicht, weil sie der Meinung sind, dass dies ihre Definition der Reinheit und Intimität der Frau beeinträchtigt. Zu akzeptieren, dass eine Frau ihre Haare, ihre Beine und manchmal ihre Brust zeigen kann, ist, als ob man ihre Vergewaltigung durch einen Fremden zuließe, der ein Auge auf sie geworfen hat. Im Allgemeinen begreifen Westler solche Logik nicht, besonders wegen der Autonomie der Frau, die in langen Kämpfen erreicht wurde, während im muslimischen Raum der Begriff der individuellen Freiheit ein nichtiges Wort ist. Aus diesem *Quiproquo* wird die Kleiderwahl der Frau und ihre Verhaltensweise hier, im Westen, als untrennbarer Teil der Freiheit eines jeden angesehen, dort, im Orient, aber als Widerspenstigkeit des weiblichen Elementes gegenüber einer kollektiven Moral, die dem männlichen Element Rechnung trägt. Wenn sich hier eine Frau am Strand auszieht, denkt sie in erster Linie an ihr persönliches Wohlbefinden. Für sie bringt dies in keiner Weise ihren Respekt vor der kollektiven Moral in Gefahr, es handelt sich einfach um ihren Körper. Eine Muslimin, die sich an einem Strand ausziehen will, muss klären, ob dieser Wille mit der Toleranz, die in ihrem Land gültig ist, konform geht. Die Verschmelzung zwischen Religion und Gesellschaft bringt manchmal Konfusionen zwischen Personen derselben Herkunft mit sich. Wenn es einen präzisen Punkt gibt, an dem der Islam alle diese Ebenen miteinander verschmilzt, dann ist es zweifellos die Frau, bei der dies am deutlichsten wird. Als Säule der Moral verkörpert die Frau durch das Schützen ihres Körpers den Entwurf einer Gesellschaft, die sie in einer traditionellen Rolle einschließt, trotz der gesellschaftlichen Evolutionen, die wir aktuell in den muslimischen Ländern beobachten können, vor allem auf wirtschaftlich-finanziellem Gebiet.

Was über die Frau gesagt wurde, gilt noch mehr für Schwule, Lesben oder Transsexuelle, die ähnliche Diskriminierungen erfahren. Im aktuellen Stand des Rechts und noch mehr bei der gesellschaftlichen Akzeptanz (der *vox populi*, dem Recht des Alltäglichen) kann es keinerlei Vorrechte für Homo- oder Transsexuelle geben. Die Fähigkeit eines Individuums, über Rechte zu verfügen, entstammt der vollständigen Akzeptanz durch die Gesellschaft. Daher sind weder Homosexualität, weiblich oder männlich, noch Transsexualität erlaubt, höchstens als drollige und marginale Erscheinung einer außerordentlichen Vielfalt des Menschen. Können wir uns einen Christopher Street Day in Algier oder gar in Kairo, Riad oder Teheran vorstellen? Die Mentalität ist dafür noch nicht bereit. Doch sie bewegt sich. Seit kurzem werden junge Imame in Marokko und Mauretanien in Bezug auf Aids und sexuell übertragbare Krankheiten ausgebildet, während die medizinischen Strukturen in Algerien und Tunesien sich schon seit Langem mit diesen Fragen beschäftigen. In Marokko wird der politische Wille öffentlich klar dargestellt. Es geht darum, die Wissenslücken des religiösen Personals im Bereich riskanter sexueller Praktiken zu schließen und gleichzeitig über eine umfassende Information der diesen am meisten ausgesetzten Bevölkerungsschichten zu wachen. Warum steht Marokko an der Spitze dieses Kampfes? Weil der Minister für Habous und islamische Angelegenheiten direkt vom Palast abhängig ist, sowohl räumlich (das Ministerium liegt auf demselben Grund wie der Palast) als auch politisch. Als Vorrecht des Königs ist der Islam in diesem Land genauso bedeutend wie die Armee! Außerdem sind die Vereinigungen, die gegen Aids kämpfen, dort sehr aktiv, und das seit über 20 Jahren. Sowohl die Sensibilisierung für Prävention als auch die Einführung von Tests und serologischen Ergebnissen haben sehr von der Hilfe durch Aids-International, Europa und die Vereinten Nationen profitiert. In Algerien sind gerade zahlreiche Vereinigungen entstanden, die gegen das HI-Virus kämpfen. Sie profitieren von der Hilfe politischer und besonders medizinischer Behörden. Was noch zu tun bleibt, ist, die Moscheen – und hierüber die gesamte Bevölkerung – zu überzeugen, dass es von vitaler Notwendigkeit ist, die vorhandenen Energien für einen wirksamen Kampf gegen Aids und sexuell übertragbare Krankheiten zu mobilisieren, was den Bereich des Krankenhauses weit überschreitet. In jedem Fall sollte die Prävention (*wiqâya*) noch lange Zeit das Schlüsselwort für dortige Tätigkeiten bleiben, denn die sehr langsame Entwicklung der Mentalitäten gestattet keine Struktur, die Aids-Kranken wirklich einen Platz in der Gesellschaft einräumt.

Die Frage nach dem Leben stellt sich auch beim Thema der genetisch veränderten Organismen, die zum Teil seit Anbeginn der Zeit vorkommen. Jedesmal, wenn es zwischen zwei Baumarten eine Kreuzung gibt, entsteht ein neuer Organismus, indem ein bestehender Organismus modifiziert wird. Das Neue aber ist, dass eine solche Manipulation inzwischen in großem Stil und auf experimentelle Art und Weise vorgenommen werden kann. Die darin liegende Gefahr ist verbunden mit absichtlichen oder unabsichtlichen Überschreitungen der grundlegenden Ethik durch verdächtige Industrieunternehmen, die sich bereichern wollen, ohne ausreichende Vorsichtsmaßnahmen zu ergreifen. Um gegen diese Angst zu kämpfen, sie zu kanalisieren oder zu begreifen, wird diese Frage heute von vielen Philosophen und militanten Vereinigungen gleichermaßen gestellt. Tatsächlich überschreitet diese Frage die reine Wissenschaft und muss auch der Philosophie, der Religion und der Ideologie gestellt werden. Die Abstimmung innerhalb der Gesellschaft wird dort oft ebenso mit einbezogen wie die Methoden der Wissenschaftler. In den Augen der Muslime kann die genetische Manipulation schlimme Auswirkungen haben, sie kann aber auch retten. So ist die Veränderung einer Zelle, die einem Kranken die Möglichkeit eröffnen soll, die Knochen seines Beines zu stärken, damit er wieder gehen kann, eine Perspektive, die der Islam nicht ablehnt. Dasselbe gilt für wissenschaftliche Forschungen mit heilender Absicht, die das Ziel haben, das Leben der Menschen zu verbessern, was vom Islam immer unterstützt worden ist.

Für einen aufklärerischen Islam

Ich hatte bereits dargelegt, wie im Verlauf des 19. Jahrhunderts eine Bewegung aus ägyptischen, libanesischen, tunesischen, syrischen und indo-pakistanischen Intellektuellen an der Entstehung einer möglichen Moderne des Islam gearbeitet hatte. War dies eine kopflose Ambition von Komödianten oder eine wirkliche Revolution, deren Ziel eine tiefgehende Mutation der Geister und eine Erneuerung der Eliten gewesen wäre? Diese Frage verdient in der Tat gestellt zu werden, wenn man das relativ bescheidene Resultat dieser Bewegung betrachtet, die man arabische Renaissance oder *nahda* genannt hat und die vor wenige Jahrzehnte zuvor ermutigt wurde durch eine kleine Anzahl von Herrschern wie Selim III. (1789–1807),

Mahmud II. (gestorben 1839) oder Muhammad Ali. Der Khedive von Ägypten, den man unter seinem osmanischen Namen Mehmet Ali kennt (1769–1849), ergriff als aufgeklärter Despot Partei für diese Reformen, die er manchmal selbst initiiert hatte. Er war es auch, der den beachtenswerten Ausspruch tat: „In Ägypten gibt es keine Muslime, Juden oder Kopten, sondern Ägypter!"

Wie man sieht, kamen die Protagonisten der arabischen Renaissance aus allen Bereichen. Sie waren Diplomaten, Schriftsteller, Dichter oder Journalisten. Die bekanntesten Namen sind Dschamal ad-Din Al-Afghani (1838 / 1839–1897), Sayyid Ahmad Chan Bahadur (1817–1898), Mohammed Abduh (1849–1905), Muhammad Raschid Rida (1865–1935), Schakib Arslan (1869–1946), Al-Kawakibi (1848–1906), Muhammad Iqbal (1877–1938) und sicherlich Michel Aflak (1910–1989). Doch wirklich in Bewegung gesetzt wurde die arabische Renaissance durch Khair-Eddine (1822–1889). Dieser tunesische Staatsmann, der am Ende seines Lebens Großwesir in Istanbul wurde, ist Autor eines Meisterwerkes, in dem er die Unbeweglichkeit der muslimischen Welt anklagt. Bei seinem Erscheinen erregte das Buch großes Aufsehen und wurde sofort ins Französische übersetzt, unter dem Titel *Réformes nécessaires aux Etats musulmans (Notwendige Reformen für muslimische Staaten).* Nach seinem Beispiel verwarfen die Förderer der arabischen Renaissance die als natürlich erachtete Rechtfertigung des Kalifenregimes, das ihrer Meinung nach für den moralischen Verfall des Islam und die Beschränkung seiner Macht verantwortlich war. Im Übrigen waren nicht alle diese Protagonisten Muslime. Manche waren religiös, andere laizistisch. Manche waren Araber, manche nicht. Und wenn es Araber waren, wusste man nicht unbedingt, ob sie Muslime oder Christen waren. Mit einem Wort kann man sagen, dass, indem sie die osmanische Überlegenheit im Grunde und in der Form bestritten, die fortschrittlichen Menschen des 19. Jahrhunderts auf unerwartete Weise die Frage nach der Moderne gestellt haben. Als Resultat wurden Breschen in die konstitutionellen Privilegien des osmanischen Kalifats geschlagen, durch neue, politischere Fragestellungen. Später erlebte man die Aufteilung der muslimischen Länder zwischen verschiedenen europäischen Mächten, mit Frankreich, England und Italien an der Spitze.

Angesichts der politischen Eliten, die käuflich, korrumpiert oder finsteren Mächten unterworfen sind, bleibt die sog. Aufklärung des Islam meistens die Beschäftigung einer Minderheit von Denkern und Intellektuellen, ob laizistisch oder religiös, und wird selten zur Beschäftigung der Basis. Es bleibt den Muslimen überlassen, die Gelegenheit zu ergreifen, um eine Periode einzuläuten, die vollständig auf die Moderne und den Fortschritt hin gerichtet ist. Dieser Islam, der Islam in Bewegung, ist ein Islam, der über sich nachdenkt, sich schützt und täglich bereichert wird. Hierfür muss man ihm die Mittel für ein wirkliches Aufblühen geben, eine größere politische Option, außerhalb des strengen Rahmens einer einfachen Ideengeschichte.

Die Thematik des *Lichts* (*nûr*) erscheint im Koran über 20 Mal. Es wird immer als göttliches Vorrecht dargestellt, wobei das Licht ein Geschenk des Himmels und ein Segen ist (Sure 24, 40). Auch ist es überreichlich vorhanden (Suren 6, 122; 9, 32; 24, 35), Symbol des Lebens (6, 122) und Führung (6, 91) für die Menschen. Die Sure 24 heißt *An-Nûr* (*das Licht*). Nach dem Beispiel des platonischen Höhlengleichnisses erwähnt der Koran Gläubige, die ins Dunkel getaucht sind und durch Gott wieder ans Licht gebracht werden (Suren 2, 257; 5, 16; 14, 1 und 5; 33, 43; 57, 9; 65, 11), nach einer festgelegten Ordnung, die von höllischen und dunklen Ebenen bis in die höchsten Himmelssphären reicht. In dieser Hierarchie wird der Glaube dem Unglauben entgegengesetzt, die blinde und unsinnige Handlung einer Handlung der Verehrung. Schließlich durchzieht den Koran eine klare, tiefe Linie. Es handelt sich um die Grundlagentexte, insbesondere die der Thora (Sure 5, 44–46), der Evangelien (Sure 5, 46) und des Korans (Sure 5, 15), die mit Hilfe von unendlich vielen Botschaften für die Gläubigen identifiziert werden. Das Licht im Koran hat die Funktion der transzendenten Ästhetik. Für den Mystiker, den von der Erkenntnis ergriffenen Menschen und auch den Gelehrten ist es die Gelegenheit, tief über das Wunder des Lebens zu reflektieren. Davon ausgehend, haben viele schiitische Denker ihre Theologie der Erleuchtung (*ischrâq*) entworfen, über die Henry Corbin (1903–1978), der berühmteste Iran-Wissenschaftler, so viel geschrieben hat. Was jetzt noch fehlt, ist, das Band zu knüpfen zwischen diesem Lichtkonzept – vor allem die Erleuchtung des bußfertigen Herzens und die göttliche Erhabenheit – und dem Lichtkonzept der Aufklärung in dem Sinne, wie es das 18. Jahrhundert mit seinem historischen Materialismus, seinem kritischen Geist und seiner Naturphilosophie definiert hat. Im Islam ist diese Bewusstwerdung langsam und rückfällig, eine Bewusstwerdung in einzelnen Stückchen, ohne großen, gemeinschaftlichen Entwurf. Zu der Zeit, als das muslimische Spanien die islamische Philosophie lenkte, war die intellektuelle Kontroverse glänzender als irgendwo anders. Doch als der Niedergang begann, zog sich die zarte andalusische Blume in nahegelegene Länder zurück, vor allem in den Maghreb. Bis in unsere Tage beeinträchtigen die langfristigen Wirkungen dieses ungeordneten Rückzugs immer noch das tiefe Bewusstsein der Muslime und ihrer Eliten. Die Historiker gehen sogar so weit, dass sie die Unmöglichkeit der arabischen Reformatoren, ein alternatives Denken und eine andere Welt zu errichten, mit den vielen Niederlagen und Traumata erklären, die sich über diesen langen Zeitraum angesammelt haben.

In Form einer Apposition formuliert, könnte der Ausdruck *Islam der Aufklärung* in gewisser Weise das vierte Moment dieser notwendigen Hinterfragung der aktuellen arabischen Welt darstellen. Der Begriff zielt darauf ab, die übereinstimmenden Bemühungen einer großen Zahl zeitgenössischer Denker zu beleuchten, um sich mit einer neuen, auf dem Konzept eines freiwilligen und positiven *idschtihâd* beruhenden Methodologie auszustatten, mit der der Koran in seinem Geist neu gelesen werden kann und nicht rein wörtlich. Für die Muslime geht es nicht darum, sklavisch der europäischen Aufklärung und ihren unmittelbaren Konsequenzen für den politischen Bereich zu folgen, sondern sich selbst neu zu erfinden, gemäß ihrer eigenen Sensibilität, wobei das Erworbene respektiert, ihm aber Neues hinzugefügt wird. Ein solcher Sprung scheint in den islamischen Ländern noch nicht ausreichend aktuell zu sein. Obwohl die objektiven Bedingungen für eine Erneuerung des Islam von dieser erneuten Fragestellung abhängen, wird noch über den Bruch mit der Vergangenheit debattiert, seitdem die westliche Moderne gleichzeitig anzieht und abstößt. Man weiß, dass die westliche Erfindung des Individuums sich auf Kosten der Kirche und manchmal gegen die Vollkommenheit des Göttlichen vollzogen hat. Im Islam, wo die Vertreter des philosophischen Individualismus, darunter Laizisten und Atheisten, erleben, dass sich die Gläubigen, die sich zu Gott bekennen und sich seinem Propheten unterwerfen, von ihnen distanzieren, ist das anders. Daher ist die Spaltung ziemlich heftig, bis zu dem Punkt, dass man jegliche Forderung, die der Masse der Gläubigen widerspricht, ausradieren will. Der Islam erlebt heute also eine umgekehrte Situation: Gott ist noch zu präsent, als dass eine vereinzelte Wesenheit genannt Individuum, laizistisches Individuum oder autonomes Subjekt, aus dem Wust der Glaubensrichtungen und des Althergebrachten auftauchen könnte, die häufig noch mit Magie und Aberglaube unterfüttert sind. Theologen, Ayatollahs, Imame, Muftis, sie alle nehmen sich das Hoheitsrecht heraus, im Namen Allahs zu sprechen, ohne dass sie immer dafür qualifiziert oder zuständig sind. Auf das Volk Allahs einzureden und es zu dirigieren, wogegen der Prophet selbst doch im Koran gesagt hat (Sure 88, 21–22), dass er nicht gesandt worden ist, um irgendjemanden zu zwingen, sondern lediglich, um zu unterrichten und nach dem göttlichen Wort hin zu orientieren – das ist eine neuartige und vollkommen absurde Situation.

Der Kampf um die Aufklärung ist im Islam an der Stelle steckengeblieben, wo Voltaire sie im 18. Jahrhundert hinterlassen hat: Fortschritt auf der einen Seite, konservative Reaktion auf der anderen. Die Rechte des Menschen und des Bürgers, die Autonomie des Subjekts, die politische Verantwortlichkeit und auf gewisse Weise die Freiheit müssen konstruiert werden. Eine wirkliche Revolution, die jedoch nicht ohne neue Konzepte durchgeführt werden kann, in denen die Muslime sich wiedererkennen können. Unter diesen Konzepten befindet sich auch das des neuen *idschtihâd* oder der *Nouvelle interprétation des textes* (*NIT, Neuinterpretation der Texte*) des Korans. Ohne diese neue Interpretation des Korans würden sich alle Reformen des Islam auf das bisherige Textverständnis stützen. Deshalb wird auch die Idee des *Dschihad* immer noch in seinem kriegerischen Sinn ausgelegt, obwohl es sich eigentlich vorrangig um Selbstbeherrschung handelt. Um umfassend und fundiert zu sein, müsste der Entwurf des neuen *idschtihad* durch eine Expertenkommission unternommen werden, die aus Theologen und Spezialisten aus ergänzenden Disziplinen bestehen müsste wie Anthropologie, Soziologie, Grammatik, Textforschung oder Linguistik. So würde die Übertragung des Sinns des Korans, der oft überladen und hermetisch ist, zur Herausforderung für die heutige Wissenschaft.

Dies wäre eine gesunde Dialektik der Offenbarung und ihrer verschiedenen Extrapolationen. Das Endziel wäre, nach dem Wunsch von Reformisten wie dem Ägypter Muhammad Ali oder dem Tunesier Ahmed Bey, den Text des Korans an die heutigen Realitäten anzupassen, ohne den individuellen Glauben zu entwerten. Nach Ansicht dieser Denker, die auch Männer der Tat waren, würde man, wenn dieser lange Prozess der Reorganisation (*tanzîmât*), Durchführung von Reformen (*tadschdîdât*) und Anpassungen (*islâhât*) beendet wäre, begreifen, dass die Herrschaft der Vernunft nicht mit der des Glaubens unvereinbar ist, was im Islam nicht anders ist als in anderen Religionen.

Skikda-Paris-Puteaux, Juli bis Dezember 2006

Anhang

Kleines Islam-Lexikon

Abbasiden: zweite islamische Dynastie, benannt nach ihrem wahrscheinlichen Gründer, Al-Abbas, einem Onkel des Propheten. Sie regierte in Bagdad 750–1258 (bis zum Jahr der Plünderung Bagdads durch die Mongolen).

Abraham: genannt Ibrahim al-Khalil, der treue Freund, der Aufrichtige.

Adam: der erste Mensch gemäß Bibel und Koran.

Ahl al-Kitâb: wörtl. „die Anhänger der Religionen des Buches", kurz: „Schriftbesitzer" = Juden und Christen.

Ali: Cousin und Schwiegersohn des Propheten Mohammed und vierter Kalif des Islam. Er starb im Jahre 661.

Âlim: wörtl. „Wissenschaftler", „Wissender". Aus dem arab. *ʾilm*, „Wissenschaft" oder „Wissen".

Allah: Name Gottes im Islam. Allah hat 99 Attribute, die gemeinsam die „Guten Namen" Allahs bilden.

Almohaden: Berberdynastie, die im Maghreb und in Spanien 1147–1269 regierte.

Almoraviden: mauretanisch-marokkanische Dynastie, die im Maghreb herrschte und zwischen 1086 und 1147 Spanien besetzte.

Al-Quds: arab. Name Jerusalems, der dritten heiligen Stadt des Islam.

Amn: „Sicherheit". Einem Reisenden gab dies Sicherheit (*aman* oder *amân Allah*), wenn er sich auf islamischem Boden befand; vgl. → *Dhimmis*.

Apostasie: arab. *ilhad*.

ʿAqîda: Glaube, Dogma.

Aschura: 10. Tag des *Hedschra*-Jahres. Zunächst ein Festtag, symbolisiert Aschura später das Martyrium von Hassan und Hussain, zwei Märtyrern des Schiitentums.

Asmâʾ Allâh al-husnâ: die „Schönen Namen" Allahs.

Âya: Koranvers (Pl.: *Âyât*).

Ayatollah: wörtl. *Âyât Allâh*, Zeichen Gottes.

Baraka: Segen, Aura, Charisma.

Basmala: Anrufung des Namens Allahs; wörtl. *Bismi Allah* („Im Namen Gottes“). Die vollständige Formel lautet: *Bismi llâh ar-rahmân ar-rahîm* („Im Namen Gottes, des Gnädigen und Barmherzigen“).

Beschneidung: *chitân*; bezeichnet eine chirurgische Operation, die durch Beseitigung der Vorhaut die Eichel freilegt.

Bid^ca: tadelnswerte Innovation.

Bruderschaften: *turuq* (Sing. *tarîqa*); Bezeichnung für muslimische Sekten.

Charidschiten: Im Sultanat Oman oder der Pentapolis von Mzab (Südalgerien) auch Ibaditen genannt, stellen die Charidschiten (wörtl. „die Ausziehenden“, nachdem sie sich 657 von den Schiiten getrennt haben) eine winzige Minderheit im Islam dar, vielleicht 1–2 % der Muslime weltweit.

Dâr: Haus, Bleibe, Raum. So bedeutet *dâr as-sulh* „Raum des Vertrags“, *dâr al-harb* „Raum des Krieges“, *dâr al-islâm* „Raum des Friedens“.

Da^cwa: Predigt, Verkündigung, Proselytismus.

Dawla: Staat (arab.).

Dhikr oder Zikr: Meditation, Anrufung der neunundneunzig Namen Gottes. Diese Meditation stellt eine wichtige Komponente der Sufi-Initiation dar.

Dhimmi: Nicht-Muslim, der auf islamischem Boden lebt und Schutz genießt *(dhimma).* Dieser Schutz galt für Juden und Christen. Sie mussten einen Zehnten zahlen (*dschizya*), im Gegenzug durften sie ihren Kult ausüben und es wurde kein heiliger Krieg im Namen Gottes gegen sie geführt.

Dîn: Religion.

Diya: Blutpreis (vor allem im alten Recht gebräuchlich).

Dschâhiliyya: vorislamischer Zeitraum; wörtl. „Zeitraum der Unwissenheit in Bezug auf den monotheistischen Glauben“, hier den Islam.

Dschihâd: Heiliger Krieg, aber auch „Krieg gegen schlechte Neigungen“. In diesem Sinn verlagerte sich die Bedeutung von *Dschihad* zu einer Anstrengung, die von jedem Menschen gefordert wurde. Damit verwandt ist → *Idschtihâd* („Interpretation des Koran“).

Dschinn: Dämonen, Geister. Die so genannten *ghuls* sind alte, vorislamische Dämonen. Man findet sie im gesamten arabischen Raum.

Dschizya: Kopfsteuer, die den *dhimmis* auferlegt wurde (vgl. → *Dhimmi*).

Emir: religiöser und manchmal militärischer Titel (etymologisch von *amr*, Autorität), der an eine bestimmte Anzahl von Herrschern verliehen wird, die noch nicht das prestigeträchtige Amt des Kalifen innehatten.

Falsafa: Philosophie.

Fatiha: wörtl. „Die Eröffnende“. Dieser Begriff bezeichnet die erste Sure des Korans, eine der wichtigsten Suren überhaupt.

Fatimiden: berühmte maghrebinische Dynastie, die sich in Ägypten durchsetzte und über drei Jahrhunderte regierte (909–1171).

Fatwa: autorisierte juristische Meinung.

Fiqh: Islamische Rechtsprechung, die vor allem in den Staaten angewandt wird, die unter religiöser Kontrolle stehen.

Fitna: wörtl. „Subversion", „Versuchung", „Fälschung", „Abweichung". Jegliche nicht mit dem Koran konforme Haltung, Tat oder Idee. Eine Frau, die sich aus dem patriarchalischen Halseisen befreien will, ist häufig Anlass einer „kleinen *fitna*". Ein Bürgerkrieg zwischen zwei muslimischen Staaten ist eine „große *fitna*" etc. Die logische Folge der *fitna* ist die *bidᶜa* (vgl. → *Bidᶜa*).

Fitra: natürliche Veranlagung des Menschen hin zum Guten.

Freitag: Tag der Versammlung (*dschumnᶜa*) in der Moschee.

Fünf Säulen des Islam:

1) Das Glaubensbekenntnis (*schahâda*): *„Ich bezeuge, dass es keinen Gott gibt außer Allah, und ich bezeuge, dass Mohammed sein Gesandter ist."*
2) Das Gebet (*salât*), das 5 Mal am Tag stattfindet.
3) Das Fasten (*sawm*) während des Mondmonats Ramadan.
4) Das gesetzliche Almosen (*zakât*).
5) Die Pilgerfahrt (*hadsch*) zu den heiligen Stätten des Islam (Mekka und Medina), die mindestens einmal im Leben durchgeführt werden sollte.

Gebet: vgl. → *Salât.*

Ghazal: höfische, häufig vorislamische Poesie.

Hadd: Strafe (Begriff für das alte Recht).

Hadith: überlieferte Äußerungen des Propheten („Heilige Worte"). Dazu gehören etwa Kommentare zu dem einen oder anderen Koranvers, Weisheiten oder Würdigungen. Ein ganzer Theologenzweig hat sich auf die Sammlung der *Hadiths* spezialisiert, um daraus Kompendien zu erstellen, die die Interpretation des Korans ergänzen.

Hadsch: Pilgerfahrt zum Haus Gottes. Sie ist eine der Bedingungen, um seinen Islam zu vollenden (vgl. → Fünf Säulen des Islam), wird aber nur unter bestimmten Voraussetzungen verlangt: finanzielle Möglichkeiten, körperlicher Zustand des Pilgers (genannt *Hâdsch*, weiblich *Hâdscha*).

Halâl/Harâm: erlaubt/verboten. Die Einteilung in zulässig (Fleisch aus ordnungsgemäßer Opferung) und unzulässig (unreines Fleisch; bestimmte sexuelle Praktiken) ist im Islam präzise kodifiziert.

Hammâm: sog. „türkisches" Bad. An die Moschee angrenzender Raum, der der Hygiene und Reinigung der Gläubigen dient.

Hanafismus: Name einer der vier Schulen des → Sunnitentums, vor allem in der Türkei verbreitet.

Hanbalismus: Name einer der vier Schulen des → Sunnitentums; eine sehr strenge Lehre, die zum Beispiel in Saudi-Arabien befolgt wird.

Hanîf: Der Koran hebt einige alte Propheten hervor, die vorzeitige „Monotheisten" waren, wie z. B. Abraham. Der Begriff ist zu einem Kennzeichen für Heiligkeit geworden.

Harem: Frauengemach. Der Begriff stammt aus derselben Wortwurzel wie *harâm*, verboten. Es handelt sich um einen verschlossenen Bereich in einem arabischen oder muslimischen Haushalt, der den Frauen vorbehalten ist.

Hedschas: Name des arabischen Zentralplateaus, Schauplatz der Koran-„Revolution" im 7. Jahrhundert.

Hedschra: von *Hidschra*, „Emigration". Bezeichnet die Flucht-Emigration des Propheten von Mekka nach Medina. 622, das Jahr der Ankunft Mohammeds in Medina, ist das Jahr 1 des Islam.

Hidschâb: islamischer Schleier.

Hilal: zunehmender Mond. Ausgangspunkt des heiligen Monats Ramadan.

Himmelfahrt: vgl. → *Mi*ʿ*râdsch.*

Hohe Pforte: bezeichnet die Macht zu Zeiten des Osmanischen Reiches in Istanbul.

Ibaditen: dritter großer Teilbereich des Islam. Der Name stammt von ihrem Gründer, Ibn Abbad. Vgl. → Charidschiten.

Iblîs: Name des höchsten Dämonen (*Dschinn, Schaytan*) im Islam.

Idschtihâd: bezeichnet die Disziplin, die darin besteht, das individuelle und kollektive Verständnis des Korans zu erweitern. Siehe → *Dschihad.*

Ichwân: wörtl. „Brüder", wie im Ausdruck *Ikhwan al-muslimîn*, „Muslimbrüder".

Imam: Leiter des Gebets; wörtl. „derjenige, der sich nach vorne stellt".

Islâh: Reform des Islam.

Islam: Name der Religion, die im 7. Jahrhundert durch Mohammed verkündet wurde und heute 1,2 Milliarden Menschen auf der Welt vereint.

Islamischer Schleier: er hat viele arabische und ebenso viele nicht-arabische Bezeichnungen wie z. B.: *Hidschab, khomar, malhafa, Tschador, Tschadri, melaya, haik, safsari, Burka, purdah.*

Ismailiten: Einer der Zweige des Schiitentums.

Jerusalem: vgl. → *Al-Quds.*

Kaaba: wörtl. „der Kubus". Name des kubusförmigen Heiligtums, das im Herzen der großen Moschee von Mekka steht. Sie ist der zentrale Orientierungsort für jedes muslimische Gebet.

Kadi: muslimischer Rechtsgelehrter. Im Wesentlichen ein normaler Richter, der Angelegenheiten des Persönlichkeitsrechts wie Ehe, Scheidung, Erbe verhandelt.

Kalif, Kalifat: wörtl. „der, der jemandem nachfolgt", „der Nachfolger" (des Propheten).

Karmaten: Name einer muslimischen Sekte.

Kerbala: irakische Stadt südwestlich von Bagdad. Sie beherbergt das Grab von Hussain, dem Sohn Alis und Ahnherren der Schiiten, was die historische und emotionale Bedeutung veranschaulicht, die diese Stadt in der iranischen Vorstellungswelt einnimmt.

Kitâb: Buch; im Wesentlichen der Koran, aber auch das Alte und Neue Testament.

Koran: das heilige Buch der Muslime, abgeleitet vom Verb *qaraʾa*, wörtl. „lesen oder rezitieren". Dem Propheten zwischen 610 und 632 offenbart, ist es in 114 Kapitel (Suren) und über 6000 Verse unterteilt, die man *âyât* nennt. Vgl. → *Aya*.

Kufische Schrift: einfacher Stil der arabischen Kalligraphie, die in vielen verschiedenen Versionen wie z. B. *naschî, taʿlîq, nastaʿlîq, maghribî, ʿuthmânî* existiert.

Kufr: Unglaube, Apostasie.

Kuppel: arab. *kubba*; die Kuppel einer muslimischen Moschee.

Maschriq/Maghrib: Sonnenaufgang/Sonnenuntergang.

Mahabba: im mystisch-muslimischen Vokabular bezeichnet *mahabba* die besondere Liebe eines Schülers zu Gott.

Mahdi: wörtl. „von Gott geleitet". Zu Beginn bezeichnete der Begriff den verborgenen Imam, der nach Glauben der Zwölferschiiten (vgl. → Zwölferschiiten) am Ende der Zeiten wiederkommen und die Ordnung der wahren Religion wiederherstellen wird. In der Folge wurde er als Bezeichnung für messianische Prediger verwendet, z. B. den *mahdi* im Sudan des 19. Jahrhunderts.

Malâʾika: Engel.

Malekiten: Name von Anhängern einer durch Imam Malek gegründeten theologischen Schule.

Mamelucken: wörtl. „die in Besitz Befindlichen", was auf ihren Status als frühere Sklaven hinweist. Bezeichnet eine muslimische Dynastie, die in Ägypten regierte.

Mawlânâ: wörtl. „unser Meister". Ehrentitel, der zu Beginn an Dschalal ad-Din ar-Rumi (13. Jahrhundert) verliehen wurde, einen Sufimystiker von Konya (Türkei) und Gründer des Ordens der Tanzenden Derwische.

Medresse: an Moschee angrenzende Einrichtung, in der die pädagogische Ausbildung der Imamschüler stattfindet. Später wurde die Medresse eine normale Schule, in der alle Fächer gelehrt wurden.

Medina: zweite heilige Stadt des Islam nach Mekka.

Mekka: erste heilige Stadt des Islam.

Mihrâb: Gebetsnische, die innerhalb jeder Mosche eingerichtet ist und die Richtung nach Mekka anzeigt, die *qibla*; vgl. → *Qibla*.

Minbar: Stuhl des muslimischen Predigers in einer Moschee.

Miᶜrâdsch: vollständig *Al-Isrâ wal miʾrâj*, zweifache mystische Reise des Propheten, die zunächst die Reise von Mekka nach Jerusalem bezeichnet (*al-isrâʾ*) und dann die Reise von Jerusalem in den Himmel (*al-miʾrâj*).

Moschee: Name des Kultgebäudes im Islam.

Muezzin: So nennt man den Mann, der seinen Gesang vom oberen Teil der Moschee herunter erschallen lässt, um die Gläubigen zum Gebet zu versammeln.

Mufti: muslimischer Theologe. Außer der Verwaltung der Moschee ist es seine Aufgabe, Ratschläge zu erteilen und der Gemeinschaft der Gläubigen Rahmen und Richtung vorzugeben.

Mullah: erster Grad eines schiitischen Würdenträgers.

Murshid: spiritueller Führer.

Muslimische Feste: sind sehr zahlreich. Zwei *Aids* („kleines und großes *Bayram*", wie die Ägypter sagen, die sie von den Türken übernommen haben) gehören dazu. Das kleine findet am Ende des Monats Ramadan statt, das große im Gedenken an das Opfer Abrahams, genannt *Aid al-kabîr*. Weiterhin gibt es den muslimischen Jahresanfang oder den Jahrestag der Geburt des Propheten (*Mawlid an-nabawî*), ein eher spiritueller Feiertag.

Nadschaf: Pilgerort der Schiiten.

Nachtreise des Propheten: vgl. → *Miᶜrâdsch*.

Nasriden: eine der letzten muslimischen Dynastien in Andalusien.

Omaijaden: erste muslimische Dynastie; regierte in Damaskus 660–750, dem Datum des Falls des omaijadischen Hauses zugunsten der Abbasiden (vgl. → *Abbasiden*).

Osmanen/Ottomanen: Name der muslimischen Dynastie, die in Istanbul und 1302–1924 fast im gesamten muslimischen Raum regierte.

Pilgerfahrt: vgl. → *Hadsch*.

Qibla: kanonische Gebetsrichtung der Muslime, muss zur Kaaba nach Mekka hin ausgerichtet sein.

Quraisch: Name des Stamms, dem der Prophet Mohammed angehörte (deutsch auch Koreischiten).

Rahma: Barmherzigkeit Gottes.

Ramadan: jährlicher Fastenmonat.

Rasûl: Gesandter Gottes. Der Begriff gilt ausschließlich für den Propheten Mohammed (570–632).

Salafismus: fundamentalistische Bewegung, gegründet auf einer strengen Interpretation der kollektiven Regeln des Islam. Er zielt darauf ab, die alten Verhaltensweisen des Propheten Mohammed und seiner Gefährten wiederzubeleben. „Die frommen Altvorderen" (*as-salaf as-sâlih*) gaben dieser Bewegung den Namen. Sie beruft sich auf zwei fundamentalistische Theologen, Ibn Taimiyya und dessen Schüler, Ibn al-Dschawzi. Vgl. → *Tabligh.*

Salât: das Gebet. Es findet 5 Mal am Tag statt, von der Kindheit bis zum Tod. Die Moschee ist der Ort dieses Ritus, der aber auch zu Hause, auf Reisen oder bei der Arbeit vollzogen werden kann. Das Gebet ist Teil der 5 unumgänglichen Bedingungen des Islam. Vgl. → *Fünf Säulen des Islam.*

Sarrazener (aus dem lateinischen *Sarracenus*): Name, der den Orientalen, vor allem den Arabern und Muslimen, gegeben wurde (besonders im Mittelalter sehr gängig).

Schafiismus: Name einer der vier Lehrschulen des Sunnitentums. Ihre Anhänger leben vor allem in Afrika (besonders Ostafrika) und den großen muslimischen Ländern Asiens: Philippinen, Malaysia, Thailand, Indonesien.

Schahâda: Bezeugung der Existenz eines einzigen Gottes und der Heiligkeit seines Propheten. Die genaue Formulierung lautet: „Ich bezeuge, dass es keinen Gott gibt außer Allah, und ich bezeuge, dass Mohammed sein Gesandter ist."

Scharia: der „klare Weg" für diejenigen, die sich in den Rahmen der islamischen *Doxa* einfügen wollen. Sie vereint den Koran und den *Hadith*, aber auch die Rechtsvorschriften (*Fiqh*) und die Interpretation des Korans (*tafsir*).

Schiitentum: aus arab. *schiʿa*, „Partei", „Weg des Ali", des vierten Kalifen, einem Cousin und Schwiegersohn des Propheten (dank Fatima), der von Kindheit an sein Gefährte war. Diejenigen Muslime, die seit 657 seine Anhänger waren, wurden Schiiten genannt. Heute findet man Schiiten vor allem im Iran und Irak. Vgl. → *Ismailiten.*

Schriftbesitzer: Koranausdruck, der die Anhänger anderer monotheistischer Religionen bezeichnet, konkret Juden und Christen. Vgl. → *Ahl al-Kitab.*

Schûra: Rat, die in einer islamischen Republik die Stellung einer Regierung einnimmt, daher auch *ahl asch-schûra*, „die Wissenden", „die Berater" (oder Minister).

Scheich: Heiliger des Islam. Mann von großer Gelehrtheit.

Siegel der Prophetie: der arab. Ausdruck lautet *chatam al-anbiyâʾ* und will ausdrücken, dass der Islam die Fortsetzung des jüdisch-christlichen Monotheismus ist und gleichzeitig diejenige Religion, die die göttliche Botschaft endgültig vollendet.

Sîra: Biographie des Propheten Mohammed, häufig mit hagiographischen Elementen. In großen Zügen von allen Gläubigen respektiert und anerkannt.

Sufismus: mystische Doktrin des Islam (*tasawwûf*).

Sultan: politischer Titel eines arab. Herrschers zu Zeiten des klassischen Islam.

Sunna: der *tao* des Islam, der „Weg" des Propheten, der sich aus Taten, Worten und expliziten Sichtweisen zusammensetzt.

Sunnitentum: so nennt man die größte Lehrrichtung des Islam. Tatsächlich sind 90 % der Muslime auf diesem Planeten Sunniten. Zum Vergleich: Etwas weniger als 10 % bezeichnen sich als Schiiten (vgl. → *Schiitentum*). Eine kleine Minderheit bilden die → *Charidschiten.*

Sure: Kapitel des Korans, das aus einer größeren oder kleineren Anzahl von Versen bestehen kann.

Tablîgh: wörtl. „Übertragung". Name einer pietistischen und proselytischen Bewegung aus Pakistan, die den Islam auf der ganzen Erde verbreiten will.

Tâlibân: wörtl. afghanische Koranschüler, aus denen dann Soldaten geworden sind.

Tawhîd: „Einheit", die Lehre, die auf die Einheit des menschlichen Wesens mit seinem Schöpfer abzielt bzw., auf politischer Ebene, auf die Einheit der islamischen Gemeinschaft (vgl. → *Umma*).

Taᶜziye: Begriff aus dem Schiitentum, bezeichnet die Darstellung des Martyriums von Hussain, dem zweiten Sohn des Imams Ali, der im Oktober 680 in Kerbala gestorben ist (vgl. → *Kerbala*). Am 9. und 10. dieses Monats finden aus diesem Anlass öffentliche Bußmärsche statt.

Tschador: iranischer Name des islamischen Schleiers.

Turban: schwarzes oder weißes Tuch, das den Kopf von schiitischen Würdenträgern bedeckt.

Ulema: Vgl. → *Alim.*

Umma: Gemeinschaft der Muslime , *Al-Umma al-islamiyya*. Der Begriff war zu Beginn rein spirituell, bevor er sich im Laufe des 20. Jahrhunderts in einen politischen und ideologischen Begriff verwandelte.

Verborgener Imam: vgl. → *Mahdi.*

Vers: vgl. → *Aya.*

Wahhabismus: politisch-religiöse Doktrin, gegründet 1744 durch Mohammed Abd al-Wahhab (1703–1792), einen visionären Theologen und Mystiker, sowie einen puritanischen Scheich von Diriyah namens Muhammad ibn Saud, ein Vorfahre der aktuellen Saud-Dynastie in Saudi-Arabien.

Waschungen: vgl. → *Wudû.*

Wesir: aus dem arab. *wazir*, „Minister". Die Funktion des Großwesirs ähnelt der eines Premierministers.

Wudû': Waschungen. Wichtiger Ritus des muslimischen Gebetes, bei dem die Reinigung eine wichtige Voraussetzung ist.

Zahirismus: philosophische Lehre, subjektive Auslegungen des Korans beiseite zu lassen (genannt Batinismus) und die „exoterische" Version (aus dem arab. *zahîr*, „sichtbar") zu beachten.

Zaidismus: abgeleitet von Zaid ibn Ali (8. Jahrhundert), der eine Bewegung gründete, die vom Schiitentum abwich. Er verweigerte sich der Herrschaft der Omaijaden und gründete in der Bergregion des Kaspischen Meeres ein Minikalifat. Ein anderer Zweig des Zaidismus regierte bis 1962 im Jemen. Noch heute gibt es in Sanaa eine sogenannte Zaiditenmoschee.

Zakât: gesetzliches Almosen. Gehört zu den fünf Pflichten des Islam, im Unterschied zum spontanen Almosen (*sadâqa*), das dem freien Ermessen jedes Muslims überlassen wird.

Zeitalter der Unwissenheit (arab. *Al-Dschahiliah*): Zeitraum vor der Offenbarung des Korans.

Zwölferschiiten: So nennt man diejenigen Schiiten, die an eine Reihe von 12 Imamen glauben (daher auch ihr anderer Name, „Imamiten"), im Gegensatz zu den Siebenerschiiten, die diese Liste auf lediglich 7 Imame beschränken; vgl. → *Mahdi*.

Kleine Chronologie zum Islam

6. Jahrhundert

570 oder 571: Geburt Mohammeds.

7. Jahrhundert

Das Jahrhundert der Verkündigung, in jeder Hinsicht entscheidend: Offenbarung des Korans, Geburt des Islam. Die Expansion wird bis zu den Grenzen des Maghreb und Indiens reichen.

610–611: Beginn der Offenbarung des Korans. Der Prophet hatte sich angewöhnt, in einer Grotte namens Hira zu meditieren, nicht weit entfernt von Mekka. Dort empfing er die ersten Verse, diktiert vom Erzengel Gabriel.
613: Beginn der Koranverkündigung.
615: Erster Konvoi der Muslime nach Abessinien. Auf der Flucht vor den Verfolgungen durch die Bewohner von Mekka müssen sie dort auf bessere Tage warten.
616: Erste Konversionen zukünftig bedeutender Persönlichkeiten des Islam, besonders von Omar (der nach Abu Bakr zweiter Kalif werden wird).
619: Tod von Chadidscha, der ersten Frau des Propheten, und Tod von Abu Talib, dem Onkel Mohammeds.
Nach 619: Die Sure *Die Frauen* (*an-Nisâ'*) wird offenbart. Sie beinhaltet die Bestandteile, um Stellung, Funktion und Vorrechte der Frau zur Zeit des alten Arabien zu würdigen. Über 140 Erwähnungen zu diesem Thema gibt es im Koran, in dieser Sure ebenso wie in Sure 2 Al-Baqara und 22 weiteren Suren.
622: *Hedschra* von Mekka nach Medina und Beginn des muslimischen Kalenders.
623: Der Stadtstaat von Medina (früher Yathrib) wird zum Versuchslabor der jungen muslimischen Gemeinschaft.

624: Die *qibla* wird endgültig nach Mekka hin orientiert, nachdem die Muslime 2 Jahre lang in Richtung Jerusalem gebetet haben.

630: Nach mehreren Schlachten, im März 624 in Badr, im April 627 und vor allem März 628 in Hudaybiyya, wo der Waffenstillstand mit Mekka geschlossen wurde (Frieden von Hudaybiyya), fällt die heilige Stadt kampflos. Mohammed hatte seinen Gegnern seine Botschaft aufgezwungen.

631: Abschiedspilgerfahrt. Abschlussrede der Verkündigung.

632 (Anfang Juni, am 6. oder 8.): Natürlicher Tod Mohammeds bei sich zu Hause in Medina, und Beginn des kurzen Kalifats von Abu Bakr. Eroberung Palästinas. Die Herrschaft der vier ersten Kalifen dauerte 31 Jahre.

632–34: Kalifat von Abu Bakr.

633: Erste muslimische Einfälle in Mesopotamien (642, nach dem Zusammenbruch des Sassanidenreiches, sind die Sassaniden größtenteils zum Islam konvertiert).

634: Sieg über die Byzantiner.

634–642: Eroberung Mesopotamiens.

634–644: Kalifat Omars und Eroberung Ägyptens. General Amr ibn al-As bemächtigt sich Ägyptens zugunsten von Muᶜawiya, der von da an über Syrien, Ägypten und Westarabien herrscht.

636: Sieg über die Byzantiner. Syrien ist von da an muslimisch.

637 (Mai): Einnahme Jerusalems.

644: Kalif Omar wird ermordet.

644–656: Uthman ibn Affan wird Kalif. Der Koran wird textlich zusammengestellt. Diese sogenannte Vulgata von ᵓUthman (zwischen 650 und 653) wird zum offiziellen Koran.

647: Die Muslime setzen ihren Fuß in den Maghreb.

651: Eroberung von Khorasan, dann von ganz Persien (663–667). Die ersten Muslime in China. Der Islam erreicht seine größte Ausdehnung nach Osten.

656: Kalifat von Ali ibn Abi Talib, durch Heirat mit dessen Tochter Fatima Schwiegersohn des Propheten. Ali wird am 24. Januar 661 in Kufa durch die Hand eines Charidschiten namens Ibn Muldscham ermordet. Dieses Drama beschleunigt die Trennung zwischen diesen beiden Fraktionen.

Die sogenannte Kamelschlacht findet im Dezember statt. Ali geht als Sieger daraus hervor, Aischa und ihr Clan werden besiegt.

656–657: Hoheit von Muᶜawiya über Syrien und Opposition gegen das Kalifat von Ali. Niederlage Alis in der Schlacht von Siffin (Juni–Juli 657), wo sich Muᶜawiya Ali entgegensetzt (*Fitna*, die große Spaltung). Abspaltung der Charidschiten.

661–680: Nach der Ermordung Alis in Kufa Beginn der Omaijaden, der ersten Dynastie des Islam.

670: Arabische Eroberung Tunesiens und Gründung von Kairouan durch General Uqba ibn Nafiᶜ.

673: Belagerung von Konstantinopel durch muslimische Armeen.

680: Tod Hussains in Kerbala (Beginn des schiitischen Märtyrertums). Tod von Muᶜawiya.

684–692: Aufstand der Charidschiten.

687–691: Bau der Omar-Moschee in Jerusalem.

696: Die arabische Sprache des Hedschas wird die Sprache des Korans und folglich des Islam.

8. Jahrhundert

Dieses Jahrhundert erlebt die Teilung des Schiitentums in verschiedene Zweige (874: Verschwinden des 12. Imams, Zwölferschiitentum). Die sogenannten arabischen Ziffern kommen aus Indien und Mesopotamien und werden bei den Arabern gebräuchlich. Später erlauben die arabischen Ziffern den Europäern, die römischen Ziffern aufzugeben, die für schnelle Berechnungen und die Darstellung hoher Zahlen sehr unpraktisch sind. Gründung der vier theologischen Schulen des Sunnitentums (Hanafismus, Malikismus, Schafiismus und Hanbalismus).

700: Beginn des Muᶜtazilitentums, einer Bewegung, die gegenüber der dogmatischen Theologie eine gewisse Rationalität vertritt.

705: Gründung der Omaijadenmoschee in Damaskus und wenig später der Al-Aqsa-Moschee in Jerusalem.

711: Ein Berbergeneral namens Tarîq ibn Ziyad überschreitet die Meerenge von Gibraltar und besetzt den Süden der iberischen Halbinsel; Besetzung Andalusiens innerhalb von 2 Jahren.

716: Abbasiden-Bewegung, so benannt nach Al-Abbas, einen Onkel des Propheten.

728: Tod des ersten vermutlichen Mystikers des Islam, Hassan al-Basri, der 642, 10 Jahre nach dem Tod des Propheten, geboren wurde.

732: Schlacht und Niederlage der Muslime bei Poitiers.

744: Revolte der Abbasiden im iranischen Khorasan.

748: Tod von Wasil ibn Ataʾ, einem mutazilitischen Philosophen (Freidenkerbewegung).

750: Ende der Omaijaden-Dynastie im Orient. Die Fackel wird von der Abbasiden-Dynastie aufgenommen; Bagdad wird später Hauptstadt des muslimischen Imperiums, das bis 1258 (Plünderung durch die Mongolen) andauert.

Um 750: Festlegung des muslimischen Rechts (*Fiqh*).

756: Gründung des Königreiches von Córdoba durch Abd ar-Rahman I., Nachkömmling des orientalischen Omaijaden-Hauses, der das Massaker an seiner Familie durch die Abbasiden überlebt hatte.

762: Gründung von Bagdad.

765: Tod des Imams Dscha'far as-Sadiq. Geburt des Imamismus, des Ismailitentums und des Zaidismus.

773–774: Übersetzung der *Elemente* von Euklid und der *Geographie* von Ptolemäus ins Arabische. Beginn der arabischen Zählweise.

776: Tod des muslimischen Mystikers Abu Haschîm as-Sufi.

785: Bau der großen Moschee von Córdoba.

786: Kalifat von Harun ar-Raschid, Mäzen und Beschützer von Gelehrten, Dichtern, Architekten und Ärzten.

789: Gründung von Fes (Marokko).

9. Jahrhundert

Die großen theologischen Schulen entwickeln sich weiter. Entstehung des Krankenhauses, Bamaristan, und der Häuser der Weisheit in Bagdad (Bayt al-Hikma). Im Umkreis der Paläste und Mäzene wird intensive Übersetzungstätigkeit betrieben, geleitet von verschiedenen arabischen, persischen, jüdischen, nestorianischen Gelehrten.

801: Tod der berühmtesten Sufi-Frau, Rabi'a al-Adawiyya (geboren zwischen 713 und 721), die nach der Art des heiligen Augustinus lebte, das heißt im zweiten Teil ihres Lebens sehr fromm, im ersten Teil ihres Lebens weniger fromm.

827: Der zu Beginn bekämpfte Mu'tazilismus ist bei den Abbasiden mittlerweile Staatsreligion, doch nicht lange (bis 847).

831–902: Die Araber sind in Italien (831: Palermo, bis 1072; 840: Bari; 846: Einfall in Rom; 869: Malta; 878: Syrakus; 902: Taormina).

860: Tod von Dhu Nun al-Misri.

868– 905: Nach langer Dominierung durch Omaijaden und Abbasiden befreit sich die Dynastie der Tuluniden von den Abbasiden, um über Ägypten zu herrschen.

873: Tod des Philosophen Al-Kindi (geboren 796).

875: Tod von Yazid al-Bistami, Autor des Buches über Séance und Trance (*Schattahat*).

878: Vermutetes Datum, an dem die Verbergung des 12. Imams stattgefunden hat.

10. Jahrhundert

Tausendundeine Nacht bildet bereits vor 950 einen relativ vollständigen Textkörper.

910: Tod von Al-Dschunaid, einem muslimischen Mystiker.
920: Die esoterische Bewegung der Ichwân as-safâ' (*Brüder der Reinheit*) verfasst ein anonymes Werk von 250 Faszikeln mit ismailitischer Inspiration unter dem Titel *Philosophische Briefe*, erschienen 951.
922: Öffentliche Hinrichtung von Mansûr al-Halladsch, einem Mystiker und Autor einzigartiger Gebete, wegen Häresie, was ihn zu einem Märtyrer macht.
923: Tod von Abu Bakr Muhammad ibn Zakariyya ar-Razi, genannt Rhazes, einem Arzt und Alchimisten.
929: Kalifat von Córdoba.
935: Der Hanbalismus wird durch die abbasidischen Behörden auf den Index gesetzt, später aber rehabilitiert.
950: Tod von Al-Farabi (geboren 872), einem großen muslimischen Philosophen und Autor des Buches *Die perfekte Stadt, Al-Madinat al-fadila.*
956: Tod des Historikers Al-Masʿudi, Autor des *Buches der goldenen Wiesen, Murûdsch adh-dhahab*, eine Chronik der Fürsten und Beschreibung der zeitgenössischen Gesellschaft.
969: Gründung von Kairo, früher Fûstat, durch die schiitische Dynastie der Fatimiden. Im Jahr darauf (970) wird mit dem Bau der Universitätsmoschee Al-Azhar begonnen (970). Die Fatimiden bleiben bis 1171 in Kairo.
970–972: Gründung der Moschee-Universität von Kairo durch die Ismailiten. Die Universität Al-Azhar ist seitdem die bedeutendste Moschee des sunnitischen Islam.
980: Geburt von Ibn Sina, besser bekannt unter dem Namen Avicenna.
997: Beginn der Herrschaft von Mahmud, dem Ghaznaviden. Seine Machtausübung geht bis 1030.

11. Jahrhundert

In Andalusien herrscht mittlerweile der sog. Geist von Córdoba vor: Unter der Autorität des Sultans des muslimischen Spanien werden in den Palästen und der Umgebung der Herrscher Literatur und Wissenschaften gepflegt. Eine intensive Aktivität entfaltet sich in der Philosophie, Medizin, Hydraulik, Architektur und Pflanzenkunde. Die Gartenbaukunst ist auf ihrem Höhepunkt, ebenso wie die Innendekoration der Paläste. Bibliotheken verbreiten sich im gesamten muslimischen Imperium. In Tunesien ist das Jahrhundert geprägt durch die Horden der Banu Hilal, die das Land verwüsten.

1020: Tod von Firdausi, dem Auto des *Buches der Könige* (*Schâhnâmeh*).
1031: Wahrscheinliches Datum der Beendigung intellektueller Forschung in Bezug auf die Gründungstexte (Verschließen der Türen des *idschtihâd*).
1037: Tod von Avicenna, Philosoph und Autor des Buches *Kanon der Medizin*.
1039: Die Dynastie der Seldschuken gewinnt Oberhand über die Ghaznaviden.
1048: Tod von Al-Biruni, einem Indien-Gelehrten, Reisenden und Ethnographen. Er war der erste, der das Schachspiel beschrieb, die Funktion der Kasten beobachtete und die Religion der Inder beschrieb.
1051: In Tunesien wird die Dynastie der Ziriden unabhängig.
1055: Bagdad wird von den Seldschuken erobert.
1058–1111: Ghazzali, großer islamischer Theologe.
1065 oder 1067: Die Nizamiyya, die erste Medresse des Islam in Bagdad, öffnet den Weg zu zahlreichen weiteren Unternehmungen dieser Art. Sie trägt ihren Namen von Nizam al-Mulk (gestorben 1092), dem berühmtesten Wesir zu Zeiten der Groß-Seldschuken.
1080: Die Assassinen von Alamût verbreiten Angst und Schrecken in Syrien und Iran. Ihre Macht dauert bis zur Ankunft der Mongolen 1256. Nizam al-Mulk wird 1092 ermordet.
1090: Kompass: Erste belegte Verwendung durch arabische Seefahrer.
1095: Aufruf zum Ersten Kreuzzug: 1099 erobern die Kreuzritter Jerusalem.

12. Jahrhundert

Das Jahrhundert der Kreuzzüge.

1095–1291: Periode der Kreuzzüge (1095, der erste; 1147, der zweite; 1190, der dritte; 1202, der vierte, in dem unter anderem Konstantinopel eingenommen wird).
1111: Tod von Ghazzali, einem der größten Theologen des Islam. Geboren 1058, ist er Autor der *Wiederbelebung der Religionswissenschaften* (*Ihyâʾ ʿulûm ad-dîn*). Nach einer Periode des Zweifelns wird er zum bedeutendsten Theologen seiner Zeit. Andere halten ihn außerdem für einen *mudschaddid*, Erneuerer des Islam.
1120–1130: Ibn Tumart (gestorben 1130) gründet die Dynastie der Almoha-

den, die Marokko (1122) und einen großen Teil des heutigen Maghreb erobert.

1121 oder 1126: Geburt des Philosophen Ibn Ruschd (Averroes) in Córdoba (gestorben 1198).

1124: Tod von Hassan-i Sabbah, dem großen Anführer der Sekte der Assassinen.

1145: Übersetzung der *Algebra* von Al-Chwarizmi ins Lateinische.

1146–1269: Die Almohaden verjagen die Almoraviden und erobern Spanien.

1150: Schahrastani, der 1153 stirbt, veröffentlicht sein *Buch der Sekten und Häresien.*

1174: Salah ad-Din al-Ayyubi, genannt Saladin, ist Herrscher von Ägypten und Syrien, bevor er sich Jerusalems bemächtigt (1187).

1185: Tod von Ibn Tufail (geboren 1110).

1198: Tod von Averroes. Sein philosophisches Werk hat den mittelalterlichen Okzident beeinflusst und wurde nach der Übersetzung ins Lateinische (Gerhard von Cremona, 1225) lange an der Sorbonne gelehrt.

13. Jahrhundert

Gründung der Al-Mustansiriyya in Bagdad, einer Medresse, in der Theologie unterrichtet wird. Im 13. und 14. Jahrhundert entstanden mehrere mystische Bruderschaften, die noch heute Anhänger haben, darunter die Quadiriyya, das Werk von Abd al-Qadîr al-Dschilanî, oder die Shadhiliyya, gegründet von Abul-Hassan Ali, genannt asch-Schadhili (gestorben 1226) etc.

1200: Tod von Attar, einem persischen Dichter. Im selben Jahr vereint Dschingis Khan (geboren 1167) die Türken und Mongolen unter seinem Banner.

1206: Der Islam setzt sich dauerhaft in Indien fest.

1212: Schlacht von Las Navas de Tolosa. Am 16. Juli erringen in einem Weiler am Fuß der Sierra Morena die katholischen Könige einen entscheidenden Sieg über den Almohaden Mohammed ibn Yaʿqub: der erste Akt der Reconquista.

1220: Herrschaftsbeginn der osmanischen Türken. Im selben Jahr erstürmen die Mongolen Persien.

1229: Hafsidendynastie in Tunesien.

1234: Tod des mystischen „Intellektuellen" Suhrawardi (geboren 1144).

1235: Tod von Ibn al-Farid, Autor einer *Weinode* (*Al-Chamriyya*).

1237–1241: Die Mongolen rücken in Russland und Polen vor.

1238: Bau der Alhambra von Granada. Im 14. Jahrhundert wird sie flankiert von dem Generalife (wörtl. *Dschannat al-ʿârif, Der Garten des Weisen*).

1240: Tod des Mystikers Ibn Arabi in Damaskus. 1165 geboren, ist er zu Lebzeiten als großer Meister bekannt, besonders wegen seiner Preisung des einen Gottes.

1243: Medresse Salihiyya in Kairo.

1250: Die Ayyubiden-Dynastie, gegründet durch Saladin, setzt sich in Syrien, Palästina und Ägypten durch. Das Sunnitentum wird wieder eingesetzt, zum Nachteil des Schiitentums der Ismailiten. Bagdad wird von mongolischen Horden verwüstet. Die Dynastie der Abbasiden ist nur noch ein Schatten ihrer selbst.

1250–1517: Die Militärkaste der Mamelucken (befreite Sklaven) setzt sich in Ägypten durch und fördert eine effektive Verwaltung.

1258: Die Mongolen plündern Bagdad und stürzen die Abbasiden. Im selben Jahr Tod von Abul-Hassan Ali, genannt asch-Schadhili, geboren um 1196.

1269–1420: Die Dynastie der Mariniden herrscht über Marokko.

1273: Tod von Dschal al ad-Din ar-Rumi, einem 1207 geborenen muslimischen Mystiker.

14. Jahrhundert

Geburt von Ibn Chaldun, Historiker und Soziologe der Berberdynastien, in Tunis. Fortsetzung der Bewegung der Bruderschaften, die sich strukturieren und organisieren: So gewinnt die Naqschbandiyya (durch Baha ad-Dîn Naqschband im 14. Jahrhundert gegründet) Einfluss im Nahen Osten, in Asien und im internationalen Bereich.

1300: Regierungsbeginn der muslimischen Sultanate in Südost-Asien.

1309: Tod von Ibn Ataʾ Allah.

1328: Tod des Theologen Ibn Taimiyya.

1338: Die osmanischen Türken erreichen den Bosporus.

1349: Gründung der Medresse von Granada.

1354: Einrichtung des türkischen Janitscharen-Korps.

1356: Medresse des Sultans Hassan in Kairo.

1359–1389: Murad I. erobert Andrinopel, Thrakien, Mazedonien und Bulgarien.

15. Jahrhundert

Dieses Jahrhundert ist geprägt durch den Fall von Granada (1492), ein kataklysmisches Ereignis, dessen Widerhall man noch heute im Herzen des Islam spüren kann.

1402: Bayezid I. wird von Tamerlan besiegt und stirbt im darauf folgenden Jahr.
1406: Tod Ibn Chalduns in Kairo, Autor eines großen Werkes über die Berber und die Universalgeschichte (*Prolegomena*).
1413–1421: Mehmet I. errichtet teilweise das Osmanische Imperium neu.
1421–1451: Murad II. nimmt die osmanische Expansion in Europa wieder auf.
1453: Mehmet II. macht sich zum Herrscher von Konstantinopel, heute Istanbul, das Hauptstadt des muslimischen Reiches wird. Er unterwirft Serbien und Bosnien (1454–1463).
1475: Die Krim wird Vasall der Osmanen.
1492: Fall von Granada, der letzten muslimischen Bastion in Europa.

16. Jahrhundert

Das große Jahrhundert der Osmanen, deren Hauptstadt Konstantinopel ist, umbenannt in Istanbul.

1502: Offizielle Einrichtung des Schiitentums als Staatsreligion.
1512–1520: Selim I. erobert Ostanatolien, Syrien und Ägypten.
1517–1805: Ägypten ist eine Provinz des Osmanischen Reiches.
1520: Suleiman der Große gelangt an die Macht und bleibt dort bis 1566. Er setzt sich in Ungarn (1526), Algerien, Tunesien und Tripolitanien durch und belagert Wien (1529).
1525: Diplomatische Beziehungen und Verhandlungen zwischen Franz I. und dem osmanischen Sultan Suleiman dem Großen (oder Suleiman II., Al-Qanûni).
1529: Barbarossa ist auf dem Gipfel seiner Macht. Machtkampf im Mittelmeer.
1535: Aufnahme diplomatischer Beziehungen zwischen Frankreich und der Hohen Pforte.
1550–1560: Der Islam durchdringt Java, Borneo, die Molukken.
1553–1654: Regierungsantritt der Saadier in Marokko.
1550–1659: Die Saadier beherrschen Marokko.

1556–1605: Herrschaft des Akbar in Indien.

1570–1571: Der Eroberung Zyperns folgt die Schlacht von Lepanto.

1571: Niederlage in der Seeschlacht von Lepanto. Die Osmanen erleben ihren größten Zusammenbruch.

1579: Gründung eines Observatoriums in Istanbul.

1588: Schah Abbas I. regiert im Iran.

17. Jahrhundert

Erste Anzeichen für den Niedergang der Osmanen. Vorankündigung des Jahrhunderts der Aufklärung. Erwachen der europäischen Nationen.

1624: Invasion der Iraner im Irak.

1631–1632: Das Tadsch Mahal in Agra, Symbol für das höchste Niveau der Architektur im muslimischen Indien.

1640: Tod von Mullah Sadr, einem schiitischen Theologen.

1650: Der Sufismus wird, ebenso wie die anderen großen Philosophien des Islam, im muslimischen Asien studiert.

1666: Mulai ar-Raschid setzt sich in Marokko an die Spitze der Alawiden-Dynastie (gestorben 1672).

1669: Eroberung Kretas.

1683: Scheitern der von den Osmanen vorgenommenen Belagerung Wiens. Bildung einer christlichen Liga gegen sie. Diese „Heilige Liga" wird von vier Mächten angeführt: Österreich, Venedig, Polen, Russland.

1699: Unterzeichnung des Friedens von Karlowitz. Die Osmanen weichen überall zurück.

18. Jahrhundert

Die türkischen Sultane tragen fortan den Titel Kalifen. Es ist das Jahrhundert der Reisen, vor allem der europäischen Reisen. Doktor Shaw, der etwa 12 Jahre in Algier gewohnt hat, entdeckt die „große Pracht" der algerischen Teppiche. Die Darqawiyya, die Tidschaniyya und die Alawiyya werden in Westafrika und im Maghreb einflussreich, insbesondere in Marokko, wo der Geist der Bruderschaften ohne Zusammenstöße mit den Moscheen in Eintracht lebt.

1710: Medresse Mader-i Schah in Isfahan.

1713: Einrichtung des *Deys* von Algier.

1745: In Diriyya, einem kleinen Marktflecken Arabiens, legen Muhammad ibn Abd al-Wahhab und Muhammad ibn Saud die Grundlagen des Wahhabismus, der Doktrin, die heute das Grundgesetz von Saudi-Arabien bildet.

1789–1807: Herrschaft des Sultans Selim III.

1789–1813: Ägypten-Feldzug. Bonaparte. Einnahme von Alexandria.

1790: Um dieses Datum herum stirbt Ma Ming-Hsin, Gründer der „Neuen Sekte“ in China, einer revolutionären Bewegung, die der muslimischen Minderheit eine bedeutendere Stellung gegenüber den Mandschus verschaffen will.

1798–1801: Die Expedition Bonapartes in Ägypten beginnt mit dem Sieg über die Mamelucken in der Schlacht bei den Pyramiden (1798).

19. Jahrhundert

Das Jahrhundert der *nahda* (Renaissance des Islam), aber auch der Kolonialisierung. Die meisten muslimischen Staaten sind unter europäischer Herrschaft. Intellektuelles Aufblühen und politische Utopien. Wind der Hoffnung in den meisten arabischen Staaten, vor allem im Nahen Osten: Ägypten, Syrien, Irak.

1801: Die Wahhabiten überfallen Kerbela im Irak. Ende des Ägypten-Feldzugs.

1803–1813: Mehmet II. erkennt die Unabhängigkeit Griechenlands an (1830) und nimmt im selben Jahr die Eroberung Algeriens durch Frankreich hin.

1821: Buchdruckerei in Kairo.

1826: Ende des Ordens der türkischen Janitscharen.

1830: Einnahme Algiers durch die Franzosen. Constantine fällt 1837.

1835: Der schweizerische Reisende Johann-Ludwig Burckhardt (1784–1817) ist der erste Europäer, der den Boden Saudi-Arabiens betritt und die Heiligen Stätten besucht. Sein Werk *Reisen in Arabien* umfasst 3 Bände.

1837: Gründung des Senoussi-Ordens in Tripolitanien.

1839: Abdulhamit, der osmanische Sultan, beginnt mit einer Ära der Reformen, genannt *tanzimat*.

1840: Ägypten erhält seine Autonomie auf Kosten der Hohen Pforte zurück.

1843: Gründung der *zawiyah* der Senoussis.

1844: Die Sekte der Babis in Persien.

1850: Zerstreuung der Babi-Sekte nach Hinrichtung ihres Meisters Bab.

1853: Die Bruderschaft der Tidschaniyya setzt sich in Westafrika durch.

1856: Der Pariser Kongress stellt die Türkei unter die Garantie der Westmächte.

1857–1869: Durchstoß des Suez-Kanals.

1861–1909: Die Türkei, verschuldet und unter Kontrolle, verliert unter Abdulaziz und Abdulhamid II. immer mehr Territorien: Serbien, Rumänien, Bulgarien, Tunesien.

1876–1903: Aufkommen reformistischer Ideen (*nahda*-Bewegung), Vorläufer der Vorstellung einer arabischen Nation, des Panarabismus und der Unabhängigkeit.

1878: Kongress von Berlin: die Zergliederung des Osmanischen Reiches in Europa wird bestätigt.

1881: Protektorat Tunesiens durch Frankreich (Vertrag von Bardo). Auftauchen des *Mahdi* im Sudan.

1882: Ägypten gerät unter englisches Mandat.

1885: Partisanen des *Mahdi* bemächtigen sich der Hauptstadt Khartoum. Sie werden später (1896) durch Kitchener gestoppt.

1888: Ghulam Mirza Ahmad gründet die Bruderschaft der Ahmadiyya.

1899: Englisch-ägyptisches Kondominium über den Sudan.

20. Jahrhundert

Jahrhundert großer mörderischer Kriege in Europa und Entkolonialisierung in der gesamten Dritten Welt. Am Ende des Jahrhunderts Aufkommen der islamistischen Bewegung mit den Muslimbrüdern an der Spitze. Der Islam ist fortan eine wichtige Religion im Westen, insbesondere in Frankreich.

1905: Beginn der Salafisten-Bewegung.

1908: Regierungsbeginn der Jungtürken in Istanbul.

1912: Die Italiener setzen sich in Libyen fest, die Franzosen in Marokko.

1912–1913: Die Balkankriege berauben die Türkei ihrer europäischen Eroberungen, mit Ausnahme Ost-Thrakiens. In Indonesien entsteht die Reformisten-Bewegung der Muhammadiyah.

1914–1920: Nach dem Ersten Weltkrieg an der Seite Deutschlands erlebt die besiegte Türkei machtlos ihre Zerstückelung durch die Alliierten (Vertrag von Sèvres).

1916: Abkommen von Spykes-Picot: Das Osmanische Reich wird endgültig aufgelöst. Die europäischen Mächte geben sich selbst die Kontrolle über viele Provinzen.

1917–1918: Thomas Edward Lawrence, genannt Lawrence von Arabien (1888–1935), entwirft das Konzept eines arabischen Imperiums unter britischem Einfluss. Seine Allianz mit den Ibn Saud ermöglicht es, die letzten Osmanen aus deren Territorium zu vertreiben. 1926 lässt er *Die sieben Säulen der Weisheit* herausgeben, weltweit ein Bestseller.

1917: Balfour-Deklaration zugunsten einer jüdischen Besiedlung Palästinas.

1918: Die beduinischen Araber übernehmen die Kontrolle ihrer Länder wieder selbst.

1920: Aufstand des Abd el-Krim im marokkanischen Rif.

1922: Mustafa Kemal, genannt *Atatürk, Vater der türkischen Nation*, schafft das Sultanat ab.

1922–1930: Die neue Türkei führt bedeutende Änderungen im Personenstandsrecht ein. Die Frau profitiert sehr davon.

1924: Abschaffung des Kalifats, der letzte Sultan wird 1922 abgesetzt.

1928: Hassan al-Banna, ägyptischer Lehrer, gründet die Bewegung der Muslimbrüder. Diese gewinnt schnell Kairo (1930–1940) für sich, dann die Provinzen des Landes (1935–1905), bevor sie sich ab Beginn der 1950er Jahre in der ganzen arabischen Welt ausbreitet.

1929: Abschaffung der Verstoßung in der Türkei, einem Männern vorbehaltenen Hoheitsrecht.

1932: Saudi-Arabien wird eigenständiges Königreich.

1949: Ermordung Hassan al-Bannas in Kairo, dem Gründer der Muslimbruderschaft.

1956: Die Polygamie wird in Tunesien verboten.

1956–57: Schnelle Umwälzungen in Tunesien. Der Bey wird 1956 abgesetzt; Bourguiba lässt die Republik ausrufen und wird Präsident (1957).

1962: Tod des zaiditischen Imams im Jemen. Unabhängigkeit Algeriens. Die Staaten der Dritten Welt beginnen ihre Stimme zu erheben.

1979: Rückkehr des Imams Chomeini nach Teheran. Beginn der islamischen Revolution. Der Schleier wird zum Identitätsmerkmal der muslimischen Frau.

1980–1990: Die Werke feministischer Autorinnen erringen einen ersten Achtungserfolg. In der arabischen Welt und in Europa werden zahlreiche Kolloquien organisiert. Das Schicksal der arabischen und muslimischen Frau wird als Thema interessant und heute kontrovers diskutiert.

21. Jahrhundert

Der Koran – das heilige Buch von über einer Milliarde Muslime – ist in mehrere hundert Sprachen der Erde übersetzt, inklusive Finnisch und vieler einheimischer Sprachen Afrikas und Ozeaniens. Nach dem 11. September 2001 ist der Beginn des 21. Jahrhunderts geprägt von einem Erwachen der muslimischen Gemeinschaft, die sich über die Affäre der dänischen Karikaturen (September 2005) und die „Entgleisung" von Papst Benedikt XVI. bezüglich der Gewalt im Islam in seiner Regensburger Rede (September 2006) empört.

In Frankreich beginnen die Schleier-Affären im Pariser Vorort Montfermeil und in Creil (1989).

Das Gesetz über das Tragen religiöser Symbole an öffentlichen Schulen (vom 15. März 2004) wird beschlossen, doch ein bitterer Beigeschmack begleitet es. Die orthodoxen Muslime betrachten es als ruchloses Gesetz, das nur dazu bestimmt ist, junge Muslime zu diskriminieren (und manchmal zu schikanieren).

2003: Die Mudawwana, am 10. Oktober 2003 durch König Mohammed VI. verkündet, gibt der marokkanischen Frau mehr Rechte. Dieses neue Familienrecht verbietet die Polygamie – oder macht sie schwer realisierbar – und infolgedessen auch die Verstoßung. Sie hebt das gesetzliche Heiratsalter junger Frauen an (Zwangsheiraten sind eine Geißel, von der besonders die ländlichen Regionen betroffen sind) und bestätigt die Gleichheit der Behandlung von Männern und Frauen im Bereich des Persönlichkeitsrechts.

2005: Am 30. September provoziert die Veröffentlichung von 12 Karikaturen des Propheten durch das dänische Magazin Jyllands-Posten in der muslimischen Welt große Wutausbrüche.

2006: Im September verursacht die Rede von Papst Benedikt XVI. in Regensburg eine große polemische Reaktion in der arabischen Welt.

31. Dezember: Saddam Hussein, früherer, abgesetzter Präsident des Irak, wird am ersten Tag des *Aid al-Kabir* im Gefängnis gehenkt, was in der arabischen Welt und im Islam eine Welle des Entsetzens und große Emotionen provoziert.

Weiterführende Literatur zum Islam

Ahmad, Hazrat M. M./Hadhrat M. M.: Koran, Verlag der Islam 1980.

Al- Biruni (hg. v. Strohmaier, G.): In den Gärten der Wissenschaft, Reclam 2002.

Al-Buhari, S./Ferchl, D.: Nachrichten von Taten und Aussprüchen des Propheten Muhammad, Reclam 1997.

(Avicenna:) Die Metaphysik Avicennas, enthaltend: Die Metaphysik, Theologie, Kosmologie und Ethik, Nabu 2010.

(Al-Bukhari:) Sahih Bukhari. Hg. v. Bin Al-Bukhari, A. A./Matraji, M., Islamic Book Service 2004.

Al-Ghazali, A. H.: Die kostbare Perle im Wissen des Jenseits, Spohr 2009.

Ders.: Wiederbelebung der Religionswissenschaften (Ihyâ᾽ ᶜulûm ad-dîn). Das Buch der Ehe (Kitâb âdâbi n-nikâh). Das 12. Buch der Ihya᾽ (ᶜUlûm ad-dîn), Spohr 2005.

Amin, I.: Ausgewählte Texte aus der arabischen Literatur, Hocharabisch, Diwan 2009.

Ansary, T./Neubauer, J.: Die unbekannte Mitte der Welt: Globalgeschichte aus islamischer Sicht, Campus 2010.

Attar, F.: Muslimische Heilige und Mystiker, Diederichs 2002.

Barthold, W.: Zwölf Vorlesungen über die Geschichte der Türken Mittelasiens, Wissenschaftliche Buchgesellschaft 1962.

Berger, L.: Islamische Theologie, UTB 2010.

Berque, J.: Den Koran lesen, Lembeck 1995.

Die Bibel. Einheitsübersetzung der Heiligen Schrift, Deutsche Bibelgesellschaft 1980 (*Sämtliche Bibelzitate in der deutschen Übersetzung aus dieser Ausgabe).*

Burckhardt, T.: Vom Sufitum, Barth 1953.

Ders.: Die maurische Kultur in Spanien, Callwey 1989.

Chebel, M.: Die Welt der Liebe im Islam, Vma-Vertriebsgesellschaft 2003.

Ders./Hamani, L.: Symbole des Islam, (Sonderausgabe) Bechtermünz 1999.

Córdoba Zoilo, J. u. a.: Legendäre Reisen im Mittelalter, Theiss 2008.

Crowley, R. u. a.: Entscheidung im Mittelmeer: Europas Seekrieg gegen das Osmanische Reich 1521–1580, Theiss 2009.

Dermenghem, E. u. a.: Mohammed: In Selbstzeugnissen und Bilddokumenten, rororo 1960.

Die Muqaddima: Betrachtungen zur Weltgeschichte von Ibn Khaldun (hg. v. Giese, A./Heinrichs, W.), Beck 2011.

Die Weisheit der Propheten: Fusus al-Hikam. Nach der Übertragung von Burckhardt, T., Chalice 2005.

Drecoll, C.: Idrisi aus Sizilien. Der Einfluss eines arabischen Wissenschaftlers auf die Entwicklung der europäischen Geographie, (DHS) Verlag der Deutschen Hochschulschriften 2000.

Eckert, W. P./Wilpert, P.: Antike und Orient im Mittelalter, de Gruyter 1971.

Fähndrich, H.: Vererbte Macht: Monarchien und Dynastien in der arabischen Welt, Campus 2005.

Gastberg, A./Sanuri, Sh.: Die schiitische Rechtsprechung im Iran. Ihre Entstehungsgeschichte und Entwicklung vom Beginn des Imamats bis zur Gegenwart, Grin Verlag 2010.

Halm, H.: Die Schiiten, Beck 2005.

Ders./Haarmann, U.: Geschichte der arabischen Welt, Beck 2004.

Hartmann, A.: Geschichte und Erinnerung im Islam (Formen der Erinnerung), Vandenhoeck & Ruprecht 2004.

Heine, P.: Einführung in die Islamwissenschaft, Oldenbourg Akademieverlag 2008.

Hendrich, G.: Islam und Aufklärung – Der Modernediskurs in der arabischen Philosophie, Wissenschaftliche Buchgesellschaft 2004.

Hourani, A. u. a.: Die Geschichte der arabischen Völker: Von den Anfängen des Islam bis zum Nahostkonflikt unserer Tage, Fischer 2006.

Houtsma, M. T./Arnold, T. W.: Enzyklopaedie des Islam. Bd. 1 bis 4, 1913–1938, Brill 1913–1938.

Huenken, A.: Quellen der arabischen Medizin, Grin 2009.

Ibn Al Fâridh, O. (hg. v. Dermenghem, E.): L'éloge du vin (Al Khamriya): Poème mystique, Véga 2002.

Ibn Battuta: Die Wunder des Morgenlandes. Reisen durch Afrika und Asien, Beck 2010.

Ibn Ishâq, M. (hg. v. Rotter, G.): Das Leben des Propheten. As-sîra an-nabawiyya, Spohr 2004.

Ibn Rushd: Maßgebliche Abhandlung. Fasl al-maqal, hg. v. Griffel, F., Verlag der Weltreligionen im Insel Verlag 2010.

Ismail, L./Cimpan, G.: Herz des Islam. Eine Einführung in die Religion der Muslime, Olms 2007.

Jankrift, K. P.: Europa und der Orient im Mittelalter, Theiss 2007.

Jansen, H.: Verbreitung des Islams. Mit Angabe der verschiedenen Riten, Sekten und religiösen Bruderschaften in den verschiedenen Ländern der Erde, 1890 bis heute, Nabu 2010.

Keller-Messahli, S.: Muslime in Europa. Plädoyer für einen fortschrittlichen Islam, Orell Füssli 2011.

Khoury, A. T.: Der Hadith. Urkunde der islamischen Tradition: Ehe und Familie. Soziale Beziehungen. Einsatz für die Sache des Islams, Band 3, Gütersloher Verlagshaus 2009.

Ders.: Der Koran, Gütersloher Verlagshaus 2007.

Der Koran. Übersetzung von Paret, R. Kohlhammer 1979 (*Sämtliche Koranzitate in der deutschen Übersetzung stammen aus dieser Ausgabe. Gegenüber der von Chebel im französischen Original verwendeten Ausgabe kann es textliche Abweichungen geben. Trotzdem hat sich der Verlag jedoch entschieden, eine für den deutschen Raum einschlägige Standardübersetzung zu verwenden. Wesentliche Textabweichungen sind angemerkt worden.).*

Korn, W.: Mesopotamien – Wiege der Zivilisation. 6000 Jahre Hochkulturen an Euphrat und Tigris, Theiss 2004.

Krämer, G.: Demokratie im Islam. Der Kampf für Freiheit und Toleranz in der arabischen Welt, Beck 2011.

Krohn, E.: Vorislamisches in einigen Vorderasiatischen Sekten und Derwischorden, Ethnologische Studien I, Altona, o. V. 1931.

Künnemann, H./Grasso, M.: Die schönsten Märchen aus Tausendundeine Nacht, Lappan 2004.

Kunitzsch, P.: Ibn as-Salah. Zur Kritik der Koordinatenüberlieferung im Sternkatalog des Almagest. Arabischer Text nebst deutscher Übersetzung und Anhang, Vandenhoeck & Ruprecht 1997.

Larise, D./Schmidinger, T.: Zwischen Gottesstaat und Demokratie: Handbuch des politischen Islam, Zsolnay 2008.

Lemu, A. B. u. a.: Frau und Familienleben im Islam, Islamische Gemeinschaft in Deutschland 1991.

Lewis, B.: Die Assassinen. Zur Tradition des religiösen Mordes im radikalen Islam, Eichborn 2001.

Lojo, A.: Das islamische Finanzsystem: Scharia-konforme Produkte und Dienstleistungen, Verlag Dr. Müller 2010.

Matuz, J.: Das Osmanische Reich: Grundlinien seiner Geschichte, Wissenschaftliche Buchgesellschaft 2010.

Motadel, I.: Iran. Von der Schah-Dynastie zum islamischen Gottesstaat, Panorama 1987.

Murad, K.: Scharia. Der Weg zu Gott, Islamische Gemeinschaft in Deutschland 1993.

Muranyi, M.: Abd Allah b. Wahb (125/743–197/812) Leben und Werk: Al-Muwatta. Kitab al-muharaba, Harrassowitz 1992.

Nagel, T.: Die islamische Welt bis 1500, Oldenbourg Wissenschaftsverlag 1998.

Neuwirth, A.: Der Koran als Text der Spätantike. Ein europäischer Zugang, Verlag der Weltreligionen im Insel Verlag 2010.

Nöldeke, T.: Geschichte des Qorâns. Teil 2. Die Sammlung des Qorâns, mit einem literarhistorischen Anhang über die muhammedanischen Quellen und die neuere christliche Forschung, Adamant 2004.

Pareja, F. M.: Islamologie, Imprimerie Catholique 1964.

Pérennès, J.–J./Pichler, K.: Georges Anawati (1905–1994): Ein ägyptischer Christ und das Geheimnis des Islam (Schriftenreihe der Georges Anawati-Stiftung), Herder 2010.

Pollmann, Leo. Was steht wirklich im Koran?, Wissenschaftliche Buchgesellschaft 2009.

Reed, F. A./Mardin, S./Eickelmann, D. F./Vahide, S.: Islamische Theologie des 21. Jahrhunderts – Der aufgeklärte Islam, Aufkommen – Ideen – Niederschlag, Basis-Verlag 2007.

Reidegeld, A. A.: Handbuch Islam: Die Glaubens- und Rechtslehre der Muslime, Spohr 2005.

Rihla Ibn Battuta (Die Reisen des Ibn Battuta), Neue Ausgabe, Almaktabah 2005.

Rihlat Ibn Khaldun von Abd Ar-Rahman Ibn Khaldun, Dar al-Kotb al-Ilmieh 2009.

Rohe, M.: Das islamische Recht: Geschichte und Gegenwart, Beck 2011.

Rumi, D. (hg. v. Schimmel, A.): Von Allem und vom Einen, Diederichs 2008.

Salam, A. u. a.: Islam und Wissenschaft, Der Islam 1991.

Schaar, I. (Hg.): Das Mathnawi. Ausgewählte Geschichten von Dschelaleddin Rumi, Sphinx 1998.

Schimmel, A.: Die Zeichen Gottes. Die religiöse Welt des Islam, Beck 2003.

Dies.: Mystische Dimensionen des Islam. Die Geschichte des Sufismus, Insel 1995.

Dies.: Nimm eine Rose und nenne sie Lieder. Poesie der islamischen Völker, Insel 2004.

Dies.: Rumi. Ich bin Wind und Du bist Feuer. Leben und Werk des großen Mystikers, Diederichs 2003.

Dies.: Sufismus: Eine Einführung in die islamische Mystik, Beck 2008.

Dies./Henning, M.: Der Koran, Reclam 1998.

Schirrmacher, C.: Der Islam. Eine Einführung, St.-Johannis 2009.

Dies.: Die Scharia: Recht und Gesetz im Islam, Hänssler 2007.
Dies./Spuler-Stegemann, U.: Frauen und die Scharia. Die Menschenrechte im Islam, Goldmann 2006.
Schröter, H.: Ahmadiyya-Bewegung des Islam, Hänsel-Hohenhausen 2002.
Seeger, A.: Die methodischen Hintergründe der Schule Muhammad Abduhs in der Quranexegese, Grin Verlag 2009.
Sharma, A.: Studies in Alberuni's India, Harrassowitz 1983.
Stauth, G.: Islam und westlicher Rationalismus. Der Beitrag des Orientalismus zur Entstehung der Soziologie, Campus 1993.
Steinigen, C.: Konflikte und Konfliktlösung im Islam. Das Sulh-Verfahren als außergerichtliche Methode der friedlichen Konfliktbeilegung, Grin 2010.
Strohmaier, G.: Avicenna, Beck 2006.
(Sunna:) Abd al-Hafidh: Die Sunna. Texte zum Verständnis der unverzichtbaren Bedeutung der prophetischen Tradition im Islam, Spohr 2004.
Taeschner, F.: Zünfte und Bruderschaften im Islam. Texte zur Geschichte der Futuwwa, Artemis & Winkler 1983.
Tafsir al Qurʾan – Die Koranexegese, Harrassowitz 1992.
Tausendundeine Nacht: Nach der ältesten arabischen Handschrift in der Ausgabe von Muhsin Mahdi erstmals ins Deutsche übertragen von Claudia Ott, dtb 2006.
Thumann, M.: Der Islam-Irrtum: Europas Angst vor der muslimischen Welt, Eichborn 2011.
Tibi, B.: Euro-Islam: Die Lösung eines Zivilisationskonfliktes, Primus 2009.
Ders.: Der Islam und das Problem der kulturellen Bewältigung sozialen Wandels, Suhrkamp 1991.
Tworuschka, M./Tworuschka, U.: Islam Lexikon, Patmos 2002.
Von Grunebaum, G. E.: Der Islam in seiner klassischen Epoche 622–1258, Artemis & Winkler 1984.
Von Stosch, K./Mohagheghi, H.: Moderne Zugänge zum Islam. Plädoyer für eine dialogische Theologie, Schöningh 2010.
Waldenfels, H./Oberreuter, H.: Der Islam. Religion und Politik, Schöningh 2004.
Weiner, S.: Der Harem. Refugium oder Gefängnis für die Frauen im Osmanischen Reich, Onel 2004.
Wolff, C.: Die ägyptische Muslimbruderschaft. Von der Utopie zur Realpolitik, Diplomica 2008.
Zanner, M.: Konstruktionsmerkmale der Averroes-Rezeption: Ein religionswissenschaftlicher Beitrag zur Rezeptionsgeschichte des islamischen Philosophen Ibn Ruschd, Peter Lang 2002.
Zirker, Hans: Der Koran. Zugänge und Lesarten, Wissenschaftliche Buchgesellschaft 2012.